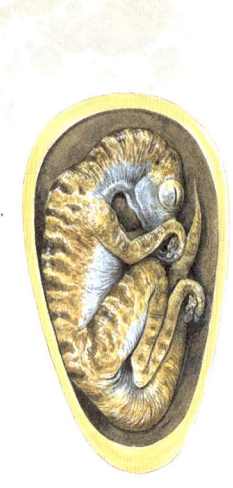

ENCICLOPEDIA DE LOS DINOSAURIOS Y OTROS ANIMALES PREHISTÓRICOS

Palmer, Douglas
　　Enciclopedia de los dinosaurios y otros animales prehistóricos / Douglas Palmer ; ilustrador Tim Bewer ... [et al.] ; traductora María Patricia Esguerra. -- Bogotá : Panamericana Editorial, 2014.
　　256 páginas : ilustraciones ; 27 cm.
　　Incluye índice onomástico.
　　Título original : *Children's Dinosaur Encyclopedia*
　　ISBN 978-958-766-465-2
　　1. Enciclopedias y diccionarios para niños 2. Dinosaurios - Enciclopedias 3. Reptiles fósiles - Enciclopedias I. Bewer, Tim, ilustrador II. Esguerra, María Patricia, traductora III. Tít. I036 cd 21 ed.
A1439097

　　CEP-Banco de la República-Biblioteca Luis Ángel Arango

Título original:
Children's Dinosaur Encyclopedia

Creado por: Tall Tree Ltd.
Traducción: Fernando Bort Misol, María Patricia Esguerra
© 2014 Marshall Editions
© 2014 Panamericana Editorial Ltda., de la traducción al español.
Calle 12 No 34-30, Tels.: (571) 3649000
Fax: (57 1) 2373805
www.panamericanaeditorial.com
Bogotá. D.C., Colombia

ISBN 978-958-766-465-2

Todos los derechos reservados. Prohibida su reproducción total o parcial por cualquier medio sin permiso del Editor.
Impreso en China - *Printed in China*

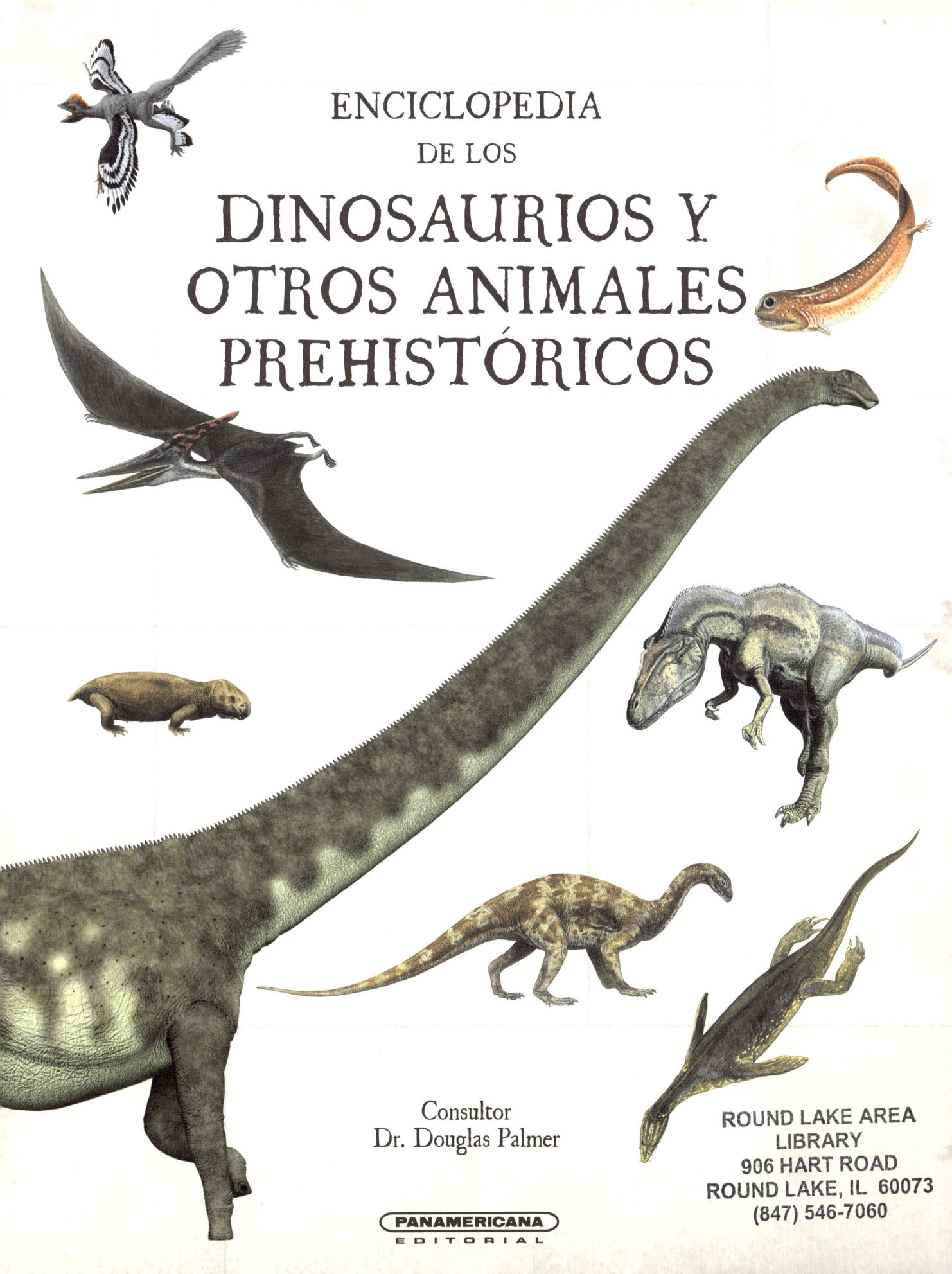
ENCICLOPEDIA DE LOS DINOSAURIOS Y OTROS ANIMALES PREHISTÓRICOS

Consultor
Dr. Douglas Palmer

PANAMERICANA
EDITORIAL

CONTENIDO

MUNDOS ANTIGUOS

Línea de tiempo geológica 8
Formación de la Tierra 10
Comienza la vida 12
El periodo ediacárico 14
Explosión cámbrica 16
Final del cámbrico 18
El periodo ordovícico 20
El periodo silúrico 22
El periodo devónico 24
La era carbonífera 26
El periodo pérmico 28
El periodo triásico 30
El periodo jurásico 32
El periodo cretácico 34
Después de los dinosaurios 36

PECES

Los primeros vertebrados 40
Peces sin mandíbulas 42
Peces cartilaginosos 46
Tiburones espinosos y peces acorazados 50
Peces primitivos de aletas radiadas 52
Peces modernos de aletas radiadas 56
Aletas lobuladas 58

ANFIBIOS

Antiguos tetrápodos 64
Lepospóndilos 68

PRIMEROS REPTILES

Aparición de los reptiles 74
Familia de los reptiles 76
Los primeros reptiles 78
El triásico 82
Tortugas de mar y de agua dulce 84
Serpientes y lagartos 86
Placodontos y notosaurios 88
Plesiosaurios e ictiosaurios 90
El mar 96
Reptiles dominantes 98
Cocodrilos 102
Reptiles voladores 104

DINOSAURIOS

Qué era un dinosaurio 112
Familias de dinosaurios 114
Ceratosaurios 116
Tetanuros 118
El jurásico 120
Parientes de las aves 122
Dinosaurios avestruz 124
Tiranosáuridos 126
Alimentación 128

Prosaurópodos	130
Fósiles	132
Saurópodos	134
Descubrimientos	138
Dinosaurios con casco y otros herbívoros	140
Hipsilofodóntidos	142
Iguanodóntidos	144
La familia	146
Dinosaurios pico de pato	148
Estegosáuridos	154
Tiempos cretácicos	156
Dinosaurios acorazados	158
Dinosaurios con cuernos	160
¿Por qué desaparecieron los dinosaurios?	164

DINOSAURIOS AVIARES

Aves	170

SINÁPSIDOS

Pelicosaurios	178
Terápsidos	181

MAMÍFEROS

¿Qué es un mamífero?	188
Mamíferos primitivos	190
Marsupiales	192
Gliptodontes, comedores de hormigas, armadillos y perezosos	194
Insectívoros y creodontos	196
Mustélidos y osos	200
Hienas y perros	202
Gatos y mangostas	204
Focas, leones marinos y morsas	206
Ballenas, delfines y marsopas	208
Hozadores y buscadores	210
Elefantes y mastodontes	212
Ungulados sudamericanos	216
Caballos	222
Tapires y brontoterios	224
Rinocerontes	228
Cerdos e hipopótamos	230
Oreodontes y buscadores con cuernos	232
Camellos	234
Jirafas, ciervos y reses	236
Roedores, conejos y liebres	238
Lémures y monos	240
Simios	242
Humanos	244
Glosario	246
Índice	248
Reconocimientos	256

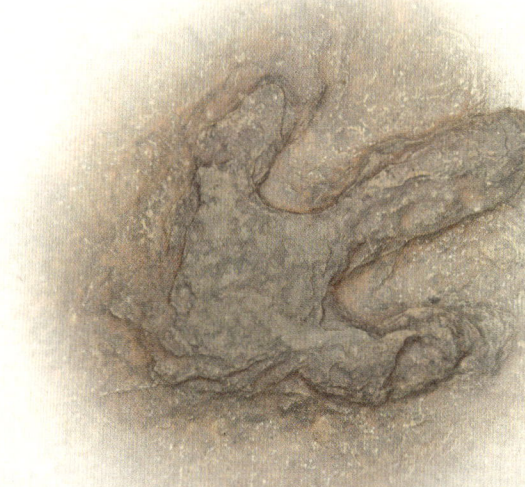

MUNDOS ANTIGUOS

Desde que se formó hace más de 4500 millones de años, la Tierra ha cambiado de una amalgama de restos de rocas y hielo espacial, al planeta azul que conocemos hoy. Estos cambios —la aparición de una atmósfera y de agua, los primeros indicios de vida microscópica, la evolución de organismos complejos que incluyen plantas y animales— han dejado su marca en la Tierra, particularmente en las rocas. A lo largo de los últimos 200 años, los científicos han podido reconstruir y hacer el mapa de la antigua historia geológica y biológica de nuestro planeta.

LÍNEA DE TIEMPO GEOLÓGICA

A través de su historia geológica, la Tierra ha pasado por cambios que afectaron la vida. Los científicos dividen la historia de la Tierra en bloques de tiempo: eones, los cuales están divididos en eras, que al mismo tiempo son divididos en periodos. El eón fanerozoico data del tiempo cuando la vida empezó a prosperar en la Tierra y las fechas abajo muestran hace cuántos millones de años (MA) comenzó cada una.

Conchas fosilizadas de las criaturas de mar, los braquiópodos.

Primeros familiares de los mamíferos, como este *Lystrosaurus*, dominaron la Tierra.

PERIODO	Cámbrico	Ordovícico	Silúrico	Devónico	Carbonífero	Pérmico
	541 MA	485 MA	443 MA	419 MA	359 MA	299 MA
ERA	ERA PALEOZOICA					
EÓN	FANEROZOICO					

Las primeras formas de vida marina cámbricas, incluyeron al *Microdictyon*, un artrópodo de cuerpo blando.

Anfibios, similares a la moderna salamandra, *Mudskipper*, empezaron a aparecer.

El trilobites, un pez acorazado, ahora extinto, ocupó, en grandes cantidades, los mares del Paleozoico.

Una roca contiene la hoja fosilizada de un helecho. Durante el periodo carbonífero, los helechos eran muy comunes.

Dinosaurios y otros animales prehistóricos

Grandes criaturas marinas, como el elasmosaurio de cuello largo, incrementaron en diversidad.

Un asteroide impacta la Tierra, evento catastrófico que pudo haber llevado a la extinción de los dinosaurios.

Evolucionaron especies mamíferas, como este mono *Mesopithecus*.

Triásico	Jurásico	Cretácico	Paleógeno	Neógeno	Cuaternario
252 MA	201 MA	145 MA	66 MA	23 MA	2,5 MA

ERA MESOZOICA · ERA CENOZOICA

Dinosaurios acorazados incrementaron en número.

Reptiles y dinosaurios, como este herbívoro *Plateosaurus*, se convirtieron en los animales dominantes.

Los primeros humanos aparecieron, para incluir al *Homo erectus* hace 1,9 millones de años aproximadamente.

9

FORMACIÓN DE LA TIERRA

La historia primitiva de la Tierra es la historia de un lento y asombroso cambio; el planeta era una bola flamígera e incandescente que lentamente fue enfriándose dando paso a las primeras formas de vida microscópica. Durante la formación del sistema solar, la Tierra se creó de enormes trozos de hielo y roca, junto con polvo y gas. Las colisiones entre estos fragmentos –hace 4500 millones de años– elevaron la temperatura del planeta hasta unos 5000 °C. Tras la colisión hubo un proceso de fusión que duró 100 millones de años, durante los cuales se formó el interior de la Tierra, como se conoce en la actualidad.

En el lecho marino del océano Atlántico se han encontrado fuentes hidrotermales que bombearon agua rica en minerales, el alimento de las primeras bacterias.

Los planetas del sistema solar podrían haberse formado por trozos de polvo y roca que chocarían entre sí e irían acumulándose.

El *Big Bang* fue una inmensa explosión que ocurrió hace unos 12 000 millones de años. De este surgió el material que terminaría por formar el universo.

LA ATMÓSFERA

Grandes erupciones volcánicas de gas y vapor contribuyeron a formar la atmósfera primitiva y las primeras masas de agua de la Tierra. Hace 3500 millones de años la Tierra se habría enfriado lo suficiente, para que una primitiva atmósfera sin oxígeno se hubiera formado.

Se piensa que hace aproximadamente 4500 millones de años, un planeta del tamaño de Marte, pudo haber colisionado con la Tierra.

LA TIERRA Y EL MAR

Los geólogos no están seguros aún sobre cómo se formó la tierra firme o corteza continental. Las rocas más ligeras de la corteza podrían haber ascendido formando "islas" de tierra, hace 4000 millones de años. Luego, estas se fusionarían para formar los primeros continentes, 1000 millones de años después.

Hace 4000 millones de años, la corteza se habría enfriado y apareció la vida microscópica.

COMIENZA LA VIDA

Los fósiles más antiguos que se conocen se formaron en rocas del lecho marino que datan unos 3500 millones de años. Estos organismos existieron en un ambiente carente de oxígeno bajo temperaturas extremas y acidez.

Las rocas, de 3700 millones de años, revelan la existencia de organismos más antiguos. Estas rocas se formaron cuando la Tierra era relativamente joven y estuvieron sometidas a las altas temperaturas y presiones de ese entonces.

ESTROMATOLITOS

Los primeros fósiles que continúan visibles al ojo desnudo, son los estromatolitos; estructuras laminares que crecían en aguas poco profundas y ricas en cal. Los estromatolitos datan de 3000 millones de años atrás y se formaron por capas de bacterias de hasta 1 m de altura por 30 cm de ancho. Los montículos de algas siguen formándose hoy en los mares cálidos.

Montañas volcánicas

Estromatolitos

Sedimento marino

Dinosaurios y otros animales prehistóricos

PRIMEROS SIGNOS DE VIDA

Cerca de 3500 millones de años atrás las algas primitivas y las bacterias colonizaron los lechos de mares tibios y poco profundos, creciendo como esteras sobre los sedimentos del fondo marino.

Los organismos primitivos fueron migrando hacia la luz y crearon nuevas esteras a niveles más altos; este proceso formó los montículos conocidos como estromatolitos.

Los montículos de estromatolitos son el único vestigio de vida en el ambiente desnudo y volcánico de la Tierra hace 3500 millones de años.

Erupción volcánica

EL PERIODO EDIACÁRICO

La evidencia muestra que complejos organismos existieron en los océanos de los tiempos precámbricos. El Ediacárico, la última sección de la época precámbrica, terminó hace 541 millones de años. Fue un largo periodo en la historia de la Tierra, un tiempo de continentes, atmósfera y océanos cambiantes. Alguna vez fue considerado como un lugar de desperdicio geológico de complejas y estériles rocas, desprovisto de vida. Esa vida compleja se desarrolló y diversificó en los océanos ediacáricos. Es clara la evidencia de los fósiles y la diversidad de formas de vida encontradas en las rocas del subsecuente primer cámbrico. Esto debió ser el resultado de un largo periodo de evolución de los organismos en los tiempos ediacáricos.

DICKINSONIA

Los discos planos del *Dickinsonia* crecieron hasta 60 cm de largo, haciéndolo una de las primeras "grandes" criaturas. El cuerpo posee una línea en el centro, que lo hace simétrico. El tejido de su cuerpo puede haber sido más denso que el de las medusas o gusanos.

Ernietta

Charnia

Spriggina

Medusa burbuja

Dickinsonia

CONTINENTES CAMBIANTES

La mayoría de los continentes estaban agrupados en el hemisferio sur. Hacia el fin del Véndico, las placas continentales se juntaron, formando un supercontinente no muy duradero llamado Pannotia.

Los organismos que vivieron en las aguas superficiales de los mares en los tiempos ediacáricos, poseían un cuerpo blando. Fueron considerados similares a las medusas o gusanos, pero ahora se cree que pudieron estar hechos de un material más fuerte.

LA PRIMERA GRAN FORMA DE VIDA

Investigaciones sugieren que la mayoría de los grupos de organismos complejos multicelulares, aparte de las plantas más grandes, existieron en los océanos ediacáricos. Infortunadamente gran parte de estos animales no dejaron ningún rastro en forma de fósiles. La gran excepción son los ediacáricos, los primeros grandes organismos cuyos rastros han sido encontrados, fosilizados en los sedimentos del fondo del océano.

EXPLOSIÓN CÁMBRICA

Los comienzos del Cámbrico fueron definitivos en la vida en la Tierra. El periodo cámbrico, empezó hace 545 millones de años y duró alrededor de 50 millones de años, marcó el inicio de una gran división de la historia geológica, conocida como el Paleozoico (significa "vida antigua"). Esta época fue testigo de una asombrosa variedad de formas de vida. Un rango de formas fósiles, desconocido en rocas de periodos anteriores, aparecieron en rocas sedimentadas en el mar. El periodo cámbrico vio minúsculas criaturas residiendo en un curioso mundo submarino y los organismos se volvieron significativamente más pequeños. Los primeros caparazones fosilizados aparecieron como fósiles de espinas, broches y placas, todos dispositivos defensivos, que implican que en esa época la vida era más peligrosa que en épocas anteriores.

NIVELES DEL MAR

Los sorprendentes eventos evolutivos coincidieron con grandes cambios ambientales. Hubo un calentamiento global y aumentaron los niveles de los mares, inundando grandes áreas de los continentes; y en las superficiales aguas ecuatoriales se depositaron pequeños fósiles.

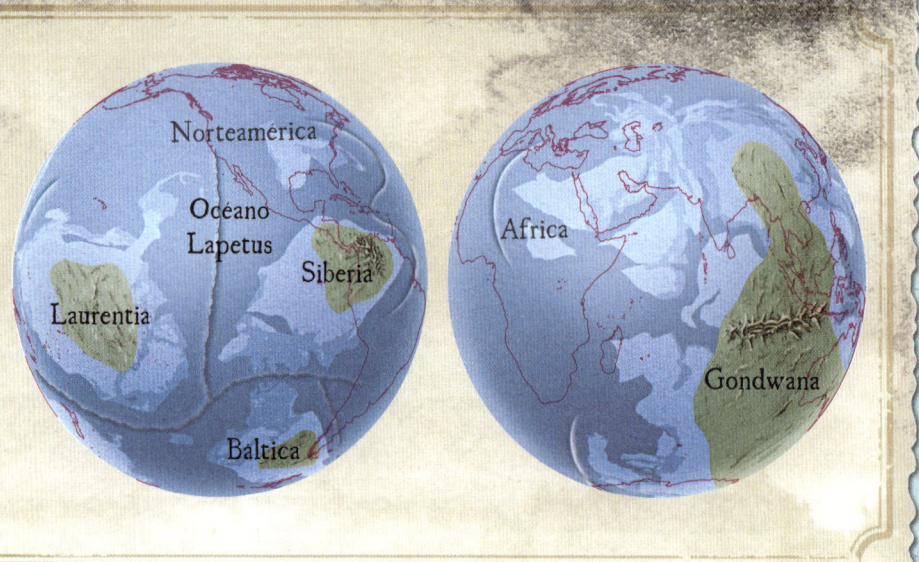

Latouchella

Tochelcionella

Braquiópodos

EVIDENCIA DE VIDA

El archivo de fósiles muestra organismos evolucionados y diversificados, que se extinguieron y fueron reemplazados por otros organismos. La evidencia de actividad animal, (llamada huellas fósiles) muestra que animales complejos estaban evolucionando. Los rastros incluyen rasguños en animales con pieles endurecidas (exoesqueletos), que fueron los primeros artrópodos, probablemente invertebrados con extremidades articuladas y cuerpos segmentados.

UN PEQUEÑO MUNDO BAJO EL MAR

Pequeñas conchas fósiles mineralizadas y placas de los sedimentos del inicio del periodo cámbrico, muestran que prosperaron microcomunidades en el lecho marino. Ellas incluían diferentes tipos de animales que vivían sobre y, tal vez, en la capa superior de sedimento.

Archaeocyathans

Microdictyon

Hyolitbellus

Tomnotia

FINAL DEL CÁMBRICO

Este periodo fue marcado por el éxito continuado de los artrópodos y el emerger de un posible ancestro de los vertebrados. Las cálidas e iluminadas aguas del periodo cámbrico fueron un ambiente excelente para la expansión y diversificación de la vida, pero el progreso no fue fácil. Esto incluyó una extinción a gran escala, a mediados del Cámbrico, que contribuyó al 70% de la desaparición de las especies.

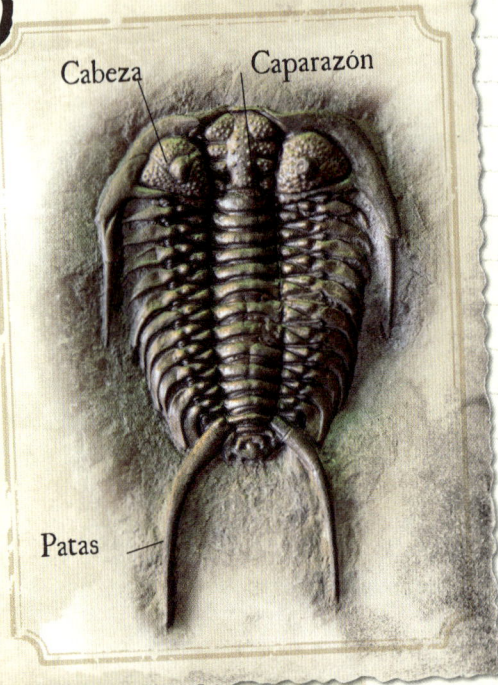

Cabeza · Caparazón · Patas

FÓSIL DEL TRILOBITE

Los trilobites, como los *Olenoides*, estuvieron entre los artrópodos más prósperos en el periodo. Muchos tenían cuerpos con grandes armaduras, que continuaron desarrollando. Este fósil de lutitas de Burgess muestra las patas del *Olenoides* con buen detalle, saliendo debajo de su duro caparazón.

Fósiles de la vieja lutita encontrados en la Columbia Británica, datan 530 millones de años. Canadá ha mostrado una clara visión de la vida en los océanos cámbricos. Estos muestran que hubo una amplia variedad de criaturas en el mar de aquella época.

Laggania

Marrella

Ottoia

Hallucigenia

Pirania

Dinosaurios y otros animales prehistóricos

CONTINENTES CAMBIANTES

Mientras el mundo emergía del estado gélido de los glaciares de la era precámbrica, el supercontinente Pannotia continuó separándose, creando el océano Iapetus, el predecesor del océano Atlántico.

EXTINCIÓN MASIVA

El evento de extinción masiva que ocurrió a mediados del periodo cámbrico, parece haber sido causado por los fluctuantes niveles del mar. Mientras los niveles del mar aumentaban desde los niveles bajos del final de la época precámbrica, animales marinos colonizaron las plataformas continentales en constante expansión. Los niveles del mar en la mitad del Cámbrico, cayeron otra vez, destruyendo los ambientes del agua superficial y acabando con numerosas especies marinas.

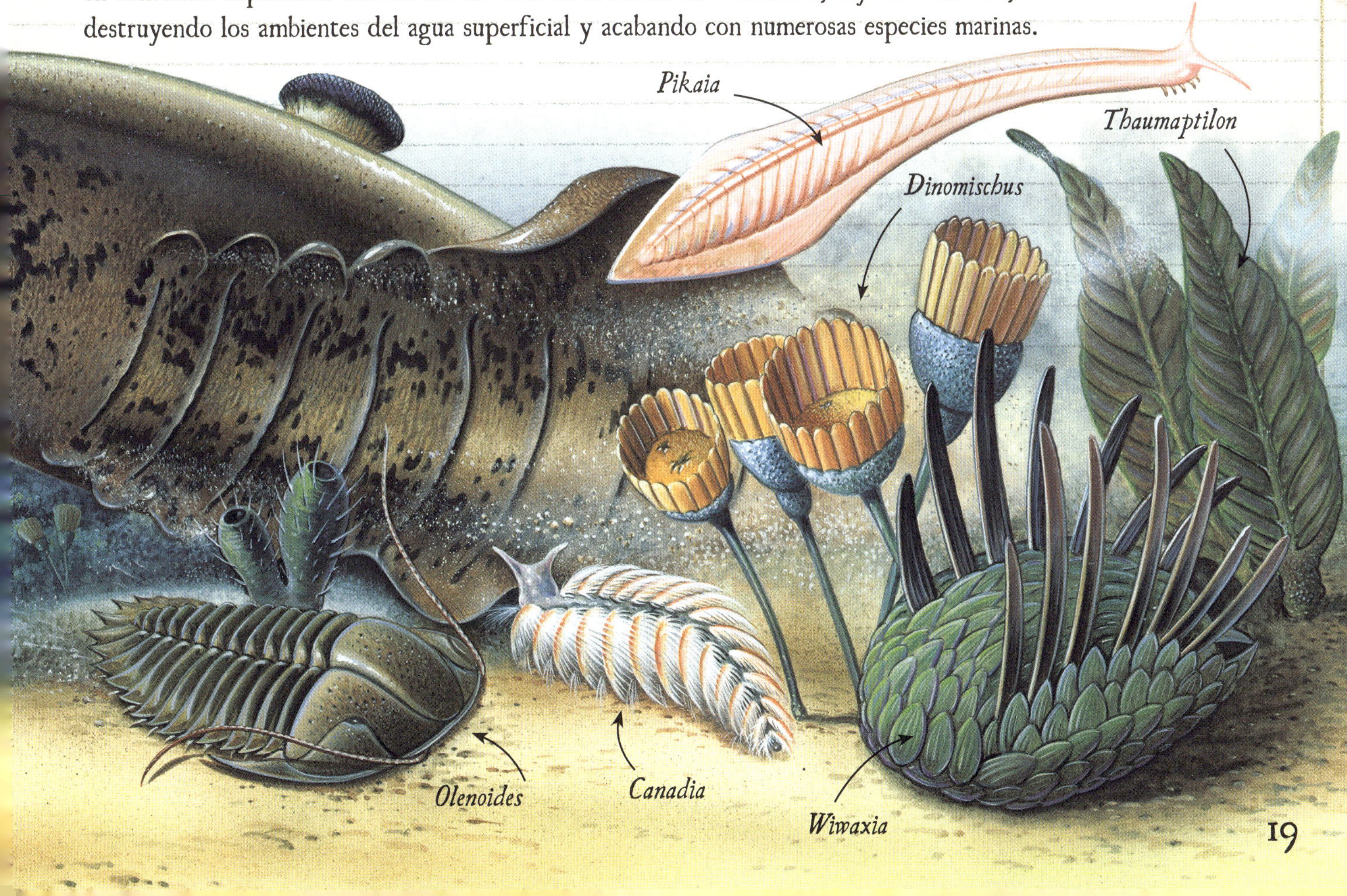

EL PERIODO ORDOVÍCICO

Los tiempos ordovícicos mostraron la expansión de la vida marina, hasta que los cambios climáticos destruyeron el ambiente del que dependían varias especies y marcaron un nuevo punto en la evolución. Muchos organismos crecieron y se fortalecieron; organismos sin mandíbulas llamados conodontos estuvieron estrechamente relacionados con los primeros vertebrados. Animales vertebrados sin mandíbulas parecidos a los peces, evolucionaron hasta los primeros animales vertebrados parecidos a un tiburón, con mandíbulas y dientes. La espectacular y diversa vida marina no terminó con la era de hielo, que llevó muchas especies a la extinción.

BRAQUIÓPODOS

Los más comunes y exitosos mariscos ordovícicos fueron los braquiópodos. La mayoría de ellos, fueron permanentemente anclados al lecho marino por un tallo carnoso llamado pedículo, aunque algunos andaban libremente sobre el sedimento del lecho marino. Vivían absorbiendo agua de mar a través de sus caparazones abiertos y filtrando microscópicas partículas de alimento. Aunque se parecían a las almejas, no eran parientes.

Orthograptus

Sacabambaspis

Strictoporella

Triarthrus

Coral

CONTINENTES

A través de los tiempos ordovícicos, el cambio global se aceleró. Siberia y Báltica se movieron al norte, el océano Iapetus empezó a cerrarse, el océano Rheic se abrió gradualmente al sur. El supercontinente de Gondwana continuó dominando el hemisferio sur.

CON LOS PIES EN LA TIERRA

Durante este periodo, otros animales también empezaron a moverse en tierra. Los artrópodos estaban idealmente adaptados para hacer la transición desde el cómodo ambiente marino hacia tierra seca, con su deshidratado aire y vegetación primitiva.

Las aguas de los océanos pulularon con vida planctónica. En el lecho marino había mariscos, corales y musgos. Trilobites y caracoles buscaban comida en el fondo del mar. Los animales que se alimentaban filtrando el agua del mar fueron los primeros vertebrados parecidos a los peces.

EL PERIODO SILÚRICO

En tiempos silúricos la vida se recuperó después de la extinción masiva del periodo ordovícico y la tierra fue colonizada por nuevas plantas y artrópodos. La época silúrica empezó hace alrededor de 443 millones de años, y duró unos 26 millones de años; el estrato y los fósiles de este periodo en Gran Bretaña y Norteamérica son de los más estudiados en el mundo. El periodo silúrico marcó un punto de pivote en la evolución, mientras los océanos se volvían más cálidos y los niveles de agua aumentaban. Este fue el periodo en que las plantas y animales invertebrados se establecieron en tierra por primera vez.

CAMBIOS EN EL MAR

El viejo océano de Iapetus se cerró gradualmente, mientras las masas de tierra de Laurentia (Norteamérica), Báltica (Bretaña del norte y Escandinavia) y Avalonia (Bretaña del sur, Nueva Escocia e Isla de Terranova) se aproximaron entre sí. Otro océano se abrió hacia el sur.

Las costas durante el periodo silúrico avanzado fueron atestadas con innovaciones biológicas, como peces de caparazones ya familiares, tales como los trilobites y los caracoles. Los desarrollos más importantes estuvieron en los vertebrados y las plantas terrestres.

Dinosaurios y otros animales prehistóricos

Corales silúricos

COMUNIDADES DE CORALES

Los corales silúricos (arriba), los cuales formaron los primeros arrecifes extensos, se ven similares a los que viven hoy en los mares, pero pertenecen a grupos extintos.

ESCORPIONES DE MAR

Los primeros gigantes de la Tierra vivieron en el periodo silúrico; fueron los euriptéridos o "escorpiones de mar", que evolucionaron en tiempos ordovícicos y sobrevivieron hasta tiempos pérmicos. Tenían forma parecida a la de un escorpión y, algunos, grandes tenazas. Sus cuerpos estaban cubiertos por un duro exoesqueleto, haciéndolos unos de los animales mejor protegidos de todos los tiempos. Sin embargo, debían deshacerse de su exoesqueleto para crecer. Esto los dejaba vulnerables a los ataques.

Escorpión de mar — Grandes tenazas, Cuerpo alargado, Cola

Pterygotus

Birkenia

Loganellia

Cooksonia

23

EL PERIODO DEVÓNICO

Durante los tiempos devónicos o "la era de los peces" aparecieron muchas formas de vida en ríos, mares y lagos de agua fresca. Los climas globales continuaron cálidos y ayudaron a la formación de grandes y secas masas de tierra; hubo vastas formaciones de desiertos. Este periodo vio una expansión considerable en diversidad de vertebrados. Mientras las plantas continuaban desarrollándose en tierra, algunos grupos de peces se volvieron casi indistinguibles de los futuros tetrápodos (cuatro patas) que dejarían el agua por la tierra.

Los fósiles de tetrápodos más antiguos, del *Ichthyostega* y el *Acanthostega*, han sido encontrados en ríos devónicos y depósitos de lagos de Groenlandia. Estos primeros vertebrados de cuatro patas eran criaturas acuáticas.

SALTAFANGOS

El saltafangos es un moderno pez vertebrado que puede dejar el agua para encontrar comida en el lodo, usando sus largas y huesudas aletas pectorales para apoyarse y arrastrarse sobre el suave lodo. Sin embargo, debe mantenerse húmedo y no puede estar fuera del agua por largos periodos.

Saltafangos — Cuerpo alargado — Aletas

Dipterus

Acanthostega

CONTINENTES

El océano Iaputus se cerró finalmente mientras Norteamérica y Groenlandia (Laurentia) colisionaron con las islas británicas (Avalonia) y Escandinavia (Báltica) para formar una sola masa continental. Mientras tanto, el supercontinente Gondwana se movió hacia el norte desde su posición polar.

EQUIPANDO LA VIDA PARA LA TIERRA

Las primeras criaturas terrestres, los artrópodos ordovícicos parecidos a los ciempiés, han heredado muchos pares de patas de sus antecesores acuáticos, pero los vertebrados tuvieron que sacar lo mejor de una muy diferente herencia evolutiva. Sin aletas, tuvieron que desarrollar piernas suficientemente fuertes para levantar el cuerpo y propulsarlo hacia la tierra. Para hacer esto, sus esqueletos también debieron volverse más fuertes y flexibles.

Holoptychius

Bothriolepis

Ichthyostega

LA ERA CARBONÍFERA

La era del carbón vio el crecimiento de los primeros bosques extensos en la tierra. Animales de cuatro patas emergieron del agua, evolucionando en anfibios y reptiles. Los fósiles encontrados en una excavación de piedra caliza en Kirkton del este, Escocia, incluyen el primero de varios grupos de tetrápodos, entre ellos los anfibios, un animal que combina características de reptiles y peces, y es casi un reptil de verdad. Los tetrápodos de Kirkton del este formaron el grupo de vertebrados terrestres más grande del mundo.

LYCOPSIDA

Este acercamiento de una corteza fosilizada pertenece al árbol lepidodendron, una lycopsida gigante que fue común durante la era carbonífera. El árbol tenía un grueso tallo y creció 30 metros de alto.

Árbol fosilizado.

Piernas

Anfibio fosilizado

Gimnospermas y helechos

Balanerpeton woodi

Peces pulmonados

Dinosaurios y otros animales prehistóricos

CONTINENTES

Durante la era carbonífera, la gran masa de los continentes del sur que formaron Gondwana rotó en sentido de las agujas del reloj. Gondwana, Laurentia y Báltica entraron en contacto, un gran paso en la formación del supercontinente Pangea.

Los fósiles del lago de Kirkton del Leste en Escocia ofrecen un destacado vistazo al pasado. Un denso bosque tropical cubrió las faldas de los volcanes y el agua estaba llena de peces, anfibios tetrápodos y euriptéridos (escorpiones de mar).

LA VIDA EN TIERRA Y MAR

En tierra, tetrápodos ponedores de huevos (amniota) evolucionaron. Arácnidos e insectos, los cuales evolucionaron en tiempos silúricos, incrementaron en tamaño y se diversificaron. Los superficiales mares ecuatoriales produjeron extensos arrecifes, ocupados por una gran diversidad de vida marina.

Westlothiana lizziae

Milpiés

Opiliones

Pulmonoscorpius

EL PERIODO PÉRMICO

El periodo pérmico empezó cuando los continentes del norte, Eurasia y Laurentia se unieron al continente del sur, Gondwana para formar el supercontinente de Pangea. Este evento tuvo un drástico efecto en el clima y proveyó un ambiente para la expansión de la vida terrestre. Muchos de los mares superficiales y lagos de la era carbonífera, se evaporaron. La vida en tierra evolucionó rápidamente, dándoles paso a los reptiles y sinápsidos, que dieron origen a los mamíferos. La vida en el mar se vio diezmada por otro evento de extinción al final del periodo.

Esqueleto de un dimetrodon
- Cabeza cuadrada
- Caja torácica con 26 vértebras
- Larga cola ósea
- Patas de 5 dedos
- Manos de 5 dedos

PRIMEROS SINÁPSIDOS

Este dimetrodon es un pelicosaurio de espalda en forma de vela. Fue uno de los primeros animales de tierra con huesos en la espalda, que podían matar otras bestias de tamaño similar.

La meseta de Karoo muestra que durante tiempos pérmicos, Sudáfrica fue hogar de muchos antecesores (parecidos a los reptiles) de los mamíferos. Los paisajes fueron dominados por comedores de plantas perseguidos por carnívoros. Anfibios con armadura existieron junto a la *Milleretta* (parecido a un lagarto).

- *Glossopteris*
- *Lycaenops*
- *Peltobatrachus*
- *Milleretta*
- *Lystrosaurus*

PANGEA

La formación del supercontinente de Pangea llevó a importantes cambios en el clima. En la parte norte de Pangea, el clima se volvió caliente, y seco en el interior; sin embargo, en la parte sur se mantuvo frío y húmedo.

MAMÍFEROS

Un grupo de tetrápodos llamado los sinápsidos se volvió más diverso y extendido, moviéndose desde el norte al hemisferio sur para el final del periodo pérmico. Algunas especies empezaron a evolucionar características que señalaron la dirección futura de la evolución en los mamíferos.

CAMBIOS EN LA VIDA DE LAS PLANTAS

La vida de las plantas respondió al extremo cambio climático. Los húmedos bosques carboníferos se redujeron, los abundantes árboles de lycopsida fueron reemplazados por portadores de semillas, y en el hemisferio norte, coníferas se esparcieron rápidamente.

EL PERIODO TRIÁSICO

Mientras la vida se recuperaba de la extinción pérmica, los reptiles, incluyendo al primer dinosaurio, se volvieron dominantes. A principios del Triásico, hubo una recuperación en el porcentaje de oxígeno en la atmósfera, pero después los niveles de oxígeno cayeron. En respuesta, los ecosistemas se volvieron más diversos, y la vida de las plantas cambió significativamente. Los niveles del mar fluctuaron y la vida marina se transformó, con el aumento de grupos de peces vertebrados, con un aspecto más moderno, pero muy diferentes a la vida marina de hoy.

CAZADORES

Uno de los depósitos de dinosaurios más rico fue el desierto de Nuevo México. Más de mil esqueletos de pequeños dinosaurios de dos patas fueron encontrados allí. Uno, llamado *Coelophysis*, tiene todos los distintivos de un cazador: veloz, carnívoro, con su cuerpo musculoso y hocico con numerosos dientes. Pero estaba lejos de ser el único depredador.

PANGEA

Al comienzo, mientras el supercontinente de Pangea se arrastraba hacia el norte a cubrir el ecuador, muchas de sus bastas tierras fueron incrementando en temperatura y aridez. Al final del periodo, Pangea empezó a separarse y los climas globales se tornaron más fríos y húmedos.

Eudimorphodon
Placerias
Cycads
Rutiodon

Dinosaurios y otros animales prehistóricos

Cynaphagus

Dientes afilados

Este fósil de un pterosaurio de cola corta, es de los primeros vertebrados que volaron. Reptiles voladores y planeadores emergieron durante el periodo triásico al tiempo con las primeras tortugas y ranas.

VIDA EN LA TIERRA

Estos cambios ambientales señalaron mayores desarrollos en los vertebrados. Los parientes de los mamíferos que habían dominado la tierra en tiempos pérmicos decayeron (aunque un grupo, los cinodontes se expandieron y diversificaron). Sin embargo, una nueva oleada de reptiles, los arcosaurios, emergieron. Después, al final de los tiempos triásicos, algunos descendientes de los arcosaurios, los dinosaurios, dominaron la vida en la Tierra.

El reptil herbívoro *Desmatosuchus* medía 5 m de largo con una armadura pesada, incluyendo unas espinas en los hombros de 45 cm, pero eso no hubiera sido competencia para los grandes carnívoros como el *Rutiodon*, parecido a un cocodrilo y el arcosaurio *Postosuchus*.

Bosque de gimnospermas

Coelophysis

Postosuchus

Desmatosuchus

Equisetaceas

EL PERIODO JURÁSICO

Aunque popularmente es conocido como la "era de los dinosaurios", fue también un tiempo en que la vida marina prosperó y las plantas con flores evolucionaron. El Jurásico es nombrado en honor a formaciones de rocas encontradas en las montañas de Jura en Europa del oeste. Aunque algunas formas de vida se extinguieron al final del Triásico, la diversidad de plantas y animales se fue recuperando a mitad del Jurásico. Esta recuperación marcó el comienzo de un largo crecimiento, el cual continuó a través de la era mesozoica.

PECES JURÁSICOS

Como el pez jurásico, la mayoría de los peces que hoy viven, son llamados teleósteos. En tiempos jurásicos, los teleósteos comenzaron a evolucionar, pero aún seguían opacados por un grupo más antiguo, los holósteos, que tenían pesados cuerpos y escamas óseas. Muchos holósteos se extinguieron en la época cretácica, pero algunos, incluyendo al pez aguja, siguen prosperando hoy día. Tiburones y rayas, como el *Squaloraja*, también aumentaron gradualmente en número y tamaño.

El estegosaurio, del Jurásico tardío en el occidente de Norteamérica, fue el más grande entre los herbívoros estegosáuridos. Una línea doble de placas en forma de diamante iban del cuello a la cola, y la cola tenía dos pares de espinas.

Estegosaurio
- Placas óseas
- Espinas en la cola
- Cráneo pequeño
- Grandes patas traseras

Plesiosaurio

Ammonites

Rhomaleosaurus

Dinosaurios y otros animales prehistóricos

CONTINENTES

Pangea empezó a separarse. Gondwana se movió al sur y Laurasia (Norteamérica y Eurasia) se separó de Gondwana. La cadena de tierra entre Norteamérica y Sudamérica se rompió. Estos cambios tuvieron un gran efecto sobre la evolución de las plantas y los animales.

En tiempos jurásicos, la vida bajo el mar era simplemente tan "peligrosa, brutal y corta" como en la tierra. Los mares estaban ocupados con cefalópodos nadadores y peces, incluyendo los celacantos, que eran presas de reptiles marinos más grandes. Los enrollados ammonites con caparazón también cazaban peces más pequeños.

FLORA Y FAUNA

En tierra, los mamíferos prosperaron pero los sinápsidos (antiguos parientes de los mamíferos) se extinguieron. Más reptiles voladores (pterosaurios) evolucionaron, y en tiempos jurásicos tardíos a estos se les unieron dinosaurios emplumados, que también podían volar –las aves empezaban a evolucionar. Los paisajes se fueron transformando y coloreando por la evolución de nuevas plantas florales.

Pterosaurio

Ichthyosaurus

Celacanto

EL PERIODO CRETÁCICO

La separación del supercontinente Pangea llevó a un diverso desarrollo de los animales y plantas en tierras separadas por anchos mares. Abundaba la vida marina en aguas superficiales y la vegetación cambió. Los dinosaurios continuaron diversificándose y dominando la Tierra. Los terópodos del Cretácico tardío y medio estaban representados por el enorme tiranosaurio Rex y el *Ornithomimus* que parecía un avestruz. Plantas florales, aves y mamíferos proliferaron en el invernadero del Cretácico medio. Los reptiles grandes, como el plesiosaurio, deambularon y los primeros peces teleósteos aparecieron en los océanos. Al final del Cretácico, aproximadamente el 75 % de las especies animales, incluyendo los dinosaurios, desaparecieron.

LOS MAMÍFEROS Y LOS DINOSAURIOS DE MONGOLIA

Los remotos desiertos de Mongolia, en el corazón de Asia central, han producido fascinantes descubrimientos fósiles. En tiempos cretácicos, Mongolia era barrido constantemente por tormentas de arena que enterraban los restos de cientos de lagartos, mamíferos y dinosaurios en las colinas de arenisca. Los esqueletos fósiles normalmente están completos, incluso con los más pequeños y delicados huesos bien preservados. A finales de los tiempos cretácicos, dos grupos de dinosaurios con caderas de aves (ornitisquios), los hadrosáuridos y los ceratopsianos, evolucionaron en nuevas especies y se esparcieron por todo el mundo. Fósiles de dinosaurios encontrados en Mongolia también incluían muchos dinosaurios con caderas de reptiles (saurisquios), tales como los terópodos, *Dromaeosaurus* y ovirraptores.

Gran número de dinosaurios depredadores deambulaban los áridos desiertos de Mongolia.

Tarbosaurus baatar

Mononykus

Gallimimus

Zalambdalestes

Kamptobaatar

Dinosaurios y otros animales prehistóricos

INVERNADERO

La apertura del Atlántico del norte llevó a que Norteamérica y Europa se separaran, como hicieron África y Norteamérica. Gondwana continuó separándose y los cambios oceánicos durante el Cretácico llevaron a un ambiente de invernadero en el cual la vida se diversificó.

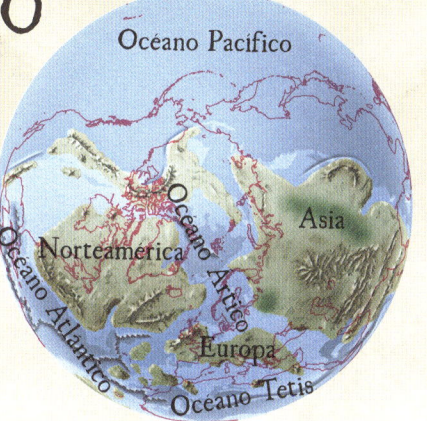
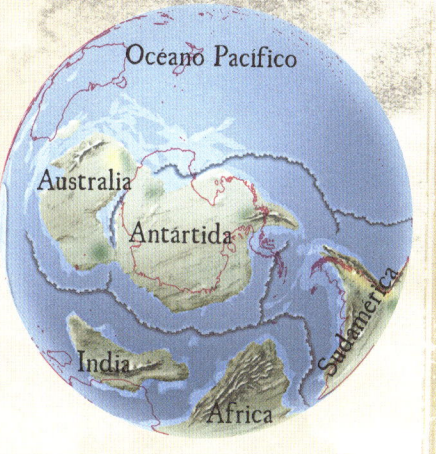

TORMENTAS DE ARENA DE MONGOLIA

Depredadores como el velocirraptor y el enorme tiranosaurio *Tarbosaurus* atacaron a otros dinosaurios incluyendo los herbívoros como el ovirraptor y el *Gallimimus*. Los protoceratops ponían huevos en el suelo en nidos hechos con lodo. El peculiar dinosaurio de un dedo, el *Mononykus* tenía poderosas y cortas extremidades anteriores. En ese tiempo, los pequeños mamíferos, tales como el *Zalambdalestes*, el *Kennalestes* y el *Kamptobaatar* parecían insignificantes, pero sus descendientes predominarían luego de que desaparecieran los dinosaurios.

Iguanodon

Cráneo del primitivo herbívoro del cretácico, el iguanodon.

35

DESPUÉS DE LOS DINOSAURIOS

El periodo después de los dinosaurios es conocido como el periodo terciario, sus primeros 30 millones de años se dividieron en dos épocas, el Paleoceno y el Eoceno. Rápidos movimientos continentales marcaron el tiempo cuando modernos mamíferos y aves cantoras se hicieron dominantes. Miles de especies de mamíferos se desarrollaron y criaturas de mar empezaron a tomar una apariencia más parecida a la de hoy en día. Entre 5 y 2 millones de años atrás, los ancestros directos de los humanos emergieron. Durante la era cuaternaria, hace 2,5 millones de años, la Tierra fue envuelta en una era de hielo. Previamente islas y continentes se conectaron, produciendo un dramático efecto en la distribución de animales y plantas.

ENFRIAMIENTO

Para la mitad del periodo terciario, los continentes y océanos estaban cerca de sus posiciones actuales. Hace unos 20 millones de años la Tierra se enfrió, los niveles del mar cayeron y muchas condiciones secas prevalecieron mientras se acercaba la era de hielo del periodo cuaternario.

Glaciar

Mamut lanudo
(*Mammuthus primigenius*)

Rinoceronte lanudo
(*Coelodonta antiquitatas*)

Caballo
(*Equus*)

EMERGIERON LOS HUMANOS MODERNOS

Entre 5 y 1,5 millones de años atrás, el género *Homo*, el directo antecesor del humano moderno, evolucionó del australopitecino (significa "mono del sur") en África. Hace alrededor de dos millones de años, varias especies de *Homo* habían evolucionado, incluyendo el *Homo erectus* ("hombre erguido"), el primer humano en migrar fuera de África. Hace alrededor de 200 000 años los humanos modernos, *Homo sapiens* ("hombre sabio") aparecieron en África. Una rama separada de los *Homo*, el *Homo neanderthalensis* (encontrado en el valle de Neander, en Alemania) murió hace alrededor de 30 000 años.

Australopithecus africanus, se creé que es un antecesor de los humanos.

VIDA EN LA ESTEPA DEL MAMUT

Muchos animales y plantas sobrevivieron el último periodo glacial, ocupando tierras con vientos más cálidos y con un deshielo en verano. Los animales que vivieron en estas áreas incluían al mamut lanudo y al rinoceronte. Uno de los lugares más ricos en fósiles es la estepa de los mamuts, ahora Rusia del este. Era un hábitat cubierto de hierba que quedó entre la sabana de hielo del norte y los hábitats arbolados en el sur. Era hogar de grandes herbívoros, incluyendo los mamuts lanudos, caballos, ciervos gigantes y los ancestros de las vacas domésticas. Estos eran presa para los cazadores, como los grandes felinos y humanos.

León de las estepas (*Panthera*)

Estepas del mamut

Glaciar

Ciervo gigante (*Megoloceros giganteus*)

PECES

La vida apareció por primera vez en los océanos y mares de la Tierra. Al principio fue representada por simples organismos microscópicos, pero una explosión de formas de vida durante el periodo cámbrico, llevó al desarrollo de unidades más complejas y, finalmente, a los peces. Los primeros peces no tenían mandíbulas, pero el periodo silúrico vio la evolución y el dominio de estos, con mandíbulas, y su desarrollo en animales más especializados incluyendo a los peces lobulados y a los peces con aletas radiadas.

Dinosaurios y otros animales prehistóricos

39

LOS PRIMEROS VERTEBRADOS

Los animales que tienen una columna vertebral se conocen como vertebrados. Los primeros vertebrados fueron los peculiares peces sin mandíbulas: agnatos y lampreas. A pesar de sus características desconocidas, fueron los antepasados de todos los vertebrados, y tenían una notocordia sobre la cual corría un cordón nervioso. Los bloques de músculos a cada lado de la notocordia, endurecían su cuerpo, que se flexionaba de lado a lado para nadar.

FÓSIL DE UNA PIKAIA

Esta primitiva criatura de mar mostraba las características esenciales de los primeros vertebrados. Una varilla flexible se extendía de la cabeza a la cola, dividiendo el aplanado cuerpo en dos partes simétricas.

BRANCHIOSTOMA

Hoy en día existe un doble del *Pikaia*, el anfioxo *Branchiostoma*. Este animalito ha sido familiar para los biólogos, desde mucho antes de que los fósiles del *Pikaia* fueran descubiertos. Este corte de un *Branchiostoma* muestra la notocordia que corría de su cabeza hasta su cola, y que se convirtió luego en la espina dorsal de los vertebrados.

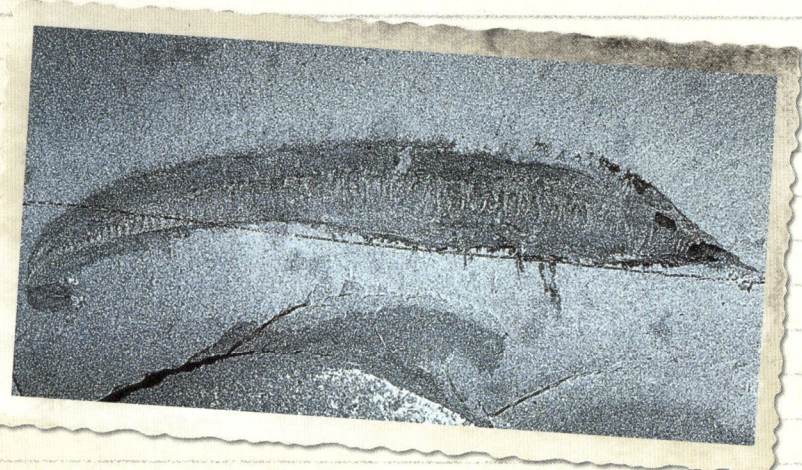

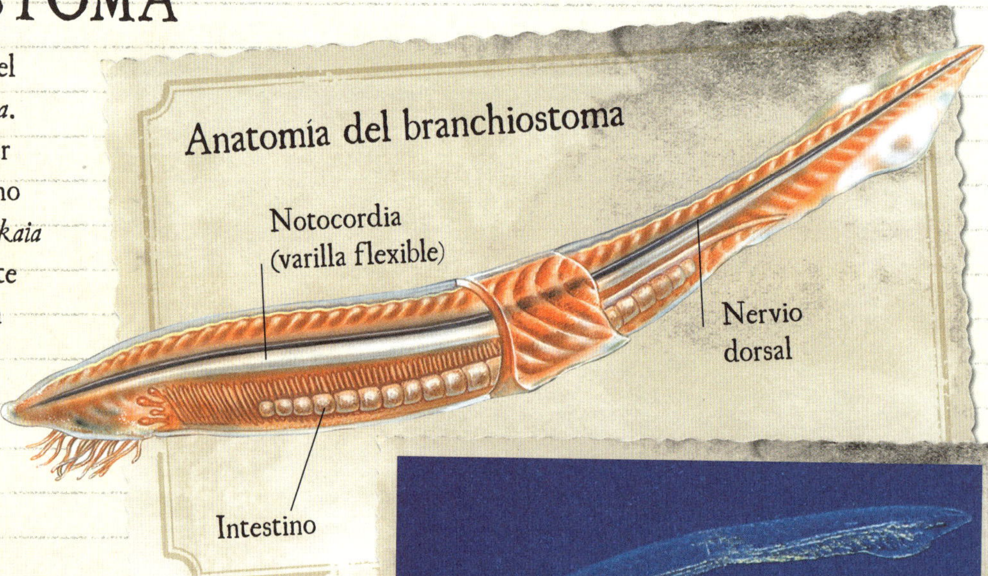

Anatomía del branchiostoma
- Notocordia (varilla flexible)
- Nervio dorsal
- Intestino

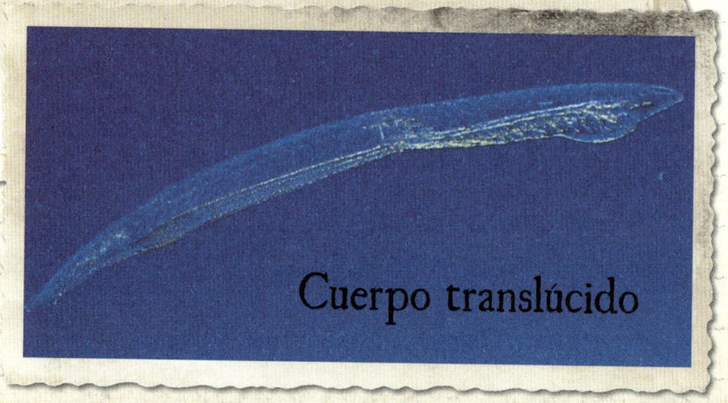

El cuerpo translúcido de un *Branchiostoma*, muestra claramente su anatomía interna, que se parece mucho a la del *Pikaia*.

Cuerpo translúcido

RELACIONES DE LOS VERTEBRADOS

El entendimiento de la biología animal permite a los científicos determinar cómo las diferentes criaturas están relacionadas entre sí, encontrando algunas sorpresas. Si bien parece poco probable la conexión entre las estrellas de mar (equinodermos), los gusanos bellota, las ascidias (tunicados) y los animales vertebrados, todos ellos está estrechamente relacionados. Los más cercanos a los vertebrados son los cordados (que poseen una notocordia), representados por los actuales *lancelets*.

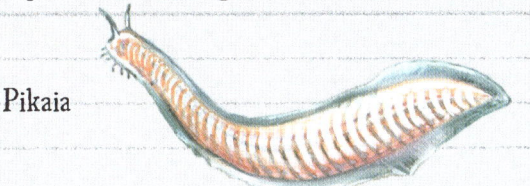
Pikaia

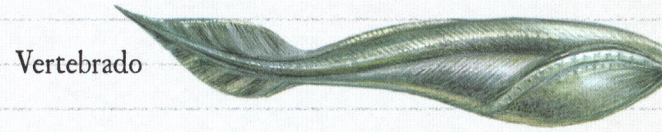
Vertebrado

Hemicordados

Estrella de mar

Gusano bellota

Ascidia

Lancelet

PIKAIA

Esta primitiva criatura no tenía nada que ver con los ancestros humanos. Parecía una lombriz aplanada a los lados pero, claramente, presentaba las características de los primeros vertebrados, como la notocordia, los nervios dorsales y los músculos a cada lado de su cuerpo.

Tentáculos

Par de bloques de músculos

Notocordia

Anatomía de un tiburón

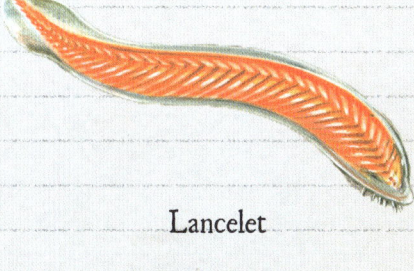

Aleta dorsal — Segunda aleta dorsal — Cola asimétrica
Par de aletas pectorales — Aleta anal
Par de aletas pélvicas

Los tiburones y sus parientes están entre los primeros vertebrados en desarrollar mandíbulas y dientes de hueso. Todos tienen esqueletos cartilaginosos.

PECES SIN MANDÍBULAS

Los primeros animales vertebrados en evolucionar fueron los agnatos, o "peces sin mandíbulas". Restos de sus fósiles se encontraron en las rocas del Cámbrico tardío hace más de 510 millones de años. Estos primeros peces no tenían mandíbulas, ni tenían un par de aletas para estabilizar sus cuerpos en el agua. Capturar una presa y comerla representaba un problema. Consecuentemente estos peces tendían a ser pequeños, estaban limitados a succionar microscópicas partículas de comida del lodoso lecho marino o alimentarse del plancton que vivía en la superficie del agua. A pesar de su falta de mandíbulas, los ostracodermos dominaron los mares y las aguas frescas del hemisferio norte por alrededor de 130 millones de años.

Pikaia

La pikaia, de hace 535 millones de años, es uno de los primeros fósiles en mostrar las características iniciales de los vertebrados. El cuerpo de esta criatura, parecida a una anguila, se ponía rígido y alargado por una cuerda fuerte, pero flexible, llamada notocordia. Esta podía doblarse en curvas sinuosas para nadar por la contracción de los músculos en cada lado.

Tamaño: 5 cm de longitud.
Orden: *Cephalochordata*.
Familia: *Pikaliidae*.
Cobertura: Norteamérica: Canadá.

Tamaño: 15 cm de longitud.
Orden: Pteraspidiformes.
Familia: Doraspididae.
Cobertura: Océano Ártico: Spitsbergen.

Doryaspis

Este terápsido (también llamado *Lyktaspis*) tenía un hocico más largo, que el de sus parientes, rebordeado de espinas, y la boca se abría hacia arriba, no hacia abajo. Esta extraña apéndice lo hacía muy largo y su forma hacía pensar que el *Doryaspis* era un buen nadador.

Promissum

El *Promissum* fue una inusual criatura o conodonto, parecida a una anguila, y fue encontrada hace 500 millones de años en el Ordovícico tardío, en los depósitos marinos de Sudáfrica. En 1994, especímenes de *Promissum* fueron encontrados con el sistema digestivo de los conodontos, preservado bajo las cápsulas de los ojos, y enfrente había rastro de los bloques de músculos y la notocordia.

Tamaño: 40 cm de longitud.
Orden: *Priodontina*.
Familia: Desconocida.
Cobertura: Sudáfrica.

Drepanaspis

Un morador del fondo del mar, muy bien adaptado, el *Drepanaspis* vivía buscando comida en el lodo del lecho marino. La parte anterior del cuerpo era ancha y aplanada, permitiendo que se abrazara al lecho marino mientras nadaba, y a cada lado de su larga boca, estaban sus pequeños ojos, muy separados, teniendo un ángulo de visión amplio.

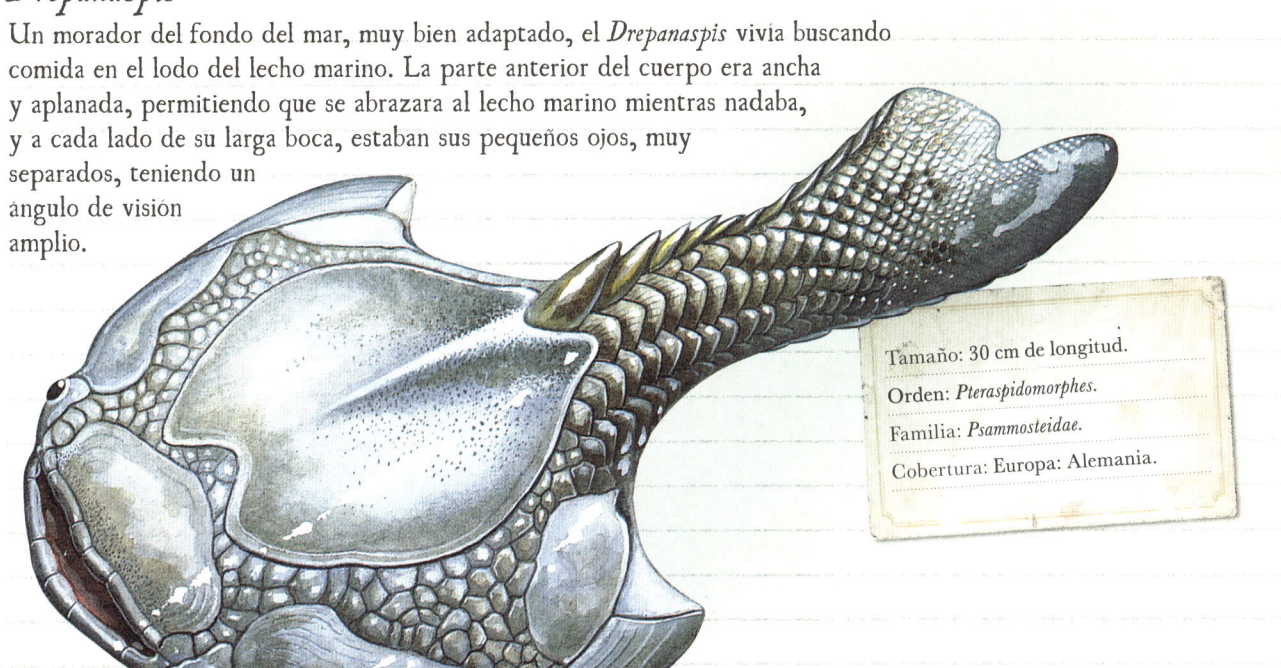

Tamaño: 30 cm de longitud.
Orden: *Pteraspidomorphes*.
Familia: *Psammosteidae*.
Cobertura: Europa: Alemania.

Tamaño: 13 cm de longitud.
Orden: *Osteostraci*.
Familia: *Hemicylapsis*.
Cobertura: Europa: Inglaterra.

Hemicyclaspis

Este pez fue un nadador poderoso y pudo moverse mejor en el agua que cualquiera de sus parientes, como el *Tremataspis*. Tenía una aleta dorsal para estabilizar el cuerpo en el agua y un par de solapas cubiertas por escamas, similares a las aletas pectorales, que ayudaban al pez a girar. La cola tenía un lóbulo superior agrandado que podía haber ayudado a levantar la parte trasera del cuerpo. Esto habría hecho que el pez mantuviera su cabeza baja mientras succionaba partículas de comida del lecho marino.

Tremataspis

Este pez primitivo tenía una inusual cabeza ósea extendida, que le servía de escudo por su forma circular. Sus ojos y su única fosa nasal estaban en la parte superior de la cabeza. La forma sugería que el pez excavaba. Su cabeza, que le servía de escudo, estaba hecha de una sola pieza de hueso, por eso es improbable que esta creciera con el animal. Los paleontólogos piensan que este pez no tenía armadura en su estado larvario, y que esta se formaba solo cuando el pez había finalizado su crecimiento.

Tamaño: 13 cm de longitud.
Orden: *Osteostraci*.
Familia: Desconocida.
Cobertura: Europa: Estonia.

Peces sin mandíbulas

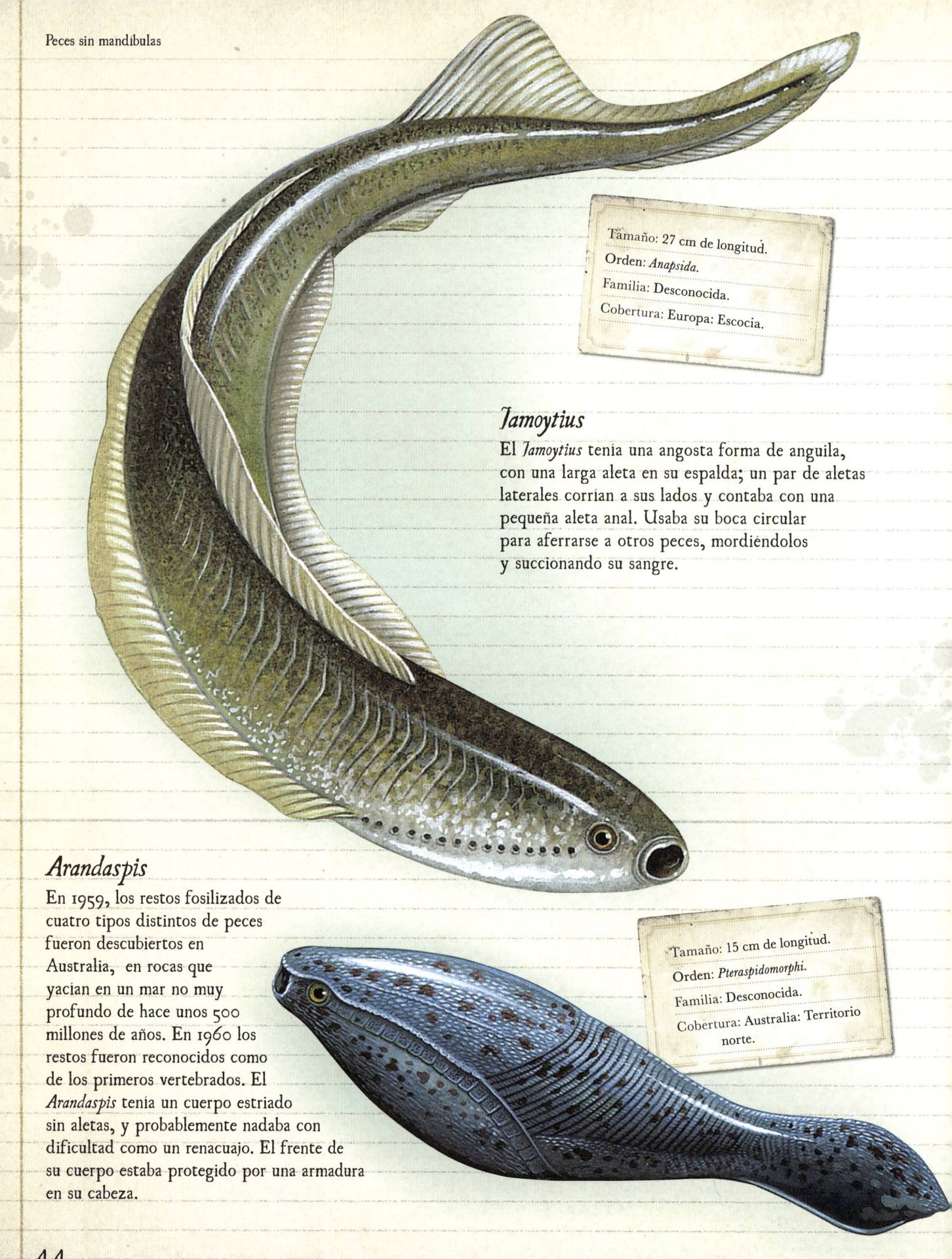

Tamaño: 27 cm de longitud.
Orden: *Anapsida*.
Familia: Desconocida.
Cobertura: Europa: Escocia.

Jamoytius

El *Jamoytius* tenía una angosta forma de anguila, con una larga aleta en su espalda; un par de aletas laterales corrían a sus lados y contaba con una pequeña aleta anal. Usaba su boca circular para aferrarse a otros peces, mordiéndolos y succionando su sangre.

Arandaspis

En 1959, los restos fosilizados de cuatro tipos distintos de peces fueron descubiertos en Australia, en rocas que yacían en un mar no muy profundo de hace unos 500 millones de años. En 1960 los restos fueron reconocidos como de los primeros vertebrados. El *Arandaspis* tenía un cuerpo estriado sin aletas, y probablemente nadaba con dificultad como un renacuajo. El frente de su cuerpo estaba protegido por una armadura en su cabeza.

Tamaño: 15 cm de longitud.
Orden: *Pteraspidomorphi*.
Familia: Desconocida.
Cobertura: Australia: Territorio norte.

Dinosaurios y otros animales prehistóricos

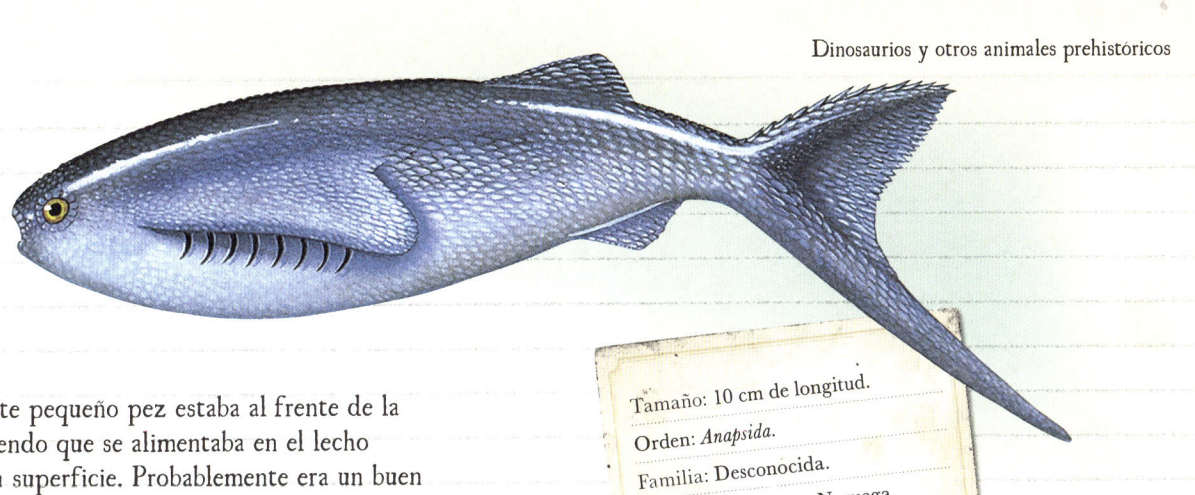

Thelodus

La boca de este pequeño pez estaba al frente de la cabeza, sugiriendo que se alimentaba en el lecho marino o en la superficie. Probablemente era un buen nadador. El lóbulo inferior de la cola era alargado, y las aletas –una dorsal y una aleta anal en la parte posterior– le daban estabilidad.

Tamaño: 10 cm de longitud.
Orden: *Anapsida*.
Familia: Desconocida.
Cobertura: Europa: Noruega.

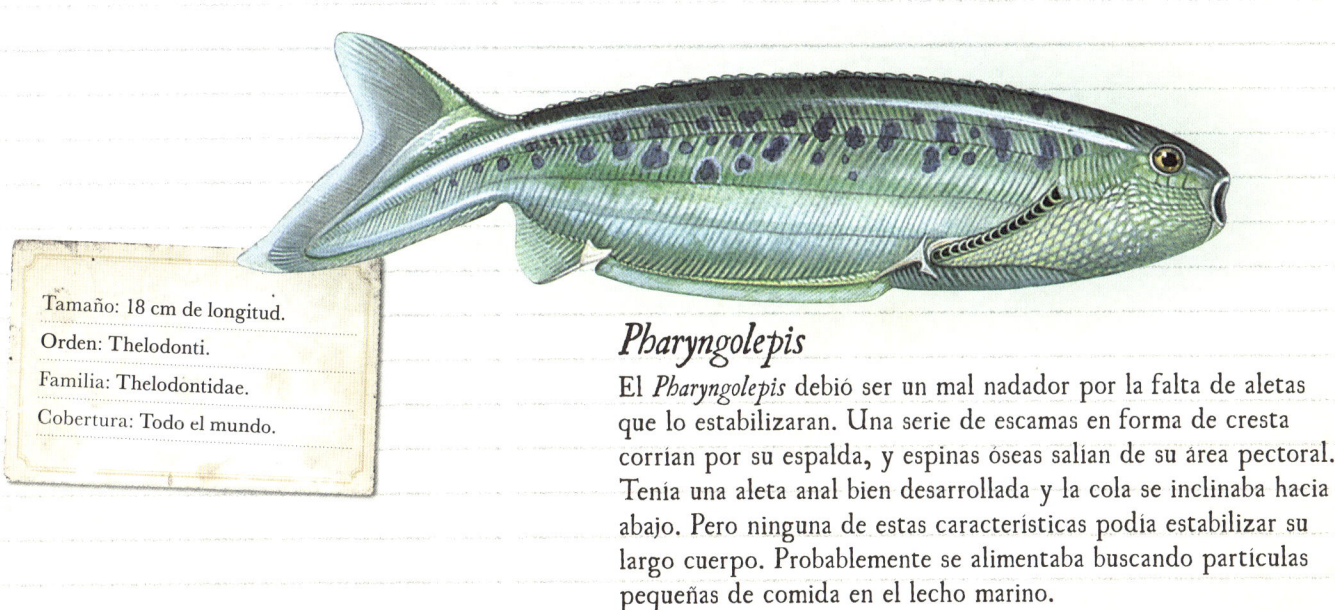

Tamaño: 18 cm de longitud.
Orden: Thelodonti.
Familia: Thelodontidae.
Cobertura: Todo el mundo.

Pharyngolepis

El *Pharyngolepis* debió ser un mal nadador por la falta de aletas que lo estabilizaran. Una serie de escamas en forma de cresta corrían por su espalda, y espinas óseas salían de su área pectoral. Tenía una aleta anal bien desarrollada y la cola se inclinaba hacia abajo. Pero ninguna de estas características podía estabilizar su largo cuerpo. Probablemente se alimentaba buscando partículas pequeñas de comida en el lecho marino.

Tamaño: 10 cm de longitud.
Orden: *Tremataspidiformes*.
Familia: *Tremataspididae*.
Cobertura: Europa: Estonia.

Dartmuthia

Su ancha cabeza le servía de escudo y es la única parte de este pez primitivo que se conoce. Se alimentaba del lecho marino con su boca circular como su contemporáneo, el *Tremataspis*. Tenía una pequeña aleta dorsal a lo largo de su espalda, y tenía órganos bien desarrollados y resistentes a la presión, detrás de sus ojos.

PECES CARTILAGINOSOS

Los tiburones y sus parientes –los rájidos y las mantarrayas, los quimeriformes o peces rata– fueron los primeros vertebrados que desarrollaron mandíbulas y dientes de hueso. Los dientes mineralizados son normalmente la única parte fosilizada de estos animales. Estos peces con mandíbulas compartían otra característica: todos tenían esqueletos cartilaginosos, cubiertos por una fina capa de hueso. Tenían aletas pares, y las aletas pélvicas –en los machos– fueron modificadas para ayudar a sostener a la hembra durante el apareamiento –característica única de estos peces. Hubo dos grupos principales de peces cartilaginosos, los elasmobranquios y los holocéfalos, que evolucionaron a comienzos del periodo devónico, hace unos 400 millones de años.

Tamaño: 1,8 m de longitud.
Orden: *Chadoselachiformes*.
Familia: *Cladoselachidae*.
Cobertura: Norteamérica: Ohio.

Cladoselache

El *Cladoselache* tenía un cuerpo en forma de torpedo cubierto por una serie de líneas, con una cabeza redondeada y grandes ojos. Rondaba los mares hace 400 millones de años y lucía muy parecido a los tiburones modernos. El tiburón moderno, de cualquier manera, tiene un hocico puntiagudo, una primera aleta dorsal alta, y una aleta anal. El *Cladoselache* era un poderoso nadador y un fiero carnívoro.

Stethacanthus

La característica más notable de este antiguo tiburón era su primera aleta dorsal en forma de T, su plana superficie estaba cubierta de dentículos parecidos a dientes, así mismo lo estaba su cabeza. Algunos paleontólogos piensan que esto era amenazante, dando la impresión de un gran par de mandíbulas.

Tamaño: 70 cm de longitud.
Orden: *Symortida*.
Familia: *Stethacanthidae*.
Cobertura: Europa: Escocia; Norteamérica: Illinois, Iowa, Montana y Ohio.

Dinosaurios y otros animales prehistóricos

Xenacanthus

Al inicio de su evolución, un grupo de tiburones se dispersó entre los ríos y lagos a través del mundo. Tuvieron mucho éxito, existiendo alrededor de 150 millones de años. Una gruesa espina crecía de la parte posterior del cráneo. Una aleta dorsal recorría toda la espalda del pez, uniéndose a su cola.

Tamaño: 75 cm de longitud.
Orden: *Xenacanthida*.
Familia: *Xenacanthidae*.
Cobertura: El mundo.

Cobelodus

Este tiburón de extraña apariencia tenía un protuberante hocico y un perfil jorobado, con solo una aleta dorsal en su espalda. También tenía ojos muy grandes, que sugieren que tal vez cazaba en aguas oscuras y profundas en busca de crustáceos y calamares. Las largas líneas cartilaginosas que soportaban las aletas pectorales eran otra característica inusual.

Tamaño: 2 m de longitud.
Orden: *Symmoriida*.
Familia: *Symmoridae*.
Cobertura: Norteamérica: Illinois y Iowa.

Tamaño: 50 m de longitud.
Orden: *Elasmobranchii*.
Familia: *Selachimorpha*.
Cobertura: El mundo.

Scapanorhynchus

Los tiburones modernos, los rájidos, y las mantarrayas, conocidos como *Neoselachians*, se desarrollaron a finales de los tiempos jurásicos. El *Scapanorhynchus* fue uno de los primeros, pero no el típico *Neoselachians*. Tenía un gran hocico, y sus dientes eran del tipo de morder y arrancar, apropiados para comer peces.

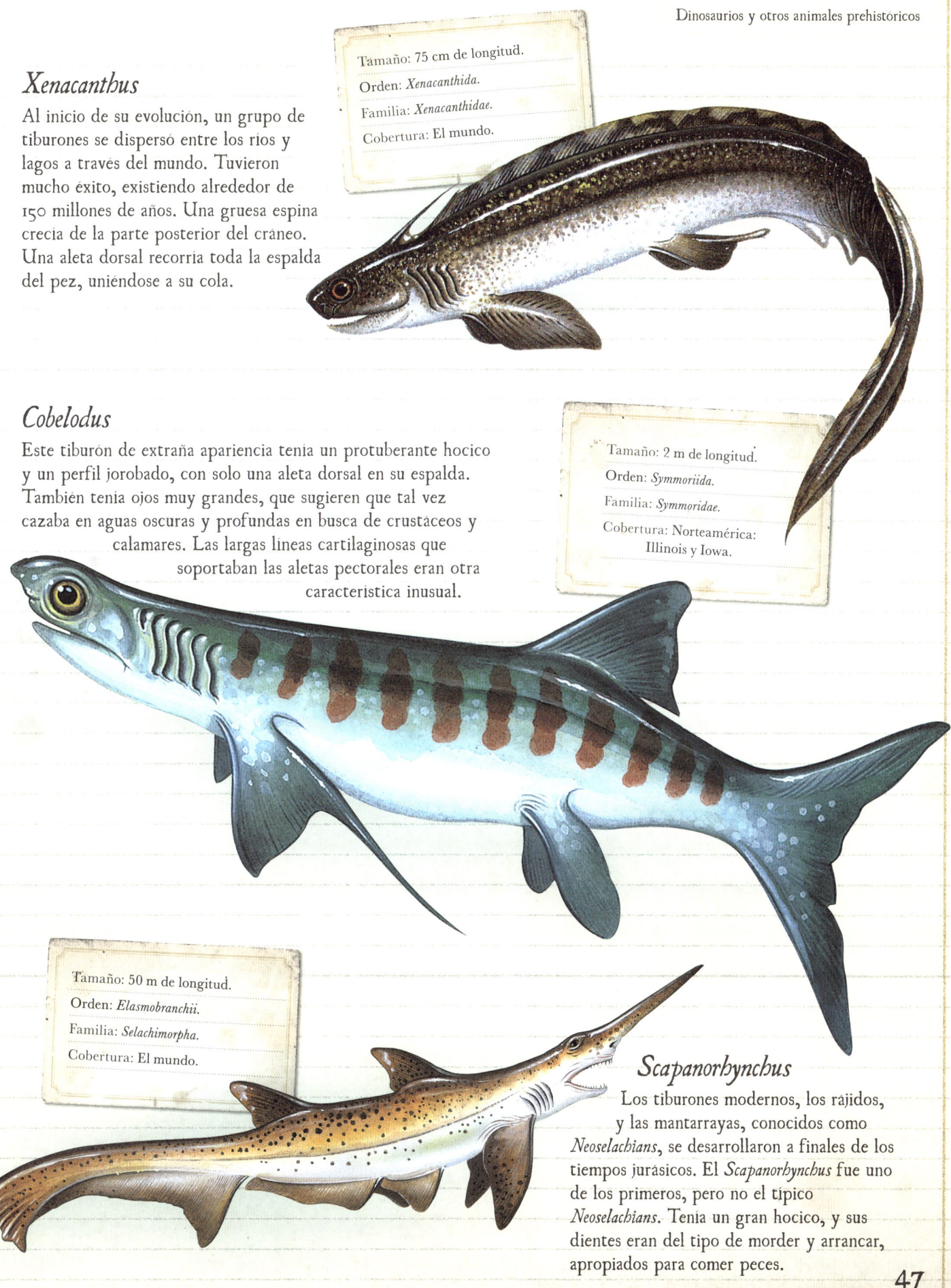

Spathobathis

El *Spathobathis* es la primera mantarraya conocida, y es similar al moderno pez banjo que se da en las aguas atlánticas de Norteamérica. El cuerpo del *Spathobathis* fue como el de un tiburón, pero era aplanado para llevar una vida en el lecho marino. Los ojos y espiráculos (para la entrada del agua) fueron reposicionadas en la parte superior de la cabeza, y las hendiduras de las branquias estaban en la parte inferior del cuerpo.

Tamaño: 50 cm de longitud.
Orden: *Rajiformes*.
Familia: *Rhinobatidae*.
Cobertura: Europa: Francia y Alemania.

Tamaño: 1 m de longitud.
Orden: *Batoidea*.
Familia: *Sclerothynchidae*.
Cobertura: África: Marruecos; Asia: Líbano y Norteamérica: Texas.

Hybodus

El *Hybodus* fue uno de los tiburones antiguos más comunes, longevos y diseminado. Se veía como un moderno tiburón azul, aunque tenía solo de la mitad de su tamaño y un hocico más chato. El *Hybodus* tenía dos tipos de dientes en sus poderosas mandíbulas, sugiriendo una dieta variada. Los dientes puntiagudos del frente sujetaban y atravesaban la presa, mientras los dientes romos de atrás aplastaban los huesos del pez, y también las duras corazas de los caracoles del fondo del mar, erizos y crustáceos.

Sclerorhynchus

El *Sclerorhynchus* fue uno de los primeros rájidos, pero se parecía más al moderno pez sierra; aleteando sus "alas" pectorales este pez aplanado "volaba" justo sobre el lecho marino, sondeando y filtrando el lodo con su largo y dientudo hocico buscando camarones escondidos, ostras y peces aplanados.

Dinosaurios y otros animales prehistóricos

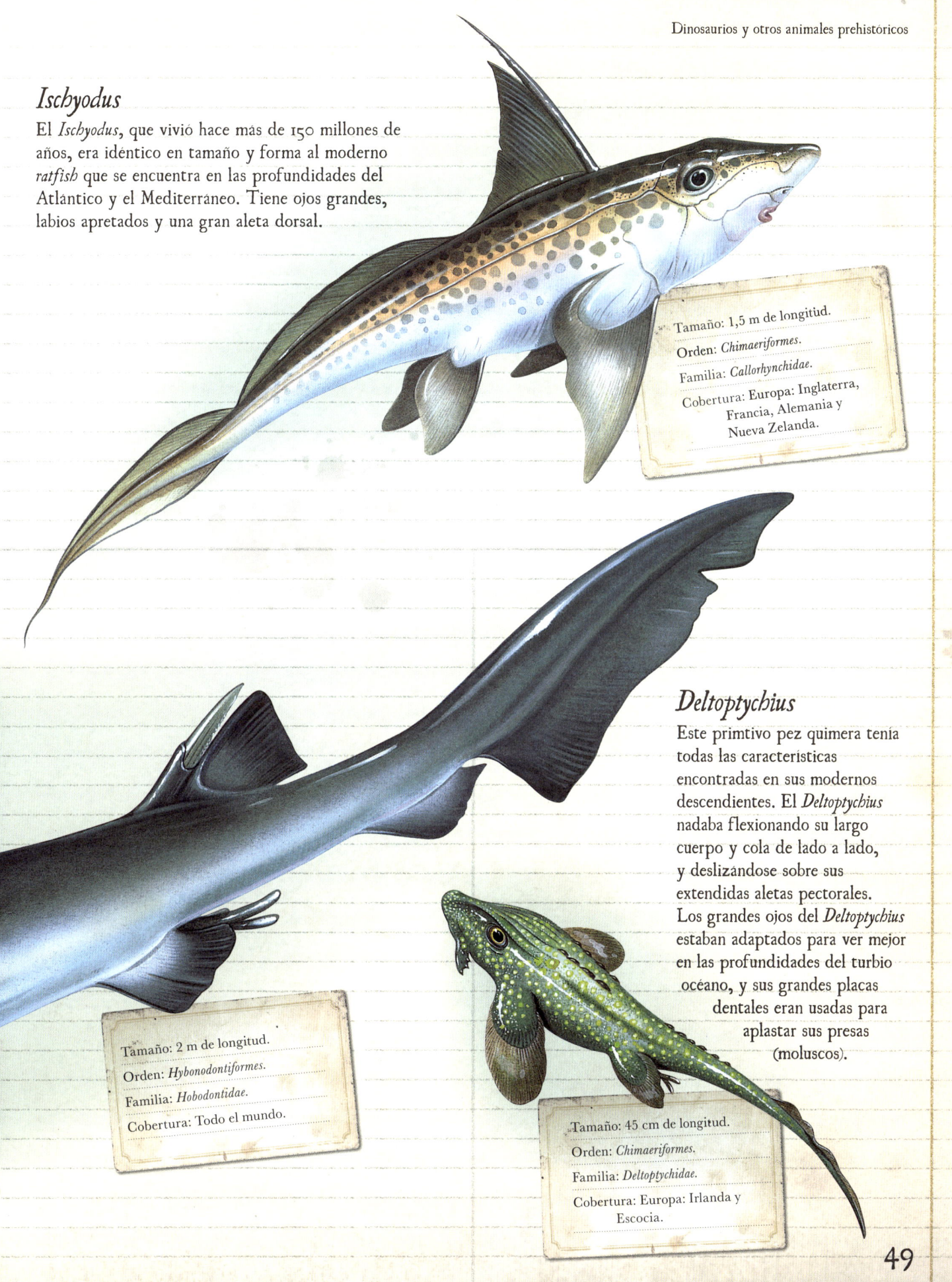

Ischyodus

El *Ischyodus*, que vivió hace más de 150 millones de años, era idéntico en tamaño y forma al moderno *ratfish* que se encuentra en las profundidades del Atlántico y el Mediterráneo. Tiene ojos grandes, labios apretados y una gran aleta dorsal.

Tamaño: 1,5 m de longitud.
Orden: *Chimaeriformes*.
Familia: *Callorhynchidae*.
Cobertura: Europa: Inglaterra, Francia, Alemania y Nueva Zelanda.

Deltoptychius

Este primtivo pez quimera tenía todas las características encontradas en sus modernos descendientes. El *Deltoptychius* nadaba flexionando su largo cuerpo y cola de lado a lado, y deslizándose sobre sus extendidas aletas pectorales. Los grandes ojos del *Deltoptychius* estaban adaptados para ver mejor en las profundidades del turbio océano, y sus grandes placas dentales eran usadas para aplastar sus presas (moluscos).

Tamaño: 2 m de longitud.
Orden: *Hybonodontiformes*.
Familia: *Hobodontidae*.
Cobertura: Todo el mundo.

Tamaño: 45 cm de longitud.
Orden: *Chimaeriformes*.
Familia: *Deltoptychidae*.
Cobertura: Europa: Irlanda y Escocia.

TIBURONES ESPINOSOS Y PECES ACORAZADOS

Los acantodios o "tiburones espinosos" fueron los primeros vertebrados con mandíbulas conocidos. Estas eran fuertes para haber evolucionado del primer arco de agallas de algún pez sin mandíbulas. El popular nombre de "tiburones espinosos" fue usado porque tenían forma de tiburones, con un cuerpo aerodinámico, un par de aletas y una fuerte cola. Todas sus aletas, excepto la cola, estaban soportadas por una gruesa espina ósea, de ahí su nombre: "tiburones espinosos". Las espinas fosilizadas son todo lo que queda de estos peces en las antiguas rocas sedimentarias.

Groenlandaspis
Este pez fue un mejor nadador que cualquiera de sus parientes habitantes del fondo, *Tremataspis* o *Dartmuthia*. Tenía una aleta dorsal, para estabilizar el cuerpo en el agua, y un par de solapas cubiertas por escamas, similares a las aletas pectorales para dirigir al pez mientras nadaba.

Tamaño: 7,5 cm de longitud.
Orden: *Arthrodira*.
Familia: *Groenlandaspidae*.
Cobertura: Antártica: Victoria del Sur, Australia: Nueva Gales del Sur, Europa: Inglaterra, Irlanda y Turquía y Norteamérica: Groenlandia.

Tamaño: 6 cm de longitud.
Orden: Desconocido.
Familia: Desconocida.
Cobertura: Europa: Escocia.

Palaeospondylus
Esta diminuta criatura tenía un largo "hueso trasero" con espinas en un extremo, que presuntamente soportaba una aleta trasera. Su cráneo tenía una extraña forma; no tenía mandíbulas notables ni aletas pares.

Gemuendina
El redondeado y aplanado cuerpo de este pez era muy similar a la moderna mantarraya. Las aletas pectorales del *Gemuendina* se extendían como unas alas a cada lado del cuerpo, y los ojos y fosas nasales se localizaban arriba de la cabeza. Estas características fueron copiadas hace unos 260 millones de años por un grupo de peces sin parentesco –las rayas y rájidos que habitaron el lecho marino del Jurásico en adelante.

Tamaño: 30 cm de longitud.
Orden: *Rhenanida*.
Familia: *Asterosteidae*.
Cobertura: Europa: Alemania.

Dinosaurios y otros animales prehistóricos

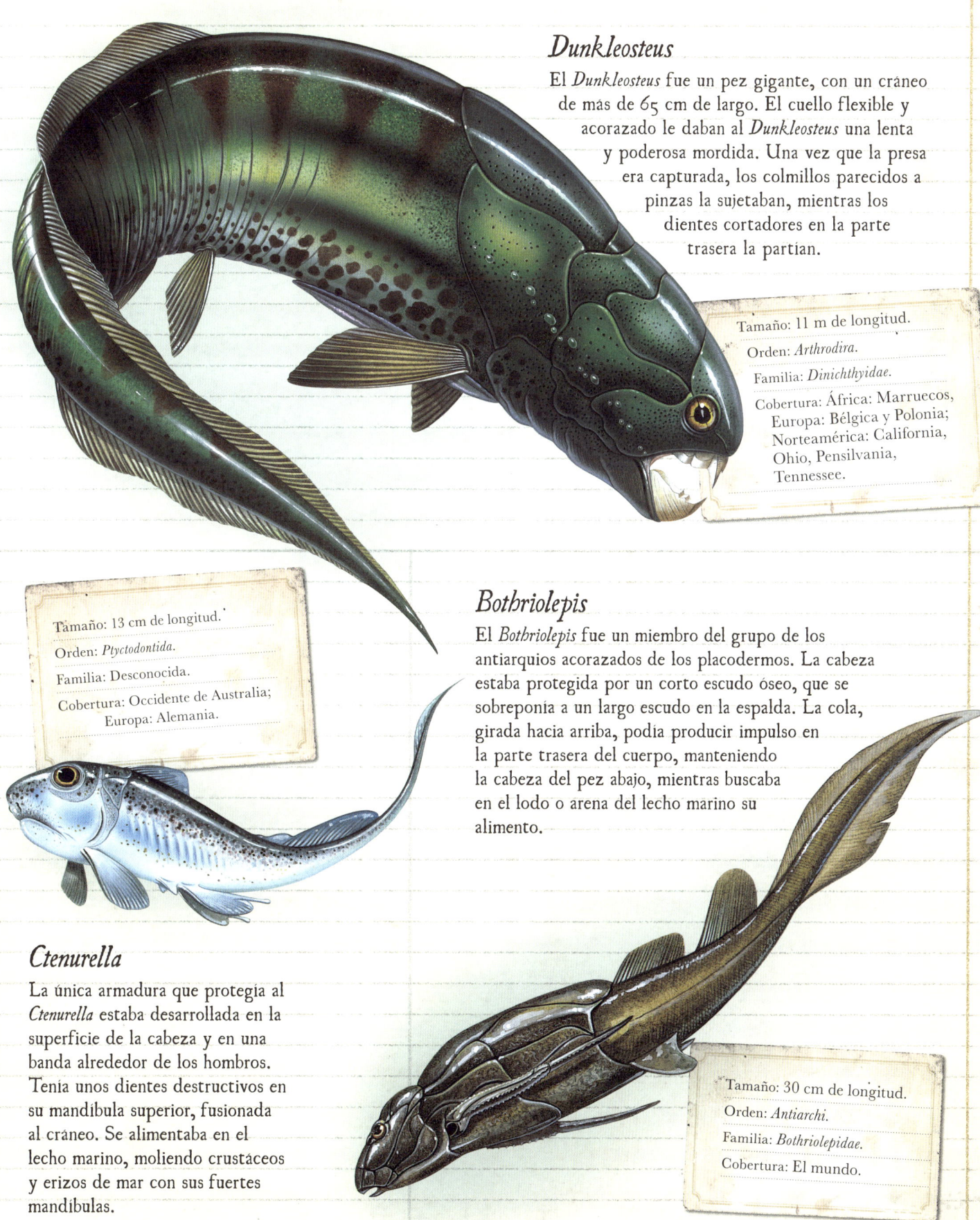

Dunkleosteus

El *Dunkleosteus* fue un pez gigante, con un cráneo de más de 65 cm de largo. El cuello flexible y acorazado le daban al *Dunkleosteus* una lenta y poderosa mordida. Una vez que la presa era capturada, los colmillos parecidos a pinzas la sujetaban, mientras los dientes cortadores en la parte trasera la partían.

Tamaño: 11 m de longitud.
Orden: *Arthrodira*.
Familia: *Dinichthyidae*.
Cobertura: África: Marruecos, Europa: Bélgica y Polonia; Norteamérica: California, Ohio, Pensilvania, Tennessee.

Tamaño: 13 cm de longitud.
Orden: *Ptyctodontida*.
Familia: Desconocida.
Cobertura: Occidente de Australia; Europa: Alemania.

Bothriolepis

El *Bothriolepis* fue un miembro del grupo de los antiarquios acorazados de los placodermos. La cabeza estaba protegida por un corto escudo óseo, que se sobreponía a un largo escudo en la espalda. La cola, girada hacia arriba, podía producir impulso en la parte trasera del cuerpo, manteniendo la cabeza del pez abajo, mientras buscaba en el lodo o arena del lecho marino su alimento.

Ctenurella

La única armadura que protegía al *Ctenurella* estaba desarrollada en la superficie de la cabeza y en una banda alrededor de los hombros. Tenía unos dientes destructivos en su mandíbula superior, fusionada al cráneo. Se alimentaba en el lecho marino, moliendo crustáceos y erizos de mar con sus fuertes mandíbulas.

Tamaño: 30 cm de longitud.
Orden: *Antiarchi*.
Familia: *Bothriolepidae*.
Cobertura: El mundo.

PECES PRIMITIVOS DE ALETAS RADIADAS

Los peces de aletas radiadas evolucionaron hace unos 400 millones de años. Hoy, este antiguo grupo consta de un amplio rango de peces, incluyendo esturiones, peces espátula, los amia calva, peces aguja y los bichires. Su característica principal, tanto los antiguos como los modernos, es el esqueleto de espinas paralelas que soportan y tensan cada aleta –de ahí el nombre peces de "aletas radiadas". En las primeras especies, las aletas eran rígidas, pero se volvieron más flexibles, hasta convertirse en las movibles aletas de los modernos peces vertebrados. Desarrollaron una vejiga natatoria para controlar su flotabilidad.

Canobius

Un nuevo desarrollo ocurrió con el cráneo de este diminuto pez. La fusión de los huesos del cráneo y las mejillas significaban que el *Canobius* podía abrir su boca más mientras, al mismo tiempo, las cámaras de las branquias tras la mandíbula eran mucho más grandes. Esto facilitaba que pasara más agua sobre las branquias, recibiendo más oxígeno del agua.

Tamaño: 7 cm de longitud.
Orden: *Palaeonisciformes*.
Familia: *Palaeoniscidae*.
Cobertura: Europa: Escocia.

Cheirolepis

El *Cheirolepis* fue un grande y veloz depredador de agua dulce. Su aerodinámico cuerpo estaba cubierto por una fuerte capa de pequeñas y rectangulares escamas, distribuidas en hileras diagonales –como las de los tiburones espinosos. Una hilera de grandes escamas se tensaban en la parte superior de la cola, haciendo sus movimientos de barrido más poderosos durante el nado.

Tamaño: 55 cm de longitud.
Orden: *Cheirolepiformes*.
Familia: *Cheirolepidae*.
Cobertura: Europa: Escocia; Norteamérica: Canadá.

Palaeoniscum

Con su cuerpo en forma de torpedo, su aleta dorsal alta, y una poderosa cola, el *Palaeoniscum* estaba hecho para la velocidad. Debió ser un feroz depredador de otros peces vertebrados de agua dulce. Sus mandíbulas estaban llenas de numerosos dientes filosos, que constantemente eran reemplazados.

Tamaño: 30 cm de longitud.
Orden: *Palaeonisciformes*.
Familia: *Palaeoniscidae*.
Cobertura: Europa: Inglaterra y Alemania; Norteamérica: Estados Unidos y Groenlandia.

Tamaño: 9 cm de longitud.
Orden: *Palaeonisciformes*.
Familia: *Stegotrachelidae*.
Cobertura: Australia; Europa: Alemania.

Platysomus

Los *Platysomus*, que vivían en agua dulce y en el mar, tenía un cuerpo aplanado con largas aletas dorsales y anales, mientras las aletas pectorales y pélvicas eran muy pequeñas. Como los *Canobius*, el *Platysomus* tenía branquias amplias cuando la boca se abría, para que pudiera absorber más oxígeno. Es probable que comiera plancton.

Moythomasia

El *Moythomasia* estaba cubierto por un nuevo tipo de escamas, único para los primeros peces de aletas radiadas. Una pinza en el borde de cada escama se acoplaba al borde inferior de la escama superior. Como resultado, todas las escamas del cuerpo formaban una protectora armadura flexible.

Tamaño: 18 cm de longitud.
Orden: *Palaeonisciformes*.
Familia: *Stegotrachelidae*.
Cobertura: El mundo.

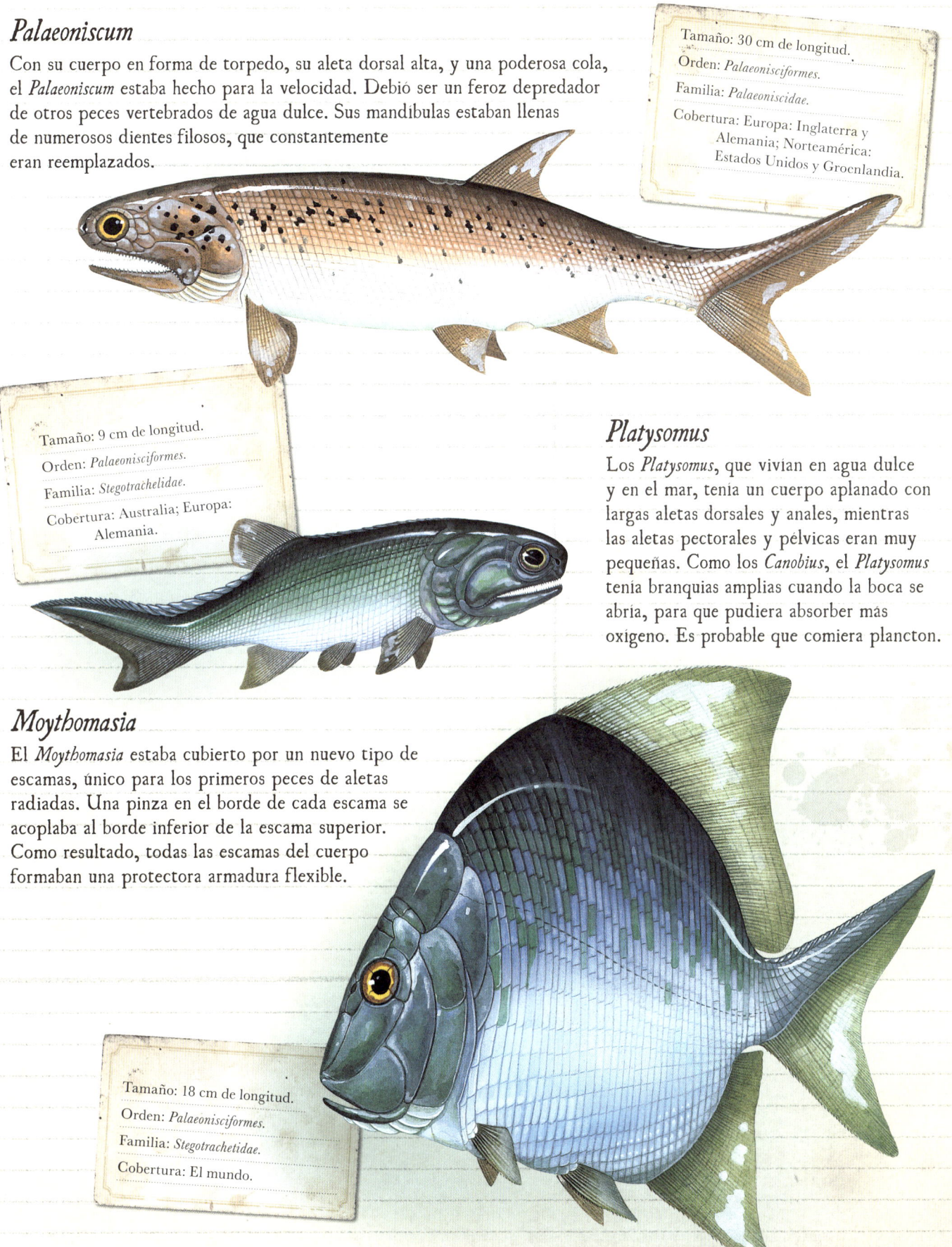

Peces primitivos de aletas radiadas

Lepidotes

Muchos nuevos tipos de peces de aletas radiadas evolucionaron hacia el final de la era paleozoica. Estos peces muestran muchas características encontradas en los modernos peces vertebrados. Uno de estos, el *Lepidotes*, evolucionó un nuevo mecanismo en las mandíbulas que le permitía alimentarse de forma diferente. Los huesos superiores de la mandíbula eran más cortos y móviles. Esto hizo que la boca succionara a la presa desde la distancia.

Tamaño: 15 cm de longitud.
Orden: *Perleidiformes*.
Familia: *Perleididae*.
Cobertura: Todo el mundo.

Tamaño: 30 cm de longitud.
Orden: *Semionotiformes*.
Familia: *Semionotidae*.
Cobertura: Todo el mundo.

Perleidus

El *Perleidus* sobrevivió a los 35 millones de años del periodo triásico. Era un depredador de agua dulce con fuertes mandíbulas llenas de dientes, que podían abrirse ampliamente. También tenía aletas dorsales y anales muy flexibles, que lo hacían un ágil nadador.

Tamaño: 1 m de longitud.
Orden: *Saurichthyformes*.
Familia: *Saurichthydae*.
Cobertura: Todo el mundo.

Saurichthys

El largo y angosto cuerpo de este pez de agua dulce es como el del moderno lucio europeo. Es probable que el *Saurichthys* también se comportara como él. Puede que emboscara a su presa, acechando entre las plantas del agua o recostándose quieto sobre el lecho del río, para agarrar a los peces que pasaban por sus mandíbulas llenas de dientes.

Dinosaurios y otros animales prehistóricos

Tamaño: 60 cm de longitud.
Orden: *Aspidorhynchiformes*.
Familia: *Aspiedorhynchidae*.
Cobertura: Antártida; Europa: Inglaterra, Francia y Alemania.

Aspidorhynchus

El *Aspidorhynchus* se veía como el moderno pez aguja de Norteamérica. Como él, debió ser un feroz depredador. Su largo cuerpo, protegido por gruesas escamas, era perfecto para un nado veloz. Sus mandíbulas estaban dotadas con filosos y puntiagudos dientes y su mandíbula superior era un arma de defensa.

Pycnodus

Aunque no tenían ninguna relación, los *Pycnodus* tenían el mismo cuerpo ancho y los dientes trituradores del *Dapedium*. Esto era probablemente por vivir en el mismo ambiente –calmadas aguas con arrecifes– y comer alimento similar –duros moluscos acorazados, corales y erizos de mar.

Tamaño: 35 cm de longitud.
Orden: *Semionotiformes*.
Familia: *Dapediidae*.
Cobertura: Asi: India; Europa: Inglaterra.

Dapedium

El ancho y redondeado cuerpo del *Dapedium* estaba cubierto con pesadas y protectoras escamas, formando una gruesa capa exterior de esmalte. El *Dapedium* tenía en su mandíbula dientes parecidos a pinzas y dientes trituradores en el fondo de su boca. Estos, combinados con la forma de su cuerpo, sugieren que era un comedor de moluscos, nadando lentamente a través de los arrecifes de corales de los tempranos mares mesozoicos.

Tamaño: 12 cm de longitud.
Orden: *Pycnodontiformes*.
Familia: *Pycnodontidae*.
Cobertura: Asia: India; Europa: Bélgica, Inglaterra e Italia.

PECES MODERNOS DE ALETAS RADIADAS

En la mitad del periodo cretácico, los peces se sometieron a una explosiva fase en su evolución, la cual vio emerger muchas especies modernas, como el salmón y la trucha. El Cretácico tardío tuvo otro estallido evolutivo mientras especies más avanzadas se desarrollaban. Estos fueron los peces de espinas radiadas, parecidos a los peces perca.

Eobothus

Los peces planos como el *Eobothus*, se especializaron en vivir y alimentarse en el lecho marino. Al contrario de las rayas y los rájidos, que son aplanados de arriba abajo, el pez plano se comprimió de lado a lado. Los peces planos jóvenes se ven como cualquier otro pez y nadan normalmente, pero mientras crecen el ojo se mueve hacia arriba.

Tamaño: 10 cm de longitud.
Orden: *Pleuronectiformes*.
Familia: *Bothidae*.
Cobertura: Asia: China; Europa: Inglaterra, Francia.

Hypsidoris

Con sus bigotes como antenas, el *Hypsidoris* se veía como un moderno bagre. Vivía en los ríos subtropicales y lagos de Norteamérica occidental hace unos 50 millones de años. Tenía una espina enfrente de cada aleta pectoral, que podían servirle para defenderse cuando se sentía amenazado.

Tamaño: 20 cm de longitud.
Orden: *Siluriformes*.
Familia: *Hypsoridae*.
Cobertura: Norteamérica: Wyoming.

Tamaño: 20 cm de longitud.
Orden: *Stephocephaliformes*.
Familia: *Stephocephalidae*.
Cobertura: Europa: Inglaterra e Italia.

Sphenocephalus

El *Sphenocephalus* tenía una larga cabeza y sus aletas pélvicas yacían debajo de las aletas pectorales; este arreglo hizo al pez muy ágil. En el moderno bacalao, las aletas pélvicas están, de hecho, enfrente de los pectorales.

Hypsocormus

El *Hypsocormus* fue un rápido nadador y depredador que se alimentaba de peces. Tenía una fuerte armadura hecha de gruesas escamas rectangulares, cubiertas de esmalte; pero las escamas eran más pequeñas y permitían mayor flexibilidad durante el nado. Sus mandíbulas eran móviles y tenía una fuerte mordida.

Tamaño: 1 m de longitud.
Orden: *Pachycormiformes*.
Familia: *Pachycormidae*.
Cobertura: Europa: Inglaterra y Alemania.

Tamaño: 1,2 m de longitud.
Orden: Salmoniformes.
Familia: Enchodontidae.
Cobertura: Todo el mundo.

Protobrama

El tamaño del *Protobrama* y la forma de su cuerpo, sugerían que pudo ser un morador de los arrecifes, mordisqueando dentro y fuera del coral mientras perseguía a su presa.

Enchodus

El *Enchodus* tenía una cabeza larga y ojos grandes, así como un cuerpo aerodinámico y ligero. Esto sugería que era un ágil depredador de mar abierto. Su boca estaba llena de largos y puntiagudos dientes que se entrecruzaban cuando se cerraban las mandíbulas, atrapando cualquier presa. El *Enchodus* probablemente cazaba peces que se alimentaban de plancton en la superficie del agua.

Tamaño: 15 cm de longitud.
Orden: *Crossognathiformes*.
Familia: *Tselfatiidae*.
Cobertura: Asia: Líbano.

Berycopsis

El *Berycopsis* tenía afiladas espinas, que podía volver hacia arriba para protegerse. Sus aletas pectorales estaban ubicadas bien arriba del pez, para girar y frenar mejor. Sus parientes modernos incluyen la barracuda, el pez espada, la perca, el pez de arrecife tropical, el pez plano y los caballitos de mar.

Tamaño: 35 cm de longitud.
Orden: *Polimixiiformes*.
Familia: *Polimixiidae*.
Cobertura: Europa: Inglaterra.

ALETAS LOBULADAS

Al contrario que las aletas radiadas, las aletas pectorales y pélvicas de los peces de aletas lobuladas consistían en largos, carnosos y musculosos lóbulos. Los peces lobulados fueron muy importantes en términos de evolución, porque algunos evolucionaron en el primer tetrápodo, que a su vez evolucionó en el primer anfibio, el primer animal en caminar hacia la tierra. Hoy, muy pocas especies de peces de aletas lobuladas siguen existiendo, incluyendo al celacanto y al pez pulmonado. Los peces de aletas lobuladas están agrupados en los celacantos, y los peces pulmonados y tetrapodomorfos que incluyen a los vertebrados de cuatro patas.

Strunius

El *Strunius* tenía un cuerpo corto cubierto por grandes y circulares escamas óseas. Su cráneo era flexible como el de los celacantos, y le daba una mordida más poderosa. Esto fue necesario, porque su presa principal era un tipo de pez de aletas radiadas cubierto de duras escamas.

Tamaño: 10 cm de longitud.
Orden: *Onychodontida*.
Familia: *Onychodontidae*.
Cobertura: Europa: Alemania.

Holoptychius

El *Holoptychius* era un pez aerodinámico, con una cubierta de escamas delgadas, ligeras y redondeadas, que le permitían nadar muy rápido. Fue un fiero depredador de otros peces vertebrados. Tenía dientes similares a colmillos organizados alrededor del borde de su boca, así como muchos dientes puntiagudos. Sus víctimas eran atrapadas fuertemente entre los dientes, antes de ser tragadas enteras.

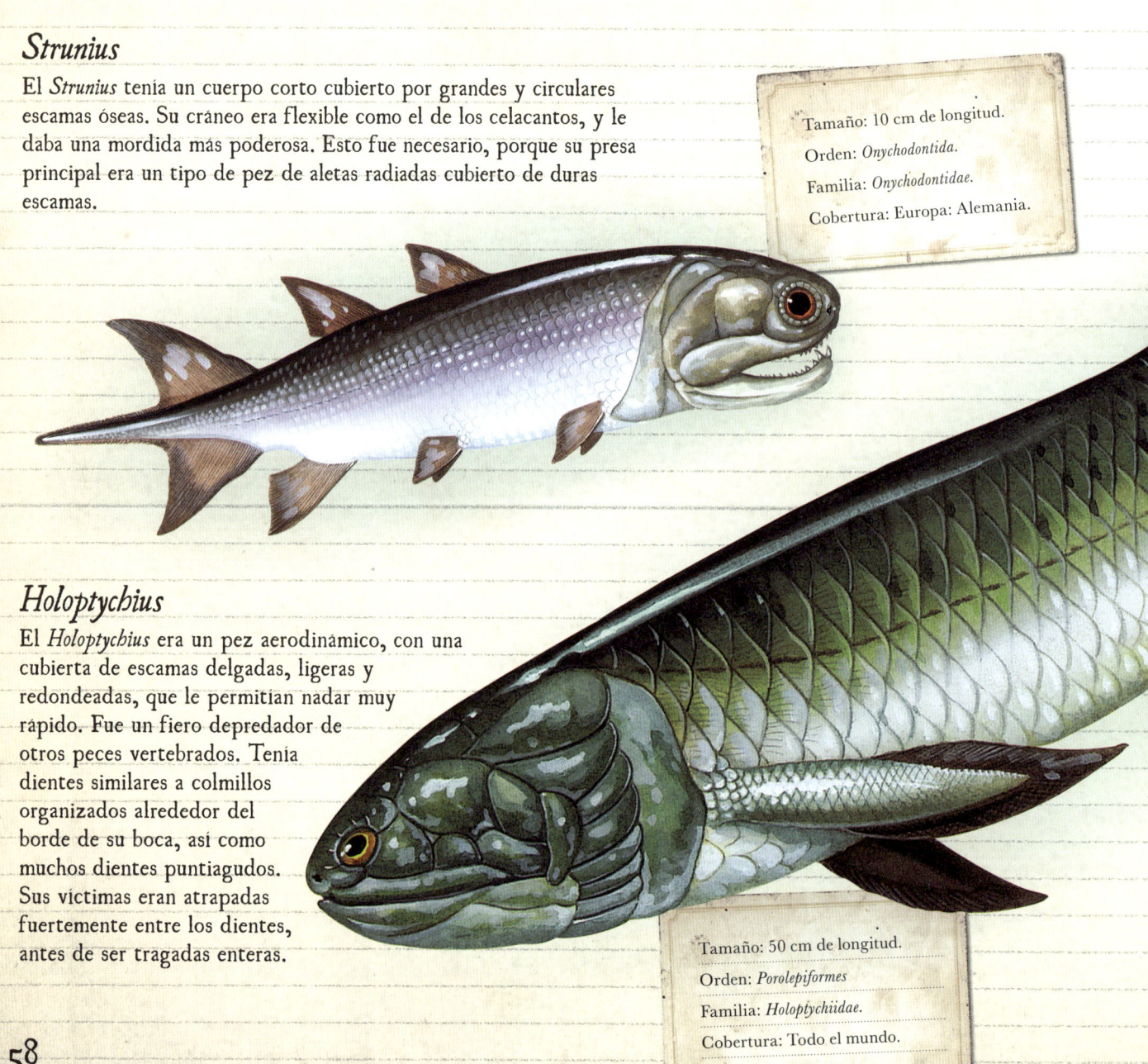

Tamaño: 50 cm de longitud.
Orden: *Porolepiformes*.
Familia: *Holoptychiidae*.
Cobertura: Todo el mundo.

Dinosaurios y otros animales prehistóricos

Tamaño: 20 cm de longitud.
Orden: *Osteolepiformes*.
Familia: *Osteolepidae*.
Cobertura: Antártica; Asia: India e Irán; Europa: Letonia y Escocia.

Osteolepis

La piel de este pez estaba cubierta por células sensoriales que probablemente detectaban vibraciones en el agua, advirtiendo al *Osteolepis* de la proximidad de presas potenciales o depredadores, y tal vez también detectaba sustancias químicas.

Gyroptychius

El *Gyroptychius* era un depredador rápido con un cuerpo largo y pequeños ojos, con un agudo sentido del olfato. Tenía mandíbulas cortas que aumentaban el poder de su mordida. El *Gyroptychius* tenía carnosas y musculosas aletas, todas, excepto las pectorales estaban en la parte trasera del cuerpo. La forma de flecha de su cola, incrementaba su poder de nado.

Tamaño: 30 cm de longitud.
Orden: *Osteolepiformes*.
Familia: *Osteolepidae*.
Cobertura: Europa: Escocia.

59

Aletas lobuladas

Eusthenopteron

Muchos paleontólogos piensan que algunos peces grandes como el *Eusthenopteron* están cercanamente conectados con los primeros tetrápodos porque comparten varias características. Estas incluyen la organización de los huesos en sus aletas pares, la estructura de su espina dorsal y el complejo pliegue del esmalte dentro de cada diente.

Tamaño: 1,2 m de longitud.
Orden: *Osteolepidida*.
Familia: *Tristichopteridae*.
Cobertura: Europa: Escocia y Rusia; Norteamérica: Canadá.

Tamaño: 55 cm de longitud.
Orden: *Coelacanthiformes*.
Familia: *Latimeridae*.
Cobertura: Europa: República Checa, Inglaterra.

Macropoma

El *Macropoma* tenía un corto y ancho cuerpo, y una bulbosa cola de tres lóbulos, un diseño similar al de los celacantos. El único diente en su boca estaba al frente, pero una articulación del cráneo aseguraba que las mandíbulas se pudieran abrir ampliamente y cerrar con fuerza sobre la presa.

Tamaño: 35 cm de longitud.
Orden: *Dipteriformes*.
Familia: *Dipteridae*.
Cobertura: Europa: Alemania y Escocia.

Dipterus

Las vejigas que actuaban como dientes en los primeros peces fueron reemplazadas por un par de grandes placas dentales en el paladar y en la mandíbula inferior del *Dipterus*. Este tipo de dentadura permaneció intacto por los siguientes 380 millones de años.

Griphognathus

El *Griphognathus* fue uno de los primeros peces pulmonados; tenía un hocico alargado y pequeños dientes en su paladar y mandíbula inferior. Como todos los miembros de este orden, este pez pulmonado estaba cubierto en un gran forro de escamas redondeadas y la cola era asimétrica.

Tamaño: 60 cm de longitud.
Orden: *Dipteriformes*.
Familia: *Rhynchodipteriidae*.
Cobertura: Occidente de Australia; Europa: Alemania.

Dipnorhynchus

El cráneo del *Dipnorhynchus* era una sólida pieza ósea, como la de los primeros tetrápodos terrestres. Este temprano pez pulmonado había perdido su diente de la mejilla, siendo reemplazado por una aplastante superficie de "vejigas" que funcionaban como dientes en el paladar y la mandíbula inferior. Otra avanzada característica era que el paladar estaba fusionado con el cráneo, como en los animales terrestres.

Tamaño: 90 cm de longitud.
Orden: *Dipteriformes*.
Familia: *Dipnorhynchidae*.
Cobertura: Occidente de Australia; Europa: Alemania.

ANFIBIOS

Los primeros animales en caminar sobre la tierra fueron los tetrápodos, que se arrastraron fuera del agua hace más de 370 millones de años. No sabemos cuándo evolucionó el primer anfibio, pero para el periodo carbonífero –hace más de 300 millones de años– ellos empezaron a poblar la Tierra, con unas pocas especies que crecieron más de 6 m de longitud. Estos animales fueron la forma de vida dominante hasta el periodo pérmico, cuando aparecieron los reptiles que se parecían a los mamíferos.

ANTIGUOS TETRÁPODOS

Los primeros tetrápodos evolucionaron en el agua, y se movieron fuera de ella para colonizar la seca tierra. Para los tiempos carboníferos, la existencia de nuevos hábitats con plantas adaptadas, poblados por numerosos artrópodos, como los insectos, proporcionaban ambientes ideales para que los tetrápodos anfibios vivieran y prosperaran. Estos animales estaban divididos en laberintodontos –que tenían grandes cuerpos y dientes cónicos–, los pequeños lepospóndilos –que tenían dientes simples– y los modernos lisanfibios, como las ranas actuales. Investigaciones han encontrado que los laberintodontos y los lepospóndilos contienen grupos sin relación alguna y la clasificación ha sido modificada.

Crassigyrinus

El *Crassigyrinus* tenía un cuerpo parecido al de un pez, con una larga cola y diminutas extremidades como aletas. Sus dientes eran los de un comedor de peces, y su cuerpo aerodinámico indicaba que era un depredador rápido. Los ojos grandes pueden sugerir que cazaba en los oscuros y turbios pantanos carboníferos.

Tamaño: 2 m de longitud.
Orden: *Stem tetrapod*.
Familia: *Whatcheeridae*.
Cobertura: Europa: Escocia.

Cacops

El *Cacops* estaba bien adaptado a la vida en tierra. Su cuerpo estaba cubierto por placas óseas, y una línea de gruesa armadura corría a lo largo de la columna vertebral. Sus piernas estaban bien posicionadas para caminar, y eran casi como las de un reptil. Una amplia abertura llamada muesca ótica, detrás de cada ojo, estaba cubierta de una tensa membrana que actuaba como un tímpano.

Tamaño: 40 cm de longitud.
Orden: *Temnospondyli*.
Familia: *Dissorophidae*.
Cobertura: Norteamérica: Texas.

Tamaño: 1 m de longitud.

Orden: *Stem tetrapod*.

Familia: *Ichthyostegidae*.

Cobertura: Norteamérica: Groenlandia.

Ichthyostega

El *Ichthyostega* tenía un largo y ancho cuerpo, y un pesado cráneo de hueso sólido. Sus cuatro extremidades estaban bien desarrolladas, pero no eran aptas para el movimiento en tierra. Sus patas traseras, dirigidas hacia atrás como las de una foca, estaban mejor adaptadas para remar en el agua que para caminar en tierra.

Greererpeton

El *Greererpetron* vivía en el agua. Su cuerpo delgado hubiera sido ideal para nadar a través de ella, con un movimiento serpenteante. La cabeza aplanada medía unos 18 cm de largo. El cuerpo, que tenía 40 vertebras –alrededor del doble del número usual– terminaba en una larga cola. Las patas eran cortas, y cada una tenía cinco dedos para darse vuelta y frenar.

Tamaño: 1,5 m de longitud.

Orden: *Colosteoidea*.

Familia: *Colosteidae*.

Cobertura: Norteamérica: Oeste de Virginia.

Acanthostega

Fósiles del *Acanthostega* muestran que este tetrápodo mantuvo algunas características de sus antepasados peces, como la cola aplanada. No tenía costillas bien desarrolladas, pero tenía agallas internas. Las mandíbulas estaban llenas de afilados y puntiagudos dientes, que muestran que el *Acanthostega* fue un depredador activo y se alimentaba de peces.

Tamaño: 60 cm de longitud.

Orden: *Stem tetrapod*.

Familia: *Acanthostegidae*.

Cobertura: Norteamérica: Groenlandia.

Tamaño: 70 cm de longitud.
Orden: *Temnospondyli*.
Familia: *Peltobatrachidae*.
Cobertura: África: Tanzania.

Platyhystrix

La característica más notable del *Platyhystrix*, era la espectacular "vela" que tenía sobre su columna vertebral, formada por altas espinas que crecían desde las vertebras, y una piel rica en sangre cubría toda la estructura. Se piensa que la vela ayudaba a este reptil de sangre fría a regular su temperatura corporal.

Tamaño: 1 m de longitud.
Orden: *Temnospondyli*.
Familia: *Dissorophidae*.
Cobertura: Norteamérica: Texas.

Peltobatrachus

El *Peltobatrachus* fue un anfibio terrestre de movimiento lento. Su cuerpo estaba encerrado en una pesada armadura como la de un armadillo, que le servía de protección contra los carnívoros dominantes de esos días. La armadura ósea del *Peltobatrachus* estaba organizada en amplios escudos sobre los hombros y tras la cadera, y en bandas muy juntas sobre el cuerpo. Los dientes de este anfibio no han sido encontrados, pero probablemente comía insectos, gusanos y caracoles.

Paracyclotosaurus

En los tiempos triásicos, dos grupos de reptiles similares a los mamíferos, los dicinodontes y cinodontes, dominaban la tierra. El *Paracyclotosaurus* y otros anfibios relacionados, fueron forzados a regresar al agua. La cabeza de este corpulento animal era aplanada arriba y tenía casi 60 cm de largo.

Tamaño: 2,3 m de longitud.
Orden: *Temnospondyli*.
Familia: *Capitosauridae*.
Cobertura: Australia: Queensland.

Dinosaurios y otros animales prehistóricos

Gerrothorax

Este gran anfibio probablemente se tendía muy quieto en los riachuelos o el lecho de los lagos, camuflándose con la arena y las piedras, en busca de peces con sus ojos orientados hacia arriba. Puede que atrajera a sus presas con un carnoso, brillante y colorido cebo que colgaba dentro de su boca abierta. Una vez que la presa estaba a su alcance, el *Gerrothorax* cerraba sus mandíbulas, atrapando a la víctima.

Tamaño: 1 m de longitud.
Orden: *Temnospondyli*.
Familia: *Plagiosauridae*.
Cobertura: Europa: Suiza.

Eogyrinus

El *Eogyrinus* era un depredador acuático de cuerpo alargado que probablemente llevaba una vida parecida a la de un cocodrilo en los deltas y pantanos de los bosques del carbonífero. Nadaba tras sus presas impulsándose con su poderosa y larga cola, y su cuerpo se estabilizaba gracias a la alta aleta dorsal ubicada en la espalda.

Tamaño: 4,6 m de longitud.
Orden: *Anthracosauria*.
Familia: *Eogyrinidae*.
Cobertura: Europa: Inglaterra.

Seymouria

El *Seymouria* fue un habitante de la tierra bien adaptado, con muchas características de los reptiles. De hecho, se creía que fue uno de los reptiles, hasta que los primeros fósiles fueron encontrados. Sus cráneos mostraban marcas parecidas a las de un pez, canales laterales, que servían para detectar vibraciones en el agua.

Tamaño: 60 cm de longitud.
Orden: *Seymouriamorpha*.
Familia: *Seymouriidae*.
Cobertura: Norteamérica: Texas.

67

LEPOSPÓNDILOS

Los lepospóndilos eran un grupo de pequeños anfibios insectívoros que evolucionaron en el periodo carbonífero y sobrevivieron hasta el final del Pérmico. Durante este periodo de aproximadamente 100 millones de años, una variedad de pequeños batracomorfos evolucionaron, los cuales se veían como salamandras o serpientes. Pueden ser agrupados en tres grandes órdenes: los aistópodos, nectrídeos y microsaurios. Los aistópodos fueron los más especializados de los anfibios; aparecieron en el temprano carbonífero, 20 millones de años después de que el primer tetrápodo pusiera pies en tierra. Presuntamente los aistópodos evolucionaron de un antecesor de cuatro patas, pero casi de inmediato perdieron sus extremidades, y tomaron forma de serpientes.

Ophiderpeton

Unas 230 vertebras formaban el cuerpo de esta criatura parecida a una serpiente. No hay rastro de extremidades en el esqueleto; los ojos fueron grandes, y se posicionaban adelante del cráneo, el cual tendría cerca de 15 cm de largo. Debió llevar la vida de un excavador, alimentándose de insectos, gusanos, ciempiés, caracoles, y otros invertebrados.

Tamaño: 70 cm de longitud.
Orden: *Aistopoda*.
Familia: *Ophiderpetontidae*.
Cobertura: Europa: República Checa; Norteamérica: Ohio

Keraterpeton

La cola del *Keraterpeton* medía más del doble del cuerpo y cabeza del animal juntos. Era aplanada, y pudo empujar al animal a través de las turbias aguas de los pantanos en los cuales vivía. Las patas traseras, con cinco dedos, eran mas largas que las patas delanteras de cuatro dedos. Su corta y redondeada cabeza tenía los ojos muy adelante.

Tamaño: 30 cm de longitud.
Orden: *Nectridea*.
Familia: *Keraterpetontidae*.
Cobertura: Norteamérica: Ohio.

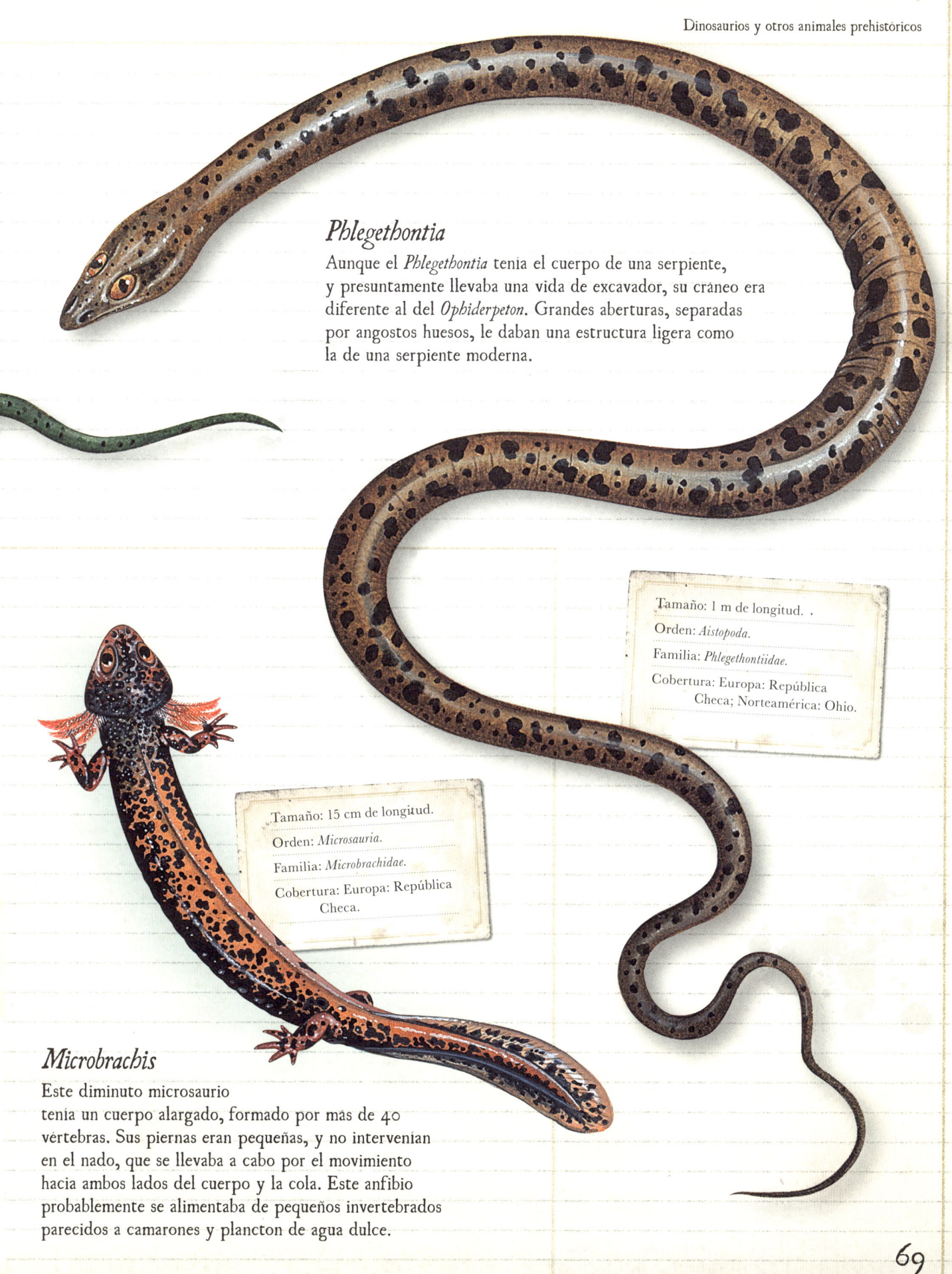

Phlegethontia

Aunque el *Phlegethontia* tenía el cuerpo de una serpiente, y presuntamente llevaba una vida de excavador, su cráneo era diferente al del *Ophiderpeton*. Grandes aberturas, separadas por angostos huesos, le daban una estructura ligera como la de una serpiente moderna.

Tamaño: 1 m de longitud.

Orden: *Aistopoda*.

Familia: *Phlegethontiidae*.

Cobertura: Europa: República Checa; Norteamérica: Ohio.

Tamaño: 15 cm de longitud.

Orden: *Microsauria*.

Familia: *Microbrachidae*.

Cobertura: Europa: República Checa.

Microbrachis

Este diminuto microsaurio tenía un cuerpo alargado, formado por más de 40 vértebras. Sus piernas eran pequeñas, y no intervenían en el nado, que se llevaba a cabo por el movimiento hacia ambos lados del cuerpo y la cola. Este anfibio probablemente se alimentaba de pequeños invertebrados parecidos a camarones y plancton de agua dulce.

Lepospóndilos

Tamaño: 3 cm de longitud.
Orden: *Anura*.
Familia: *Desconocida*.
Cobertura: Sudamérica: Argentina.

Triadobatrachus

Esta diminuta criatura vivió hace unos 240 millones de años. La estructura de su cadera sugiere que nadaba pateando hacia fuera con sus cortas piernas traseras. Este movimiento pudo haber evolucionado durante millones de años en la acción de saltar de las ranas modernas. Podía escuchar bien en tierra, porque las partes óseas de su oído estaban bien desarrolladas, y había un amplio tímpano en cada lado para detectar sonidos.

Tamaño: Solo 10 cm de longitud.
Orden: *Anura*.
Familia: *Tradobatradidae*.
Cobertura: África: Madagascar.

Vieraella

La primera rana de verdad apareció en el temprano jurásico. El *Vieraella* es la rana más antigua que se conoce. En todos los aspectos, su anatomía es esencialmente la misma de una rana moderna: cráneo grande y angulado, cadera estrecha y largas piernas saltarinas.

Pantylus

Una gran cabeza en un pequeño y escamoso cuerpo, eran las características de este microsaurio. Estaba bien adaptado a la vida en tierra, moviéndose con sus cortas y robustas extremidades. Probablemente vivía como un lagarto moderno, escabulléndose tras los insectos y otros invertebrados pequeños, que eran aplastados por los numerosos dientes despuntados de sus mandíbulas.

Tamaño: 25 cm de longitud.
Orden: *Microsauria*.
Familia: *Pantylidae*.
Cobertura: Norteamérica: Texas.

Dinosaurios y otros animales prehistóricos

Karaurus

Las salamandras parecen haber cambiado poco a través de los 150 millones de años de su evolución. La estructura de la más antigua salamandra conocida, la *Karaurus*, es prácticamente la misma de las especies modernas. Su estilo de vida era presuntamente similar –pudo nadar con destreza y ser un voraz depredador de caracoles, gusanos, crustáceos e insectos.

Tamaño: 20 cm de longitud.
Orden: *Caudata*.
Familia: *Karauridae*.
Cobertura: Asia: Kazajistán.

Palaeobatrachus

Los restos del *Palaeobatrachus* han sido preservados en grandes números en los depósitos de sedimento de aguas dulces de la temprana Europa terciaria. Incluso especímenes fosilizados de los renacuajos del *Palaeobatrachus* han sido descubiertos. Probablemente se veía y se comportaba como la rana africana de uñas (*Xenopus laevis*). Pudo ser un buen nadador, tan rápido como cualquier pez, con un cuerpo aerodinámico y poderosas patas palmeadas.

Tamaño: 10 cm de longitud.
Orden: *Anura*.
Familia: *Palaeobatrachidae*.
Cobertura: Europa: Bégica y Francia; Norteamérica: Montana.

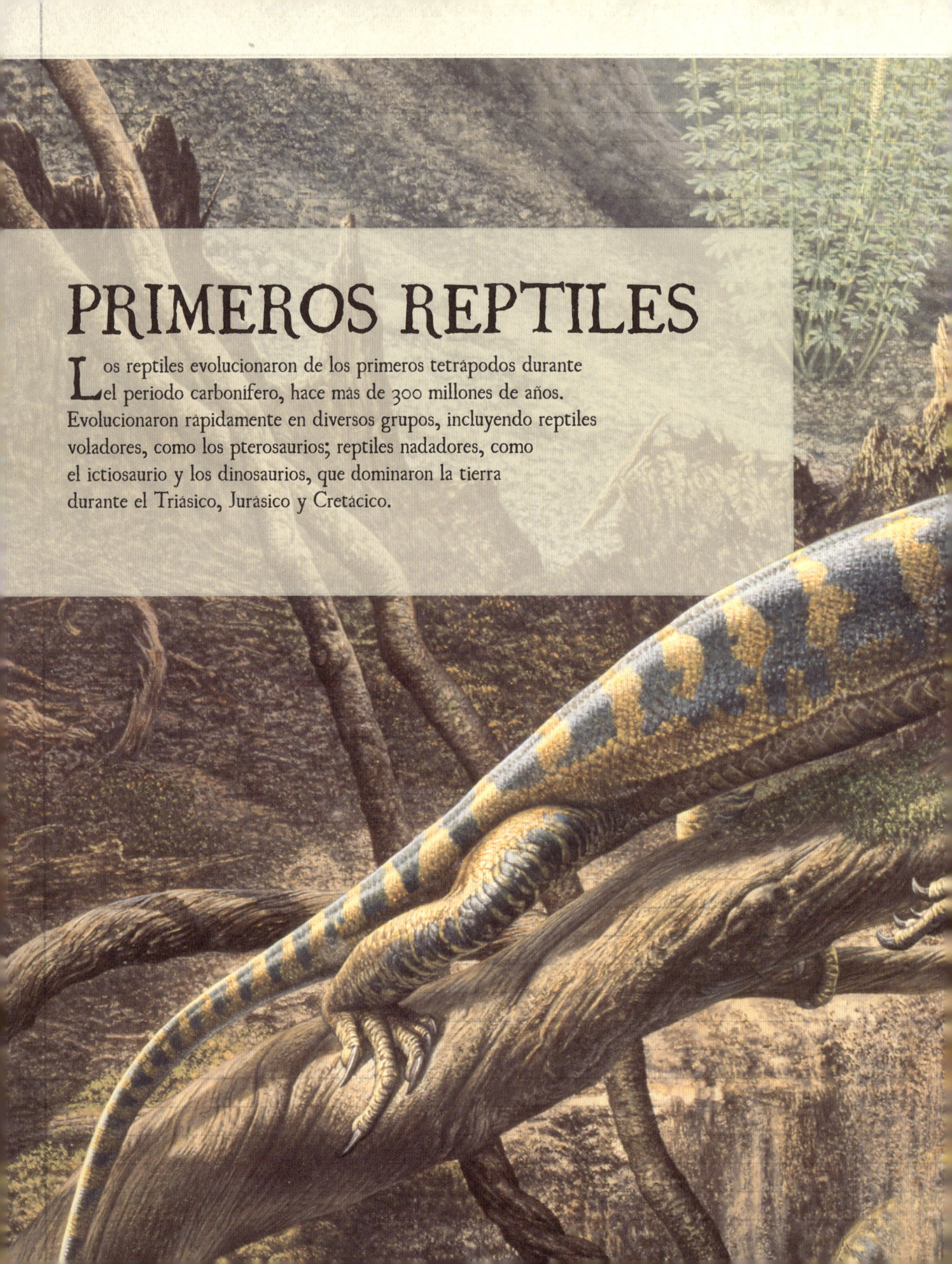

PRIMEROS REPTILES

Los reptiles evolucionaron de los primeros tetrápodos durante el periodo carbonífero, hace más de 300 millones de años. Evolucionaron rápidamente en diversos grupos, incluyendo reptiles voladores, como los pterosaurios; reptiles nadadores, como el ictiosaurio y los dinosaurios, que dominaron la tierra durante el Triásico, Jurásico y Cretácico.

Dinosaurios y otros animales prehistóricos

73

APARICIÓN DE LOS REPTILES

Los reptiles se desarrollaron de los anfibios y fueron los primeros vertebrados reales en tierra. Los anfibios generalmente ponían huevos en el agua y pasaban la primera parte de su vida ahí. El gran avance de los reptiles fue que sus huevos tenían una cubierta que no se secaba al aire y podían ponerse en tierra firme, librándolos de su dependencia del agua.

Después de la aparición de los primeros reptiles en el Carbonífero tardío, diferentes tipos de reptiles se extendieron por el mundo. Al mismo tiempo, formas marinas, como el plesiosaurio y el ictiosaurio, prosperaron en el mar. Los cocodrilos y reptiles voladores pertenecían al grupo de los arcosaurios. De estos, solo quedan hoy los cocodrilos.

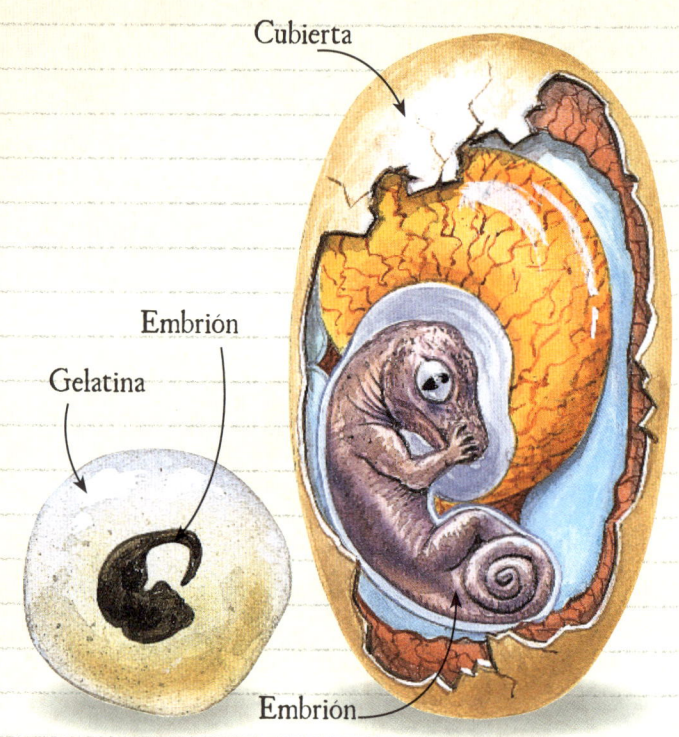

Huevo de anfibio   Huevo de reptil

HUEVO CON CÁSCARA

Un huevo anfibio está protegido por una cubierta gelatinosa. El huevo de un reptil lo está por una dura coraza, que mantiene al embrión protegido de secarse y de los depredadores.

PRIMEROS REPTILES

Uno de los primeros reptiles y de los primeros vertebrados, el *Hylonomus* fue una criatura ligera parecida a un lagarto. Sus mandíbulas eran más poderosas que las de sus ancestros y sus caderas y hombros más fuertes para soportar su cuerpo sobre la tierra.

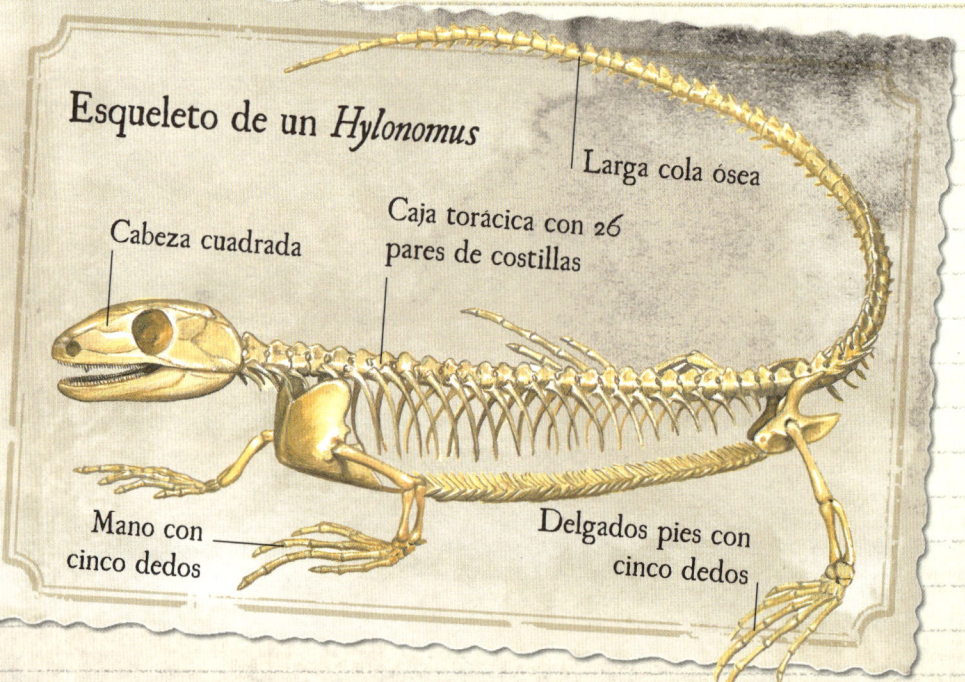

Esqueleto de un *Hylonomus*

Dinosaurios y otros animales prehistóricos

TIPOS DE REPTILES

Primeros reptiles
Hylonomus

Los primeros reptiles anápsidos se desarrollaron en el tardío Carbonífero. Los únicos anápsidos hoy en día, son las tortugas y galápagos.

Terápsidos sinápsidos
Dicynodon

Los sinápsidos, como los pelicosaurios y los terápsidos, representaron a los grandes animales en tierra. Se extinguieron a mediados del Jurásico.

De todos los reptiles marinos, los ictiosaurios fueron los mejor adaptados a la vida en el mar.

Ictiosaurios
Stenopterygius

Los cocodrilos vivieron con los dinosaurios y prosperaron hasta hoy. Sus cuerpos han cambiado muy poco.

Cocodrilos
Teleosaurus

Lagartijas
Ardeosaurus

Las primeras lagartijas vivieron en la mitad del Jurásico. Hoy, son un grupo exitoso con miles de especies.

Los reptiles voladores, llamados pterosaurios, aparecieron en el Triásico tardío, y fueron los primeros vertebrados voladores.

Las primeras tortugas vivieron en el Triásico tardío. Como las tortugas y los galápagos de hoy, tenían un duro caparazón que encerraba y protegía su cuerpo.

Tortugas
Archelon

Reptiles voladores
Pteranodon

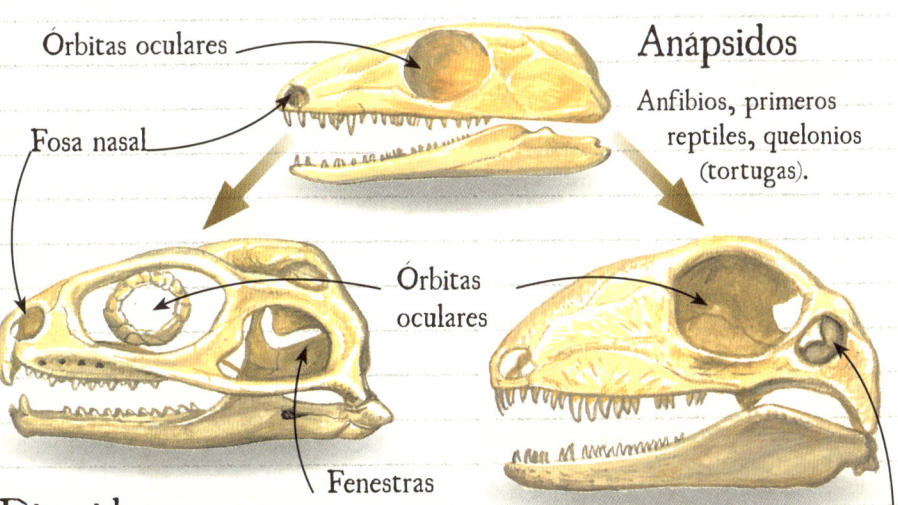

Órbitas oculares

Fosa nasal

Anápsidos

Anfibios, primeros reptiles, quelonios (tortugas).

Órbitas oculares

Fenestras

Diápsidos

Cocodrilos, dinosaurios, esfenodontos (tuátara).

Sinápsidos

Fenestras

Reptiles parecidos a los mamíferos.

TIPOS DE CRÁNEO

Los primeros reptiles, llamados anápsidos, tenían cráneos cuadrados con aberturas únicamente para los ojos y las fosas nasales. El siguiente tipo de reptiles, los diápsidos y sinápsidos, desarrollaron cráneos con aberturas adicionales llamadas fenestras. Estas hacían el cráneo mucho más ligero.

FAMILIA DE LOS REPTILES

Los primeros reptiles, que aparecieron en el Carbonífero tardío —hace unos 300 millones de años— fueron los primitivos anápsidos. Estos reptiles todavía son representados por las tortugas y los galápagos. Los anápsidos dieron paso a los sinápsidos —los ancestros de los mamíferos actuales— y a los diápsidos, que luego incluyeron dinosaurios como también a las lagartijas y serpientes modernas. Muchos de estos grupos de reptiles ahora están extintos.

LA GRÁFICA

Un cladograma es una gráfica que muestra las relaciones entre organismos que comparten una o más características y descienden de un mismo ancestro. Por ejemplo, las aves descienden de un grupo de reptiles llamados saurisquios, que junto con los reptiles ornistiquios, son conocidos como dinosaurios. Los mamíferos no descienden de los reptiles, pero sí de un grupo diferente de amniotas conocidos como sinápsidos.

Dinosaurios y otros animales prehistóricos

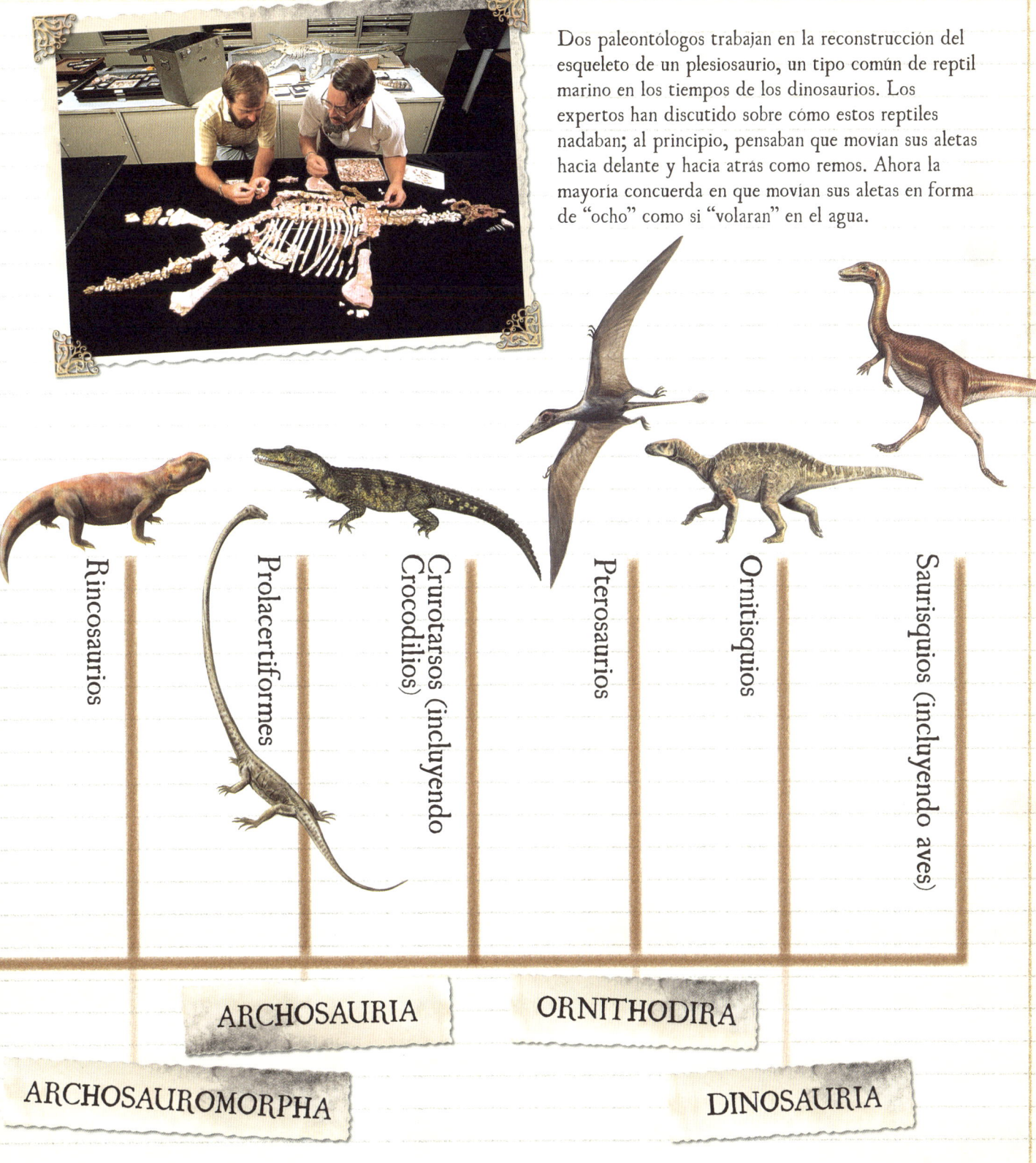

Dos paleontólogos trabajan en la reconstrucción del esqueleto de un plesiosaurio, un tipo común de reptil marino en los tiempos de los dinosaurios. Los expertos han discutido sobre cómo estos reptiles nadaban; al principio, pensaban que movían sus aletas hacia delante y hacia atrás como remos. Ahora la mayoría concuerda en que movían sus aletas en forma de "ocho" como si "volaran" en el agua.

GRUPOS REPTILES

Los animales han sido clasificados en grupos de diferentes tamaños. Los más pequeños son las especies, y todas las especies están contenidas en un genero; por ejemplo, *Pterodactylus kochi*, *kochi* es el nombre de la especie y *Pterodactylus* el género. Los géneros están clasificados jerárquicamente en grupos más grandes: familias, órdenes, clases y filos.

LOS PRIMEROS REPTILES

Los primeros reptiles aparecieron hace unos 300 millones de años. Muchos grupos prosperaron después de que los arcosaurios o reptiles dominantes –como los dinosaurios– comenzaron a poblar los territorios. Los primeros y primitivos se llamaban anápsidos tenían en común la forma de su cráneo, una hermética caja ósea solo con las aberturas de los ojos y los orificios nasales. Debido a que los músculos de la mandíbula estaban dentro del cráneo, no eran muy grandes, y esto significaba que no podían abrir la boca ampliamente. Luego aparecieron los diápsidos, de cráneo más ligero con grandes aberturas y robustas mandíbulas que les permitían morder con mayor fuerza.

Tamaño: 75 cm de longitud.
Orden: *Captorhinida*.
Familia: *Captorhinidae*.
Cobertura: Norteamérica: Texas.

Labidosaurus

Este reptil, pesado y grande, tenía una gran cabeza y cola cortas. Sus fuertes patas sugieren que podía vivir fácilmente en tierra. El *Labidosaurus* tenía varias filas de dientes afilados en sus mandíbulas, con los que podría partir la concha de animales como los caracoles, y triturar alimentos vegetales.

Milleretta

Este pequeño animal era muy veloz y probablemente se alimentaba de insectos. Solo se encontraron a finales del periodo pérmico en Sudáfrica; aunque su cráneo tenía aberturas en ambos costados, era un reptil anápsido primitivo.

Tamaño: 60 cm de longitud.
Orden: *Millerosauria*.
Familia: *Millerettidae*.
Cobertura: Sudáfrica.

Dinosaurios y otros animales prehistóricos

Tamaño: 20 cm de longitud.
Orden: *Eureptilia*.
Familia: *Captorhinidae*.
Cobertura: Norteamérica, Nueva Escocia.

Hylonomus

Los huesos fósiles del Hylonomus, uno de los primeros reptiles conocidos, se encontraron en estratos de carbón de Nueva Escocia. Algunos Hylonomus murieron en los tocones de licopodios gigantes, tal vez buscando alimento.

Tamaño: 40 cm de longitud.
Orden: *Thalattosauria*.
Familia: *Askeptosauridae*.
Cobertura: Europa, Suiza.

Askeptosaurus

El *Askeptosaurus* vivía en el agua; su cuello, cuerpo y cola eran largos y delgados. Su cola era casi tan larga como su cuerpo y, con su movimiento, el Askeptosaurus se propulsaba como una anguila. Sus patas anchas y palmeadas también le ayudaban a nadar. Su larga mandíbula armada de numerosos dientes agudos era perfecta para comer peces y otros animales marinos.

Westlothiana

El *Westlothiana* es el reptil o amniota más antiguo que se conoce, capaz de poner huevos sin cáscara e independiente del agua, para criarse como un anfibio. No hay evidencia de que tuviera el lomo estriado, como se ilustra arriba.

Tamaño: 30 cm de longitud.
Orden: *Reptiliomorpha*.
Familia: Desconocida.
Cobertura: Escocia.

Hypsognathus

Entre los primeros reptiles encontramos a los *Procolophonids*, que vivieron hasta el Triásico tardío. El *Hypsognathus* fue uno de los miembros de esta familia. Tenía un cuerpo macizo y, presumiblemente, era un corredor veloz.

Tamaño: 40 cm de longitud.
Orden: *Araeoscelidia*.
Familia: *Petrolacosauridae*.
Cobertura: Norteamérica: Kansas.

Eliginia

Este animal fue uno de los últimos pareiasaurios, grandes reptiles herbívoros de hasta 3 m de largo. El *Elginia*, sin embargo, era uno de los más pequeños. Su cabeza tenía cuernos y espinas óseas, probablemente más como exhibición que como arma para luchar. Presumiblemente meneaba su adornada cabeza para amenazar a los machos o para atraer a las hembras.

Tamaño: 60 cm de longitud.
Orden: *Procolophonia*.
Familia: *Pareiasauridae*.
Cobertura: Europa, Escocia.

Dinosaurios y otros animales prehistóricos

Tamaño: 33 cm de longitud.
Orden: *Procolophonomorpha*.
Familia: *Procolophonidae*.
Cobertura: Norteamérica, New Jersey.

Petrolacosaurus

El primer diápsido conocido se parecía mucho a un lagarto moderno. Sin embargo, tenía patas más largas y una cola tan larga como su cuerpo y cabeza juntos. También es probable que el Petrolacosaurus se comportara como un lagarto actual, y persiguiera insectos para alimentarse. Vivía en las zonas áridas y secas de lo que hoy es Kansas.

Tamaño: 1 m de longitud.
Orden: *Mesosauria*.
Familia: *Mesosauridae*.
Cobertura: Sudáfrica; Sudamérica, Brasil.

Mesosaurus

Fue uno de los primeros reptiles en regresar al agua. Tenía una larga cola aplanada y una larga aleta dorsal. Sus patas eran palmeadas y sus extremidades anteriores más cortas.

81

EL TRIÁSICO

Cuando comenzó el periodo triásico –hace alrededor de 250 millones de años– la vida en la tierra estaba dominada por los arcosaurios, ancestros terápsidos de los mamíferos. Las ranas, las tortugas, los peces, nadaban en los ríos y había reptiles marinos en los océanos, como el ictiosaurio y el notosaurio. Hacia el fin del Triásico, aparecieron los primeros dinosaurios y rápidamente se extendieron por Pangea. Muchos de los primeros reptiles han desaparecido, pero para el tiempo de los dinosaurios, se convirtieron en los grandes animales dominantes.

LA ALEMANIA TRIÁSICA

Esta escena –en lo que ahora es el sur de Alemania– muestra un grupo de dinosaurios herbívoros echándole un vistazo a unas ramas de coníferas. Están perturbados por la llegada del ceratosaurio predador *Liliensternus*. Los pequeños cocodrilos, *Terrestrisuchus* y los mamíferos parecidos a las musarañas, se alimentaban de insectos en el enredado sotobosque de cicadas y colas de caballo, mientras que los pterosaurios planeaban sobre sus cabezas.

Liliensternus

Terrestrisuchus

Libélula

Helecho

TORTUGAS DE MAR Y DE AGUA DULCE

Las tortugas actuales han cambiado muy poco en más de 200 millones de años. Las terrestres, marinas y de agua dulce –en la actualidad– son los únicos supervivientes de un antiguo grupo de reptiles, llamados testudínidos o quelonios. Se diferencian de todos los demás reptiles en su cráneo anápsido (que no tiene ventanas) y en que su cuerpo, excepto la cabeza, las patas y la cola, está protegido por un caparazón óseo externo dentro del cual, casi todas ellas, pueden esconder su cabeza y sus miembros para protegerse.

Archelon

Esta tortuga marina gigante tenía un caparazón de piel gruesa y correosa. Sus patas eran como enormes remos para impulsar al animal por el agua. Igual que la moderna tortuga laúd, la *Archelon* probablemente comía medusas como principal alimento. Las blandas medusas eran fácilmente cortadas por el pico sin dientes de la tortuga.

Proganochelys

La *Proganochelys* era muy parecida a una tortuga de tierra actual, pero no podía esconder la cabeza dentro de su caparazón. Su cuerpo era corto y ancho; su columna vertebral estaba formada por tan solo 10 huesos. La cabeza y el cuello de la *Proganochelys* estaban armados con espinas óseas, y un caparazón ancho y abovedado cubría su espalda y su vientre.

Tamaño: 1 m de longitud.
Orden: *Testudines*.
Familia: *Proganochelydae*.
Cobertura: Europa: Alemania.

Tamaño: 4 m de longitud.
Orden: *Testudines*.
Familia: *Protostegidae*.
Cobertura: Norteamérica: Kansas, Dakota del Sur.

Dinosaurios y otros animales prehistóricos

Meiolania

La *Meiolania* era una tortuga grande y bien protegida. Su cabeza tenía largas espinas, dos de las cuales sobresalían hacia los lados. Estas le daban al cráneo una anchura de 60 cm, lo que significa que no podía retraer su cabeza dentro del caparazón en momentos de peligro. No obstante, este protegía su espalda, y su cola tenía anillos de hueso y espinas que utilizaría como defensa.

Tamaño: 2 m de longitud.
Orden: *Testudines*.
Familia: *Podocnemididae*.
Cobertura: Sudamérica: Venezuela.

Tamaño: 2,5 m de longitud.
Orden: *Testudines*.
Familia: *Meiolaniidae*.
Cobertura: Australia.

Stupendemys

Fue la tortuga de agua dulce más grande que haya existido; en comparación, la más grande en la actualidad no supera los 75 cm. Se extinguió hace 3 millones de años y vivió en ambientes similares a los de sus descendientes de hoy.

Paleotrionyx

Su caparazón era muy suave y no estaba recubierto por placas óseas; en su lugar, una fuerte piel de cuero, cubría su cráneo. Tenía un cuello largo y movible y un pico filoso, que posiblemente utilizaba para recortar plantas acuáticas y atrapar insectos y peces pequeños.

Tamaño: 2,5 m de longitud.
Orden: *Testudines*.
Familia: *Testudinidae*.
Cobertura: Asia: India.

Tamaño: 45 cm de longitud.
Orden: *Testudines*.
Familia: *Trionychidae*.
Cobertura: Norteamérica.

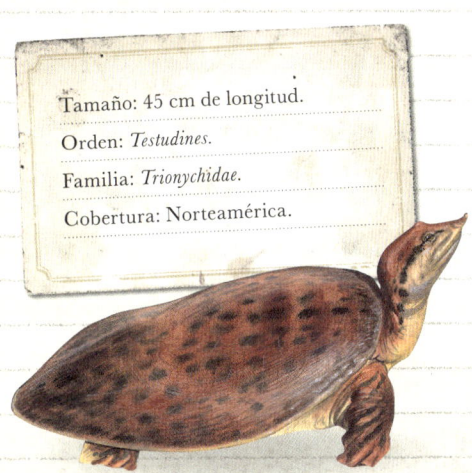

Testudo atlas

La *Testudo atlas* fue la mayor de las tortugas terrestres que hayan caminado sobre la tierra. Esta poderosa criatura pesaba unas 4 toneladas. Sus enormes patas se extendían hacia los lados de su cuerpo para soportar su gran caparazón que la protegía de los depredadores.

85

SERPIENTES Y LAGARTOS

Los reptiles mejor adaptados en la actualidad son los lagartos y las serpientes. Entre las 7000 especies vivientes algunas marchan, nadan, planean, trepan o excavan. Viven en casi todas partes del mundo, excepto en la Antártida. Descienden de un antiguo grupo de reptiles diápsidos que se remonta a 250 millones de años de antigüedad. Los primeros lagartos fueron unos pequeños animales insectívoros. Las serpientes evolucionaron mucho tiempo después; la más antigua que se conoce se encontró en el norte de África, y tiene más de 100 millones de años.

Tamaño: 10 m de longitud.
Orden: *Squamata*.
Familia: *Mosasauridae*.
Cobertura: Norteamérica: Kansas.

Plotosaurus

También fue un lagarto marino; sus miembros se adaptaron como cortas aletas y su cola terminaba en una aleta vertical, a manera de timón, lo que le permitía moverse muy bien en el agua.

Planocephalosaurus

El esqueleto de esta especie de lagarto es casi igual al de la moderna tuátara, que vive en Nueva Zelanda. Solo alcanzaba los 20 cm de largo; sus dientes eran muy resistentes y sus mandíbulas mordían con fuerza. Podría triturar insectos y tal vez comiese lombrices, caracoles y pequeños lagartos.

Tamaño: 14 cm de longitud.
Orden: *Squamata*.
Familia: *Ardeosauridae*.
Cobertura: Europa: Alemania.

Tamaño: 20 cm de longitud.
Orden: *Sphenodontida*.
Familia: *Sphenodontidae*.
Cobertura: Europa: Inglaterra.

Ardeosaurus

Uno de los primeros geckos (lagartos pequeños), el *Ardeosaurus* tenía una cabeza aplanada y ojos grandes como los de sus parientes modernos. Se alimentaría de arañas e insectos que cazaba en la noche. Sus extremidades se extendían hacia los lados; era, en realidad, similar a los lagartos actuales.

Dinosaurios y otros animales prehistóricos

Hovasaurus

La cola de este lagarto acuático medía el doble de su longitud. Era fuerte y aplanada, lo que le permitía impulsarse en el agua. Se presume que tragaba piedras para poder hundirse en busca de sus presas.

Tamaño: 50 cm de longitud.
Orden: *Eosuchia*.
Familia: *Tangasuaridae*.
Cobertura: África: Madagascar.

Megalania

El *Megalania* pertenecía a la familia de los varanos, como el actual dragón de Komodo que vive en Indonesia, a quien se parecía mucho. Vivió en Australia durante el Cuaternario, hace 2 millones de años, atacando a grandes animales. Sus mandíbulas eran capaces de arrancar grandes trozos de carne.

Tamaño: 8 m de longitud.
Orden: *Squamata*.
Familia: *Varanidae*.
Cobertura: Australia.

Pachyrhachis

El reptil *Pachyrhachis* tenía el cuerpo largo de una serpiente y la cabeza grande de un lagarto. Era un animal acuático, y nadaba ondulando su cuerpo de lado a lado, como lo hace una serpiente al reptar por el suelo.

Tamaño: 60 cm de longitud.
Orden: *Sphenodontida*.
Familia: *Pleurosauridae*.
Cobertura: Europa: Alemania.

Tamaño: 1 m de longitud.
Orden: *Squamata*.
Familia: *Pachyrhachidae*.
Cobertura: Asia: Israel.

Pleurosaurus

Los *Pleurosaurus* pertenecían a un grupo de delgados esfenodontes, como serpientes, que vivían en el agua. Sus extremidades eran poco desarrolladas, porque les daban poco uso en tierra; su larga cola les ayudaría, a moverse en el agua. Tenían un cuerpo largo y en algunas especies se habrían contado hasta 57 vértebras.

PLACODONTOS Y NOTOSAURIOS

Durante la era mesozoica —entre 251 y 65 millones de años atrás— varios grupos de reptiles regresaron al mar y sus cuerpos se adaptaron de nuevo a vivir en el agua. Los placodontos vivían en aguas poco profundas o en la costa, donde encontraban abundante alimento. Los notosaurios eran reptiles marinos de cuello, cuerpo y cola muy largos; patas palmeadas y tenían muchos dientes afilados. Su largo cuello les ayudaba a pescar un pez que pasara cerca. Vivieron durante el Triásico y algunos paleontólogos creen que podrían estar a medio camino entre los reptiles terrestres y los plesiosaurios de vida marina.

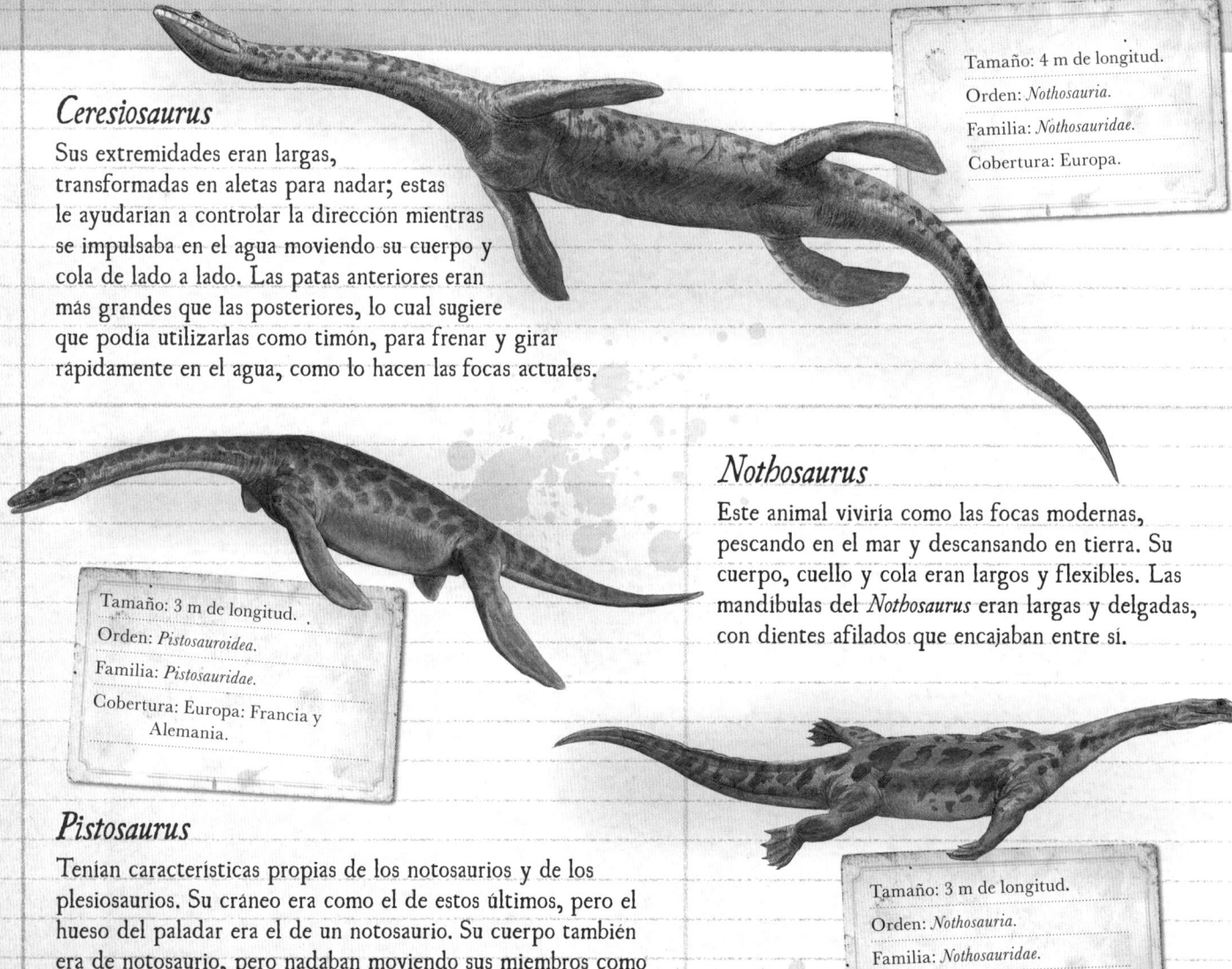

Ceresiosaurus

Sus extremidades eran largas, transformadas en aletas para nadar; estas le ayudarían a controlar la dirección mientras se impulsaba en el agua moviendo su cuerpo y cola de lado a lado. Las patas anteriores eran más grandes que las posteriores, lo cual sugiere que podía utilizarlas como timón, para frenar y girar rápidamente en el agua, como lo hacen las focas actuales.

Tamaño: 4 m de longitud.
Orden: *Nothosauria*.
Familia: *Nothosauridae*.
Cobertura: Europa.

Tamaño: 3 m de longitud.
Orden: *Pistosauroidea*.
Familia: *Pistosauridae*.
Cobertura: Europa: Francia y Alemania.

Nothosaurus

Este animal viviría como las focas modernas, pescando en el mar y descansando en tierra. Su cuerpo, cuello y cola eran largos y flexibles. Las mandíbulas del *Nothosaurus* eran largas y delgadas, con dientes afilados que encajaban entre sí.

Pistosaurus

Tenían características propias de los notosaurios y de los plesiosaurios. Su cráneo era como el de estos últimos, pero el hueso del paladar era el de un notosaurio. Su cuerpo también era de notosaurio, pero nadaban moviendo sus miembros como remos, al igual que lo hacían los plesiosaurios. Su boca estaba llena de dientes pequeños y puntiagudos.

Tamaño: 3 m de longitud.
Orden: *Nothosauria*.
Familia: *Nothosauridae*.
Cobertura: Asia: China, Israel, Rusia; Europa; África del Norte.

Dinosaurios y otros animales prehistóricos

Henodus

Su cuerpo era tan ancho como largo, con la forma de una tortuga moderna. Su espalda y su vientre estaban cubiertos por placas óseas, que formaban un caparazón defensivo. Su cabeza era cuadrada como una caja, y sus mandíbulas carecían de dientes. En su lugar, tenía un pico córneo como el de las modernas tortugas.

Tamaño: 1 m de longitud.
Orden: *Placodontia*.
Familia: *Henodontidae*.
Cobertura: Europa: Alemania.

Tamaño: 60 cm de longitud.
Orden: *Nothosauria*.
Familia: *Nothosauridae*.
Cobertura: Europa: España.

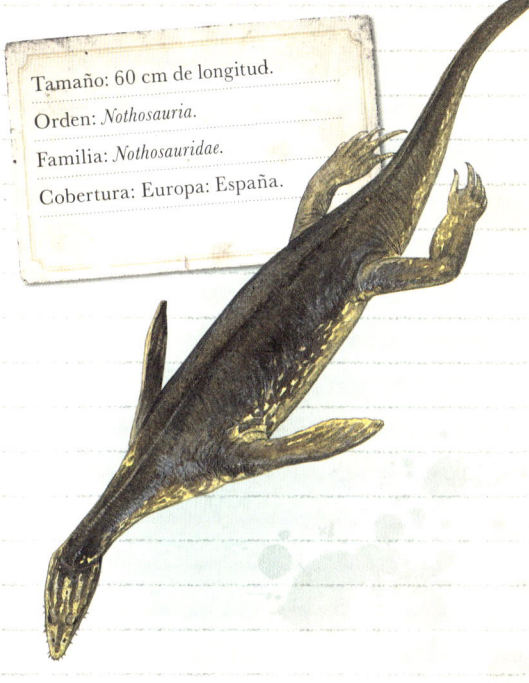

Lariosaurus

El *Lariosaurus* era uno de los notosaurios más pequeños. No era el menor, sin embargo algunos solo medían 20 cm. Tenía un cuello corto y dedos cortos en los pies. Este reptil probablemente pasaba mucho tiempo caminando por la costa o nadando en aguas someras. Comía pequeños peces y crustáceos.

Claudiosaurus

Su vida pudo ser muy similar a la de las iguanas modernas. Debió pasar mucho tiempo descansando sobre las rocas de las playas, calentando su cuerpo antes de ir a cazar. En el agua, estiraría sus patas a lo largo del cuerpo para tomar una forma más aerodinámica.

Tamaño: 60 cm de longitud.
Orden: *Neodiapsida*.
Familia: *Claudiosauridae*.
Cobertura: África (Madagascar).

Placodus

El cráneo del *Placodus* muestra que sus dientes eran buenos para comer animales marinos con concha. Las filas de dientes romos en la parte anterior de sus mandíbulas servían para despegar moluscos y crustáceos de las rocas. Los dientes posteriores eran anchos y planos para triturarlos.

Tamaño: 2 m de longitud.
Orden: *Pacodontia*.
Familia: *Placodontidae*.
Cobertura: Europa: Los Alpes.

PLESIOSAURIOS E ICTIOSAURIOS

Fueron los más exitosos de los reptiles marinos y dominaron los océanos durante los periodos jurásico y cretácico. Hubo dos grupos de plesiosaurios: los pliosaurios y los plesiosaurios como tales. Los plesiosaurios tenían un largo cuello y patas cortas; se alimentaban de pequeñas criaturas del mar. Los pliosaurios fueron fieros cazadores, que con sus mandíbulas trituraron calamares y tiburones primitivos. Los ictiosaurios fueron los que mejor se adaptaron a la vida marina; tenían un cuerpo muy similar al de los peces actuales y una cola que podían mover a los lados para nadar con velocidad.

Tamaño: 3,5 m de longitud.

Orden: *Ichthyosauria*.

Familia: *Ichthyosauridae*.

Cobertura: Europa: Inglaterra, Francia; occidente de Norteamérica; Sudamérica: Argentina.

Ophtalmosaurus

Este ictiosaurio tenía ojos enormes, de más de 10 cm de diámetro. Un anillo óseo rodeaba cada globo ocular para evitar que los ojos colapsaran por la presión bajo el agua. El tamaño de sus ojos sugería que era un cazador nocturno.

Tamaño: 2 m de longitud.

Orden: *Ichthyopterygia*.

Familia: *Ichtlhyosauridae*.

Cobertura: Europa: Inglaterra, Alemania, Norteamérica: Alberta, Groenlandia;

Ictiosaurio

Se han encontrado muchos fósiles de ictiosaurios, por lo que son los animales prehistóricos mejor conocidos. En algunos de estos fósiles se hallaron pequeños cuerpos evidenciando que, al igual que los delfines modernos, daban a luz a sus crías.

Dinosaurios y otros animales prehistóricos

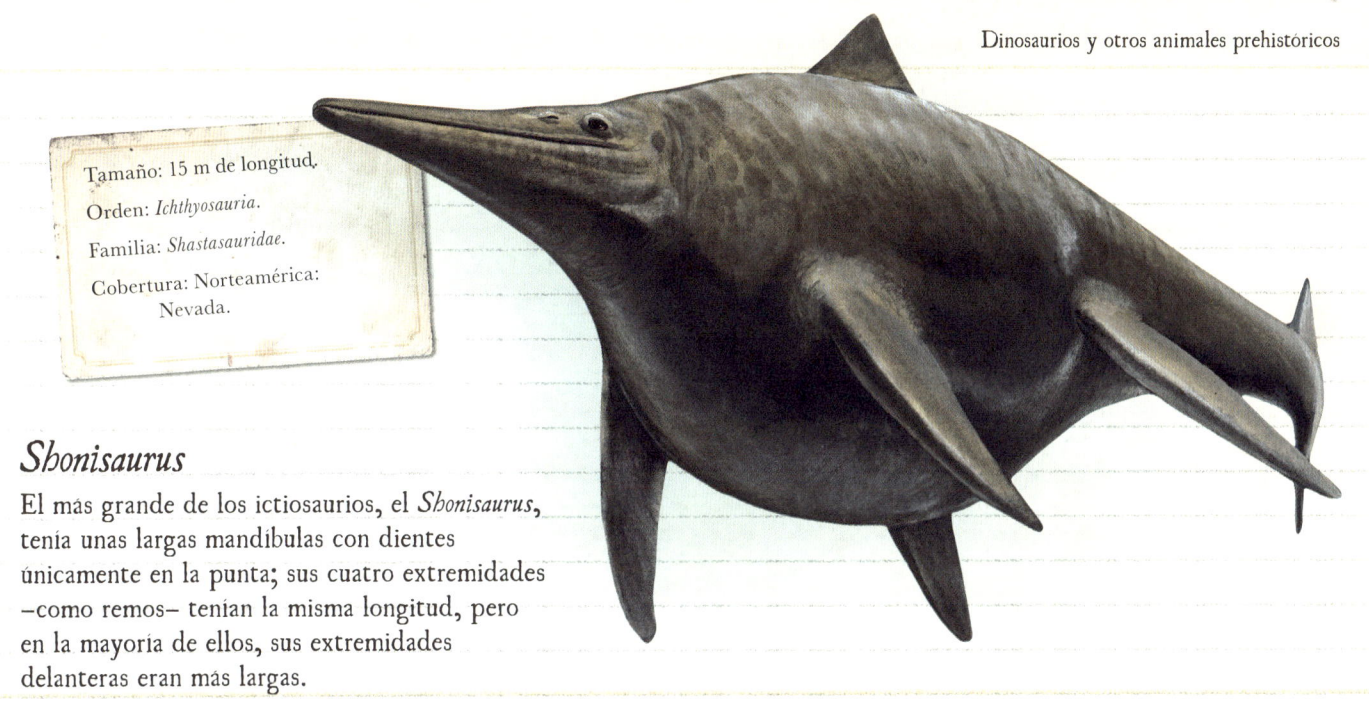

Tamaño: 15 m de longitud.
Orden: *Ichthyosauria*.
Familia: *Shastasauridae*.
Cobertura: Norteamérica: Nevada.

Shonisaurus

El más grande de los ictiosaurios, el *Shonisaurus*, tenía unas largas mandíbulas con dientes únicamente en la punta; sus cuatro extremidades –como remos– tenían la misma longitud, pero en la mayoría de ellos, sus extremidades delanteras eran más largas.

Kronosaurus

El *Kronosaurus* australiano es el pliosaurio más grande que se conoce. Vivía en mares cálidos y poco profundos, y sería un ágil nadador. Su cráneo era enorme, y sus mandíbulas eran incluso más largas y potentes que las de los tiranosaurios.

Tamaño: 13 m de longitud.
Orden: *Plesiosauria*.
Familia: *Pliosauridae*.
Cobertura: Australia: Queensland.

Tamaño: 2,3 m de longitud.
Orden: *Plesiosauria*.
Familia: *Pliosauridae*.
Cobertura: Europa: Inglaterra y Alemania.

Plesiosaurio

La anatomía de un plesiosaurio estaba adaptada para girar y doblarse fácilmente bajo el agua, más que para nadar a gran velocidad. Para atrapar peces pequeños, necesitaría maniobrar rápidamente alrededor de su presa. Un golpe hacia delante de las aletas de un lado y hacia atrás de las aletas del otro lado, haría girar al animal sobre sí mismo. Su cuello largo podría lanzarse como un resorte para atrapar a las veloces presas.

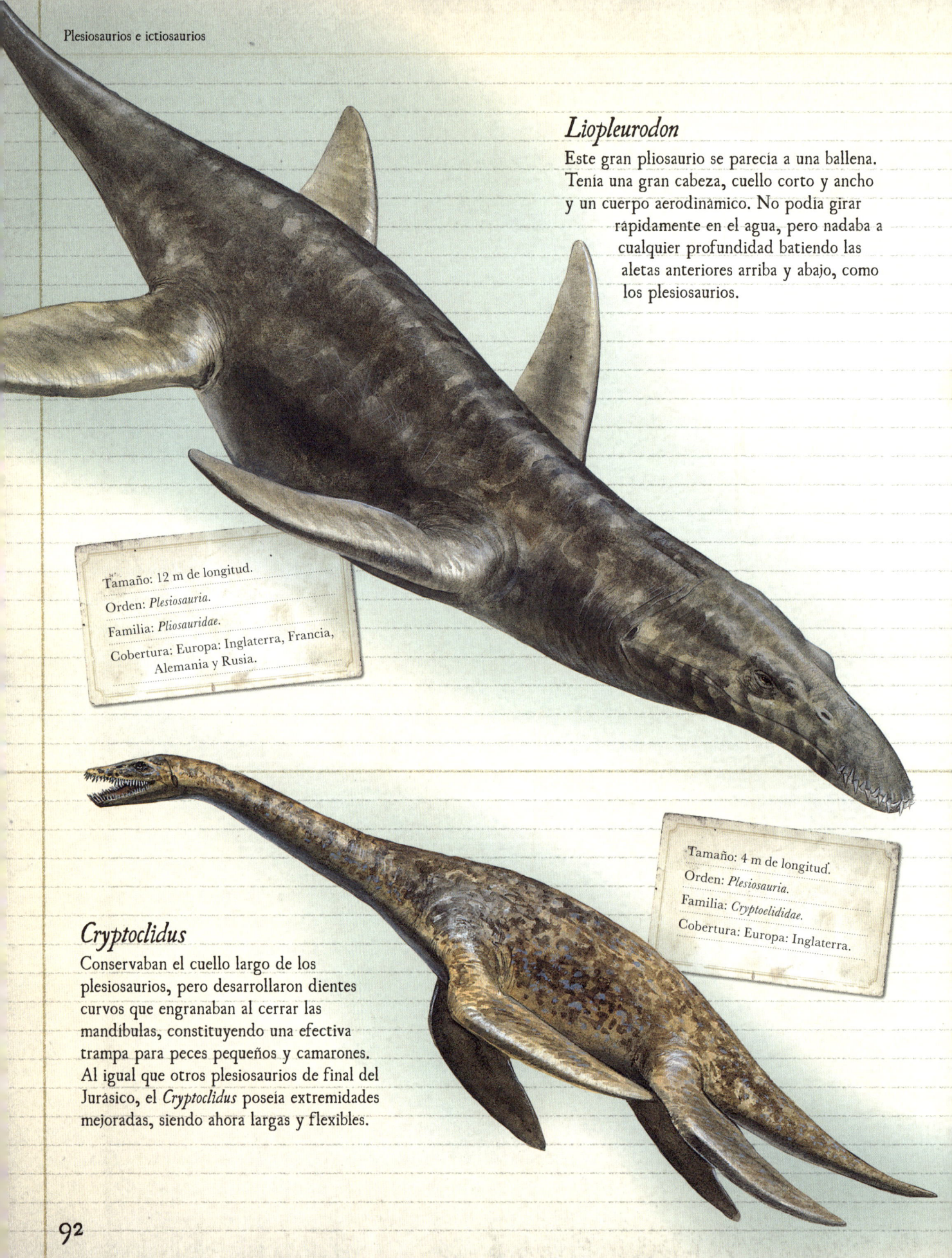

Liopleurodon

Este gran pliosaurio se parecía a una ballena. Tenía una gran cabeza, cuello corto y ancho y un cuerpo aerodinámico. No podía girar rápidamente en el agua, pero nadaba a cualquier profundidad batiendo las aletas anteriores arriba y abajo, como los plesiosaurios.

Tamaño: 12 m de longitud.
Orden: *Plesiosauria*.
Familia: *Pliosauridae*.
Cobertura: Europa: Inglaterra, Francia, Alemania y Rusia.

Cryptoclidus

Conservaban el cuello largo de los plesiosaurios, pero desarrollaron dientes curvos que engranaban al cerrar las mandíbulas, constituyendo una efectiva trampa para peces pequeños y camarones. Al igual que otros plesiosaurios de final del Jurásico, el *Cryptoclidus* poseía extremidades mejoradas, siendo ahora largas y flexibles.

Tamaño: 4 m de longitud.
Orden: *Plesiosauria*.
Familia: *Cryptoclididae*.
Cobertura: Europa: Inglaterra.

Dinosaurios y otros animales prehistóricos

Peloneustes

Tenía la cabeza más grande y el cuello más corto que el macroplata. La cabeza y cuello tenían casi la misma longitud y su forma le permitía nadar velozmente en persecución de sus rápidas presas. Sus dientes eran menos numerosos y afilados que los de otros plesiosaurios, pues se alimentaba de animales de cuerpo blando, como calamares. Pero también podía triturar las conchas duras de los ammonites.

Tamaño: 3 m de longitud.
Orden: *Plesiosauria*.
Familia: *Pliosauridae*.
Cobertura: Europa: Inglaterra y Rusia.

Tamaño: 6 m de longitud.
Orden: *Plesiosauria*.
Familia: *Cryptocleidae*.
Cobertura: Europa: Inglaterra y Francia.

Macroplata

El *Macroplata*, un pliosaurio primitivo, tenía el cráneo parecido al de un cocodrilo y el cuello, dos veces más largo que su cabeza. Los cuatro miembros de este pliosaurio eran potentes aletas pero a diferencia de los plesiosaurios, las de atrás eran más grandes que las de adelante. Esto sugiere que utilizaba las aletas traseras para nadar.

Muraenosaurus

El *Muraenosaurus* pertenecía al grupo de los elasmosaurios. Los elasmosaurios tenían los cuellos más largos de todos los plesiosaurios; eran tan largos como su cuerpo y cola juntos. Su cabeza era muy pequeña, y su cuerpo, compacto y rígido.

Tamaño: 4,5 m de longitud.
Orden: *Plesiosauria*.
Familia: *Rhomaleosauridae*.
Cobertura: Europa: Inglaterra.

Plesiosaurios e ictiosaurios

Eurhinosaurus

Este animal era distinto de cualquier otro ictiosaurio. Su mandíbula superior era dos veces más larga que la inferior, y parecía un moderno pez espada. Los dientes asomaban fuera de su temible boca y tal vez usaba esta "espada" para buscar alimento en la arena, en el fango del fondo o entre las algas marinas.

Tamaño: 2 m de longitud.
Orden: *Ichtyosauria*.
Familia: *Leptonectidae*.
Cobertura: Europa: Alemania.

Stenopterygius

Durante el periodo jurásico hubo dos tipos de ictiosaurios, que diferían por la forma de sus aletas. Las de los *Ichthyosaurus* y especies parecidas eran cortas y anchas, y podían tener hasta nueve dedos en su esqueleto. El *Stenopterygius* y los de su grupo tenían aletas más estrechas, que solo contaban con cinco huesos internamente.

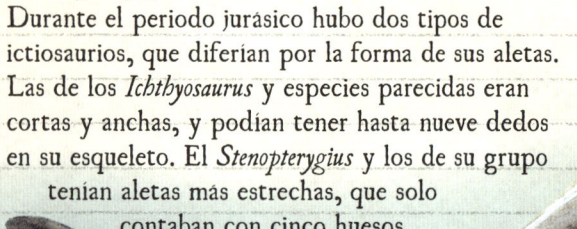

Tamaño: 3 m de longitud.
Orden: *Ichtyosauria*.
Familia: *Stenopterygiidae*.
Cobertura: Europa: Inglaterra y Alemania.

Tamaño: 10 m de longitud.
Orden: *Ichthyosauria*.
Familia: *Cymbospondylidae*.
Cobertura: Norteamérica: Nevada.

Cymbospondylus

Tenía mandíbulas alargadas en forma de pico, armadas de dientes para cazar peces. Sus miembros eran cortos, más parecidos a las aletas de los peces que a remos. Tal vez no las usaba para nadar, sino para cambiar de dirección y frenar.

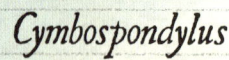

Tamaño: 1 m de longitud.
Orden: *Ichtyosauria*.
Familia: *Misosauridae*.
Cobertura: Asia: China, Timor e Indonesia. Europa: Alpes; Norteamérica: Alaska, norte de Canadá y Nevada.

Mixosaurus

Tenía cuerpo en forma de pez con una aleta en su lomo. Probablemente también tenía el esbozo de una aleta al final de su cola. Sus miembros eran aletas cortas, siendo las delanteras más largas que las traseras. El esqueleto de cada aleta mostraba cinco dedos de hueso. Sus mandíbulas, largas y estrechas, tenían dientes afilados para atrapar y comer peces. Sus rasgos son intermedios entre los ictiosaurios y otros reptiles.

Tamaño: 9 m de longitud.
Orden: *Ichthyosauria*.
Familia: *Temnodontosauridae*.
Cobertura: Europa: Inglaterra y Alemania.

Temnodontosaurus

Esta alargada criatura (a veces conocida como *Leptopterygius*) debió cruzar las aguas tibias y poco profundas de los mares jurásicos en busca de alimento, con movimientos finamente controlados de las largas y estrechas aletas delanteras de su cuerpo. Propulsándose a través del agua con su larga cola, se alimentaría con facilidad de calamares y ammonites.

EL MAR

En tiempos de los dinosaurios, los mares estaban llenos de vida. Los peces, como el *Lepidotes*, tenían cuerpos protegidos por gruesas escamas óseas, y cazaban gusanos, moluscos y otras pequeñas criaturas. Los crinoideos, relacionados con las estrellas de mar, vivían en el lecho marino, atrapando pequeñas presas entre las ramificaciones de sus brazos. También fueron comunes los belemnites y los ammonites, extintos familiares de los pulpos y calamares. Los ammonites tenían un cuerpo suave enrollado dentro de un caparazón con muchas recámaras, mientras que los belemnites tenían un cuerpo recto y largos tentáculos, muy similares a los modernos calamares.

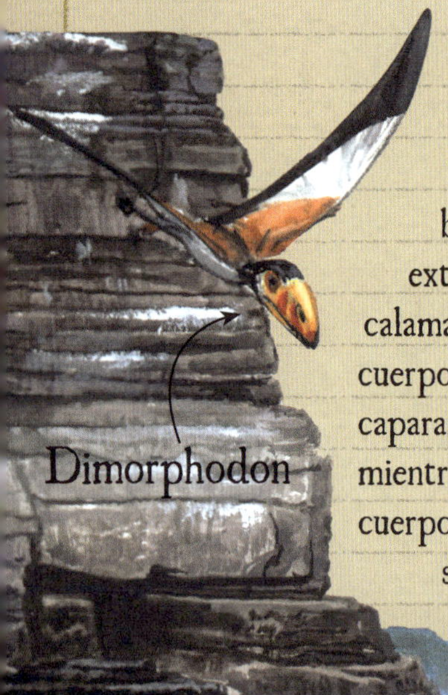

NACIMIENTO BAJO EL AGUA

Se piensa que los ictiosaurios daban a luz bajo el agua. La cría salía de cola, como los delfines y ballenas. Este fósil muestra un ictiosaurio hembra con su cría emergiendo de su cuerpo.

Dimorphodon

Ictiosaurio

Eurhinosaurus

Belemnites

Crinoideo

Esqueleto de un ictiosaurio
- Hocico largo y angosto
- Huesos soportando la cola
- Extremidad frontal parecida a un remo

Esqueleto de un plesiosaurio
- Hocico ancho y plano
- Aleta

REPTILES MARINOS

Un típico ictiosaurio tenía un cuerpo aerodinámico, similar al de un delfín de hoy en día. La habilidad de nadar era provista por la larga cola que se movía hacia adelante y hacia atrás mientras el reptil ganaba velocidad en el agua. Las extremidades frontales, parecidas a remos, eran usadas para girar. Un plesiosaurio nadaba más sutilmente, batiendo sus largas aletas para moverse. En contraste, el plesiosaurio tenía una cola corta, un cuello largo y una cabeza relativamente pequeña.

En esta escena de un océano Jurásico, un grupo de belemnites atrapa presas con sus largas mandíbulas, mientras que otros buscan la superficie para respirar.

- Plesiosaurio
- Lepidotes
- Ammonites

REPTILES DOMINANTES

Los arcosaurios, o reptiles dominantes, fueron la especie a la cual pertenecieron los dinosaurios. Hubo muchos grupos de arcosaurios, pero los únicos que prevalecieron son los cocodrilos. Los primeros, conocidos como *Proterosuchus*, eran cazadores muy similares a los cocodrilos actuales y algunos vivían en tierra firme. Más tarde aparecieron los *Crurotarsans* como el *Ornithosuchus* y los *Phytosaurus* acuáticos. Los aetosaurios como el *Desmatosuchus*, fueron los primeros arcosaurios herbívoros.

Tamaño: 5 m de longitud.
Orden: *Aetosauria*.
Familia: *Stagenolepididae*.
Cobertura: Norteamérica: Texas.

Desmatosuchus

Este gran animal de América del Norte, tenía una fuerte armadura. Placas cuadradas cubrían la espalda, la cola y parte de su abdomen, y unas largas espinas, de hasta 45 cm, sobresalían de sus hombros. Su cabeza era pequeña, con un hocico chato y pequeños dientes aplanados, ideales para comer plantas.

Euparkeria

Este era un pequeño arcosaurio de contextura delgada, con una ligera armadura de placas óseas a lo largo de su lomo y cola. Posiblemente podía pararse sobre sus patas traseras para huir del peligro, y su larga cola le permitiría conservar el equilibrio mientras corría.

Tamaño: 3 m de longitud.
Orden: *Pseudosuchia*.
Familia: *Ornithosuchidae*.
Cobertura: Europa: Escocia.

Tamaño: 50 cm de longitud.
Orden: *Archosauriformes*.
Familia: *Euparkeriidae*.
Cobertura: Sudáfrica.

Ornithosuchus

En otro tiempo se creyó que el *Ornithosuchus* era un dinosaurio primitivo, pero hoy se piensa que está más relacionado con los cocodrilos. Aunque el *Ornithosuchus* podía levantarse sobre las patas traseras, probablemente caminaba sobre las cuatro.

Dinosaurios y otros animales prehistóricos

Hyperodapedon

Era un herbívoro de cuerpo pesado y rechoncho. Tenía varias filas de dientes en su mandíbula superior, y dos filas en la inferior. Sus dientes estaban diseñados para triturar las plantas más duras. Probablemente se alimentaba de grandes helechos, que eran abundantes en el Triásico. Al desaparecer estas plantas, al final del periodo, el *Hyperodapedon* también se extinguió.

Tamaño: 1,3 m de longitud.
Orden: *Rhynchosauria*.
Familia: *Hyperodapedontidae*.
Cobertura: Asia y Europa.

Tamaño: 1,3 m de longitud.
Orden: *Dinosauriformes*.
Familia: Desconocida.
Cobertura: Sudamérica: Argentina.

Marasuchus

Este reptil compartió muchas características de su esqueleto con los dinosaurios, como la medida de sus patas delanteras que era menos de la mitad de la longitud de las traseras. Delgado y de movimientos rápidos, es posible que corriera sobre sus dos patas traseras, tan bien como sobre las cuatro. Podría alimentarse de reptiles pequeños e insectos.

Erythrosuchus

Este primitivo arcosaurio fue uno de los mayores predadores de su época. Tenía una gran cabeza con fuertes mandíbulas y afilados dientes. Sus piernas estaban directamente bajo su cuerpo, lo que le permitía moverse muy bien sobre la tierra.

Tamaño: 4,5 m de longitud.
Orden: *Archosauriformes*.
Familia: *Erythrosuchidae*.
Cobertura: Sudáfrica.

Primeros reptiles dominantes

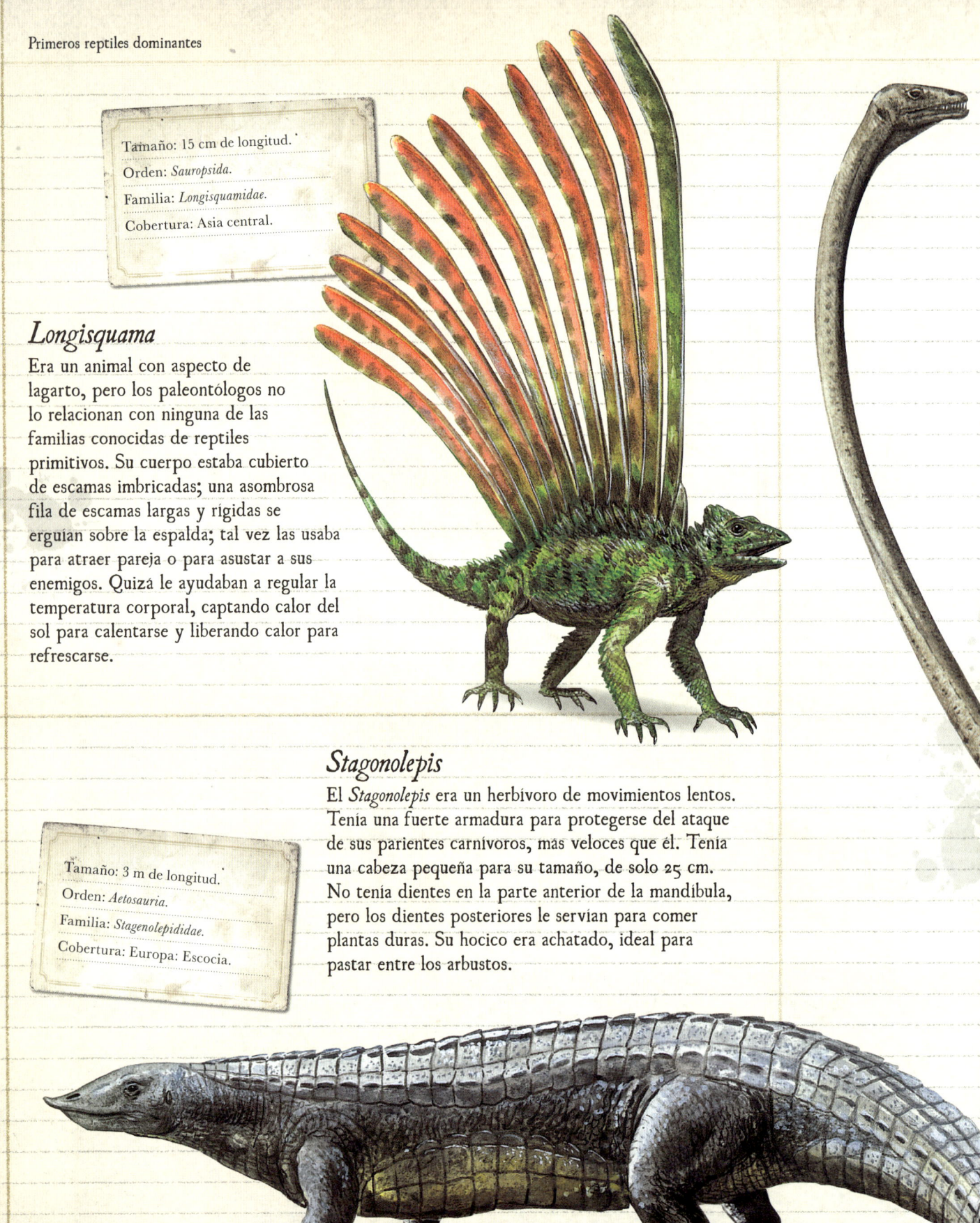

Tamaño: 15 cm de longitud.
Orden: *Sauropsida*.
Familia: *Longisquamidae*.
Cobertura: Asia central.

Longisquama

Era un animal con aspecto de lagarto, pero los paleontólogos no lo relacionan con ninguna de las familias conocidas de reptiles primitivos. Su cuerpo estaba cubierto de escamas imbricadas; una asombrosa fila de escamas largas y rígidas se erguían sobre la espalda; tal vez las usaba para atraer pareja o para asustar a sus enemigos. Quizá le ayudaban a regular la temperatura corporal, captando calor del sol para calentarse y liberando calor para refrescarse.

Stagonolepis

El *Stagonolepis* era un herbívoro de movimientos lentos. Tenía una fuerte armadura para protegerse del ataque de sus parientes carnívoros, más veloces que él. Tenía una cabeza pequeña para su tamaño, de solo 25 cm. No tenía dientes en la parte anterior de la mandíbula, pero los dientes posteriores le servían para comer plantas duras. Su hocico era achatado, ideal para pastar entre los arbustos.

Tamaño: 3 m de longitud.
Orden: *Aetosauria*.
Familia: *Stagenolepididae*.
Cobertura: Europa: Escocia.

Dinosaurios y otros animales

Protorosaurus

Este reptil con forma de lagarto vivía en los desiertos de Europa hace unos 250 millones de años. Es el arcosauromorfo más primitivo que se conoce. Debió ser un animal veloz; sus largas patas se dirigían hacia abajo, permitiéndole perseguir presas rápidas, pero comía principalmente insectos. Su cuello estaba formado por 7 vértebras grandes y muy largas.

Tamaño: 2 m de longitud.
Orden: *Protosauria*.
Familia: *Protosauridae*.
Cobertura: Europa: Alemania.

Tamaño: 3 m de longitud.
Orden: *Pseudosuchia*.
Familia: Desconocida.
Cobertura: Europa: Suiza.

Ticinosuchus

Su espalda estaba protegida por dos filas de placas óseas pequeñas; su cola también tenía una armadura por arriba y por abajo. Sus patas traseras le permitían caminar sobre el suelo, y algo más importante: parte de uno de los huesos del pie se habría transformado en un talón.

Tamaño: 3 m de longitud.
Orden: *Protosauria*.
Familia: *Tanystropheidae*.
Cobertura: Asia: Israel; Europa: Alemania y Suiza.

Tanystropheus

Debía tener un aspecto desconcertante. Su cuello era más largo que su cuerpo y cola juntos. Las vértebras de su cuello eran tan largas que, cuando se descubrieron, se creyó que eran los huesos de una pata. Algunos paleontólogos creen que sería incapaz de levantar su extraordinario cuello, y que debería vivir en el agua. Pero no tenía el cuerpo de un animal nadador. Quizá vivía a orillas del agua y sumergía su cuello en busca de peces o moluscos.

COCODRILOS

Los cocodrilos y sus parientes son los únicos supervivientes actuales de los arcosaurios o reptiles dominantes. Los cocodrilos han cambiado muy poco desde que aparecieron hace 230 millones de años. Aunque los actuales están más a gusto en el agua que sobre tierra, al principio fueron pequeños carnívoros terrestres que podían correr sobre sus patas traseras. Como los de hoy, los primeros cocodrilos tenían un gran cráneo y mandíbulas potentes, con músculos situados muy atrás para abrirlas ampliamente.

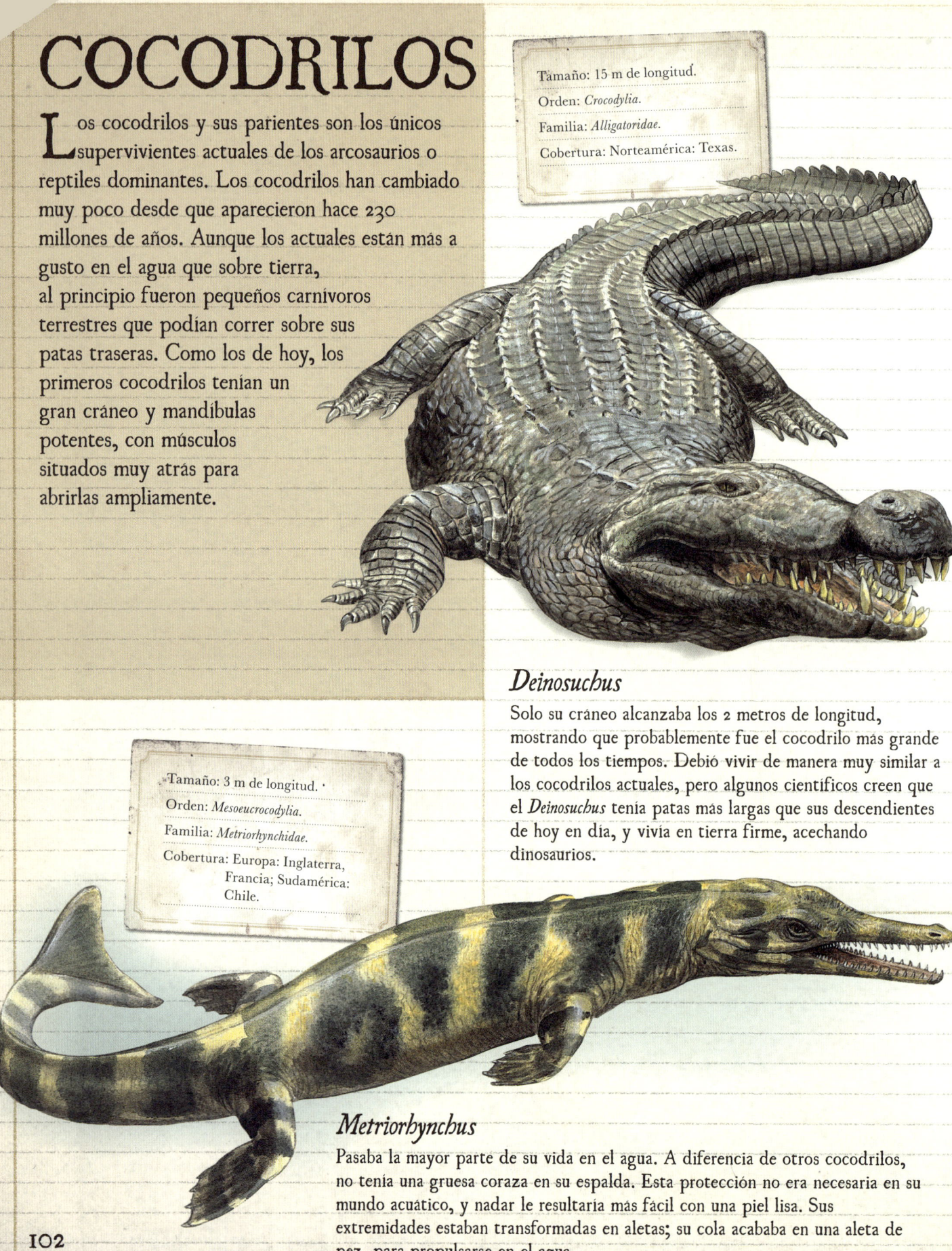

Tamaño: 15 m de longitud.
Orden: *Crocodylia*.
Familia: *Alligatoridae*.
Cobertura: Norteamérica: Texas.

Deinosuchus

Solo su cráneo alcanzaba los 2 metros de longitud, mostrando que probablemente fue el cocodrilo más grande de todos los tiempos. Debió vivir de manera muy similar a los cocodrilos actuales, pero algunos científicos creen que el *Deinosuchus* tenía patas más largas que sus descendientes de hoy en día, y vivía en tierra firme, acechando dinosaurios.

Tamaño: 3 m de longitud.
Orden: *Mesoeucrocodylia*.
Familia: *Metriorhynchidae*.
Cobertura: Europa: Inglaterra, Francia; Sudamérica: Chile.

Metriorhynchus

Pasaba la mayor parte de su vida en el agua. A diferencia de otros cocodrilos, no tenía una gruesa coraza en su espalda. Esta protección no era necesaria en su mundo acuático, y nadar le resultaría más fácil con una piel lisa. Sus extremidades estaban transformadas en aletas; su cola acababa en una aleta de pez, para propulsarse en el agua.

Dinosaurios y otros animales prehistóricos

Terrestrisuchus

Su cuerpo era corto, pero su cola medía casi el doble que la cabeza y el cuerpo juntos; tenía patas largas y podría correr por el paisaje árido, atrapando insectos y pequeños lagartos con su larga mandíbula. Probablemente caminaba en cuatro patas y se erguía en dos para correr, usando la cola para equilibrarse.

Tamaño: 50 cm de longitud.
Orden: *Crocodylomorpha*.
Familia: *Saltoposuchidae*.
Cobertura: Europa: Gales.

Tamaño: 60 cm de longitud.
Orden: *Crocodylomorpha*.
Familia: *Bernissartiidae*.
Cobertura: Europa: Bélgica e Inglaterra.

Bernissartia

Probablemente vivió en el agua y en la tierra. Tenía dos tipos de dientes: al frente, largos y puntiagudos, atrás eran aplanados, para triturar conchas y huesos.

Protosuchus

Vivía en tierra, pero su cráneo era similar al de los modernos cocodrilos que viven en el agua. Tenía mandíbulas cortas que se ensanchaban en su parte posterior. Esto significa que podía abrir ampliamente la boca y morder con mucha fuerza. En la parte anterior de la mandíbula inferior sobresalían dos largos caninos que se alojaban en alvéolos de la mandíbula superior, al cerrar la boca.

Tamaño: 1 m de longitud.
Orden: *Crocodylomorpha*.
Familia: *Protosuchidae*.
Cobertura: Norteamérica: Arizona.

Tamaño: 3 m de longitud.
Orden: *Mesoeucrocodylia*.
Familia: *Teleosauridae*.
Cobertura: Europa: Francia.

Teleosaurus

Compartió los mares con los ictiosaurios y plesiosaurios durante todo el periodo jurásico y hasta el Cretácico. Su cuerpo era largo y delgado, y tenía la espalda fuertemente protegida como la de un cocodrilo moderno. Sus potentes mandíbulas eran muy estrechas y estaban bordeadas de numerosos dientes afilados.

REPTILES VOLADORES

Los pterosaurios vivieron al tiempo que los dinosaurios y pueden compartir el mismo ancestro. Los científicos creen que estos reptiles fueron buenos voladores, aunque lentos, capaces de batir sus alas como lo hacen las aves actuales. Se creía que no podían levantarse del suelo, sino que requerían de una posición elevada para lanzarse y planear. Ahora se sabe que muchos podían despegar del suelo. Probablemente los pterosaurios, con cráneos largos y dientes afilados, se alimentaban de peces. Otros pudieron haber comido insectos o aún plantas. Por ejemplo, el largo pico del *Tapejara*, pudo servirle para recoger frutas.

Este pterosaurio, llamado *Pterodactylus*, vivió en Europa en tiempos jurásicos. El fósil bien preservado, muestra claramente su estructura corporal, incluyendo las mandíbulas delgadas y los dedos extra largos que sostenían las alas.

Santanadactylus

Cearadactylus

ESQUELETO DEL PTEROSAURIO

Un pterosaurio tenía un esqueleto extremadamente liviano que le permitía volar. Sus huesos eran delgados y muchos también eran huecos para hacerlos aún más ligeros. Sus primeros tres dedos eran cortos y coronados con afiladas garras, pero el cuarto dedo era muy largo y le ayudaba a soportar el ala. Esta también estaba unida a un costado del cuerpo. En cada pata había cinco dedos; cuatro eran largos y terminaban con garras. El quinto dedo era corto y no tenía garra.

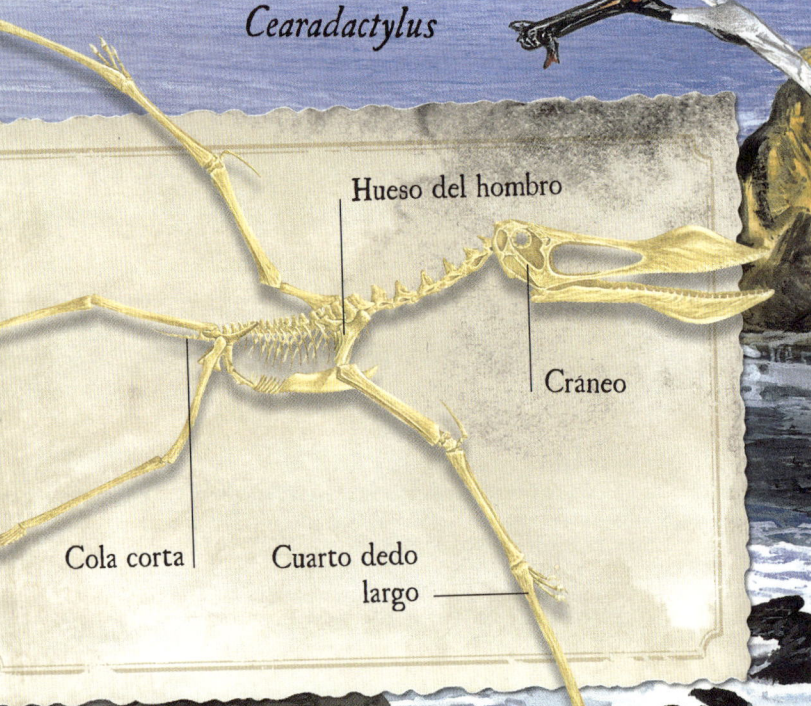

Hueso del hombro

Cráneo

Cola corta

Cuarto dedo largo

104

PTEROSAURIOS DEL CRETÁCICO

En esta escena de hace unos 100 millones de años, los pterosaurios planeaban sobre el océano, buscando peces. El *Tupandactylus* era un pterosaurio con una enorme proa en su mandíbula superior. En las rocas, el *Tropeognathus* se movía sobre sus cuatro extremidades usando las garras de sus alas como patas.

Tropeognathus

Tupandactylus

ATRAPANDO PRESAS

Un pterosaurio del cretácico tardío, el *Anhanguera* probablemente se alimentaba de peces sobrevolando el agua para agarrar su presa y pescarla. Sus delgadas mandíbulas y sus afilados dientes estaban idealmente adaptados para atrapar peces escurridizos.

PTEROSAURIOS

El primer grupo de vertebrados que alzaron el vuelo fueron los pterosaurios. Estos reptiles voladores tenían alas formadas por piel. Evolucionaron en el Triásico superior, unos 70 millones de años antes que la primera ave conocida, el *Archaeopteryx*. Los primeros pterosaurios conocidos ya eran buenos voladores hace unos 190 millones de años, y fueron las mayores criaturas voladoras que hayan existido. Se han encontrado restos de pterosaurios en todo el mundo, menos en la Antártida. Los más conocidos son los pterodáctilos.

Tamaño: 75 cm de envergadura.
Orden: *Eudimorphodontidae*.
Familia: *Dimorphodontidae*.
Cobertura: Europa: Italia.

Eudimorphodon
Tenía un cuello corto y una larga cola ósea, de casi la mitad de su longitud total. Su cabeza era grande, pero ligera. Los pliegues de piel de sus alas se extendían desde el larguísimo cuarto dedo de cada mano hasta el cuerpo y los muslos.

Tamaño: 1 m de envergadura.
Orden: *Pterosauria*.
Familia: *Dimorphodontidae*.
Cobertura: Europa: Alemania; África: Tanzania.

Dimorphodon
Este pterosaurio tenía una cabeza inusualmente grande, similar en su forma a la de los actuales frailecillos. Dentro de su boca tenía dos tipos de dientes: puntiagudos al frente y dientes mucho más pequeños en la parte de atrás. Esto le permitiría atrapar y masticar los insectos que encontraba sobre el suelo.

Dinosaurios y otros animales prehistóricos

Tamaño: 1 m de envergadura.
Orden: *Pterosauria*.
Familia: *Rhamphorhynchidae*.
Cobertura: Europa: Inglaterra.

Scaphognathus
Estudios de la cavidad cerebral de un fósil de esta especie, mostraron que su cerebro era mucho más grande que el de algunos reptiles de su mismo tamaño. Los tamaños de diferentes partes de su cerebro sugieren que este pterosaurio, y posiblemente sus parientes, tenían una excelente visión, pero un pobre sentido del olfato.

Tamaño: 1,3 m de envergadura.
Orden: *Pterosauria*.
Familia: *Ctenochasmatidae*.
Cobertura: Sudamérica: Argentina.

Pterodaustro
Su cráneo medía unos 23 cm de largo. La mayor parte del mismo estaba ocupado por las asombrosas mandíbulas del animal, que se curvaban hacia arriba en el extremo. La mandíbula inferior estaba cubierta por decenas de dientes largos y finos; también había dientes diminutos en la mandíbula superior. Probablemente volaba a ras del agua surcando la superficie con su pico abierto. Al pasar el agua entre sus mandíbulas, los diminutos animalillos del plancton serían atrapados por sus dientes en forma de peine.

Rhamphorhynchus
Sus alas estaban formadas por piel muy delgada. Semejantes a las de un murciélago moderno, estaban reforzadas por finas fibras que las recorrían desde adelante hacia atrás. El *Rhamphorhynchus* tenía mandíbulas estrechas llenas de dientes dirigidos hacia afuera, con las que podría atrapar peces. Probablemente sobrevolase a ras del agua, extendiendo su larga cola para mantener el equilibrio y cuando avistara un pez.

Tamaño: 1 m de envergadura.
Orden: *Pterosauria*.
Familia: *Rhamphorhynchidae*.
Cobertura: Europa: Alemania; África: Tanzania.

Dsungaripterus

Tenía una peculiar cresta ósea sobre el pico. Sus mandíbulas eran estrechas y largas, con la punta curvada, que probablemente le servía para sacar conchas de las rocas y de los agujeros en la costa. Con los dientes planos en la parte posterior de sus mandíbulas, podría triturar las conchas antes de tragar a su presa.

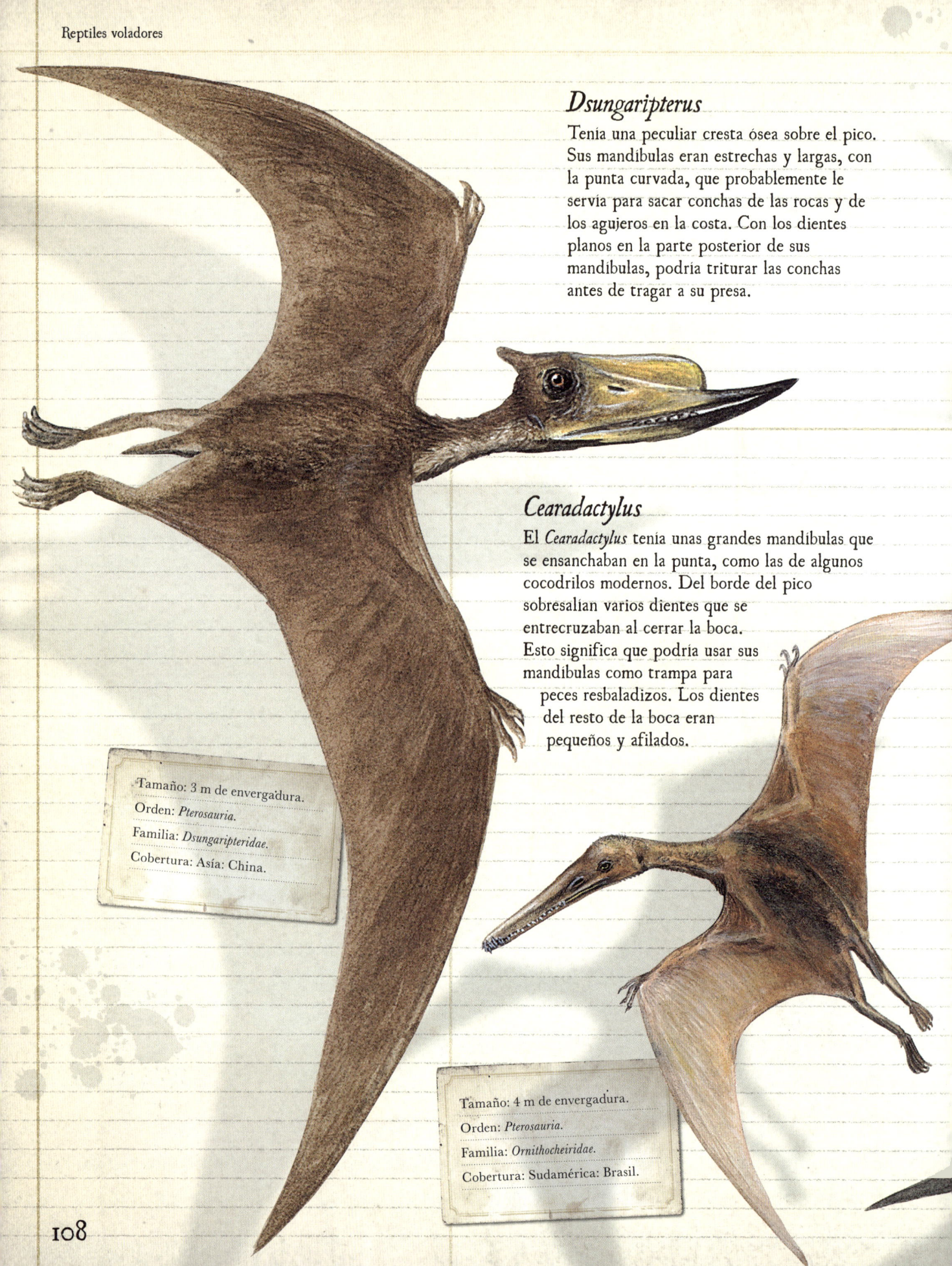

Tamaño: 3 m de envergadura.
Orden: *Pterosauria*.
Familia: *Dsungaripteridae*.
Cobertura: Asia: China.

Cearadactylus

El *Cearadactylus* tenía unas grandes mandíbulas que se ensanchaban en la punta, como las de algunos cocodrilos modernos. Del borde del pico sobresalían varios dientes que se entrecruzaban al cerrar la boca. Esto significa que podría usar sus mandíbulas como trampa para peces resbaladizos. Los dientes del resto de la boca eran pequeños y afilados.

Tamaño: 4 m de envergadura.
Orden: *Pterosauria*.
Familia: *Ornithocheiridae*.
Cobertura: Sudamérica: Brasil.

Dinosaurios y otros animales prehistóricos

Tamaño: 50 cm de envergadura.
Orden: *Pterosauria*.
Familia: *Rhamphorhynchidae*.
Cobertura: Asia: Kazajistán.

Sordes
En 1971 se descubrieron sus fósiles en Karatau, Kazajistán. Los fósiles sugieren que el cuerpo de este animal estaba cubierto de espeso pelo, excepto la cola y las alas. El pelo mantendría abrigado al reptil, como el pelaje de un mamífero. Al igual que las plumas de las aves, este pelo evolucionaría a partir de las escamas de los reptiles.

Pteranodon
Tenía una enorme envergadura y debió ser un diestro volador, planeando en el aire como un avión de caza. La parte posterior de su cabeza tenía una cresta gigante que tal vez le servía para equilibrarse o como timón de su cuerpo corto y pesado. Sus mandíbulas eran distintas de las de otros pterosaurios, pues carecían de dientes. Probablemente, pescaba peces y los comía enteros, como los pelícanos.

Tamaño: 7 m de envergadura.
Orden: *Pterosauria*.
Familia: *Pteranodontidae*.
Cobertura: América: Kansas.

Anurognathus
Este pequeño reptil volador tenía una cabeza estrecha y mandíbulas cortas. Sus dientes eran fuertes y planos, adecuados para triturar; debía ser un ágil volador para perseguir en el aire a los veloces insectos de los que se alimentaba. La cola del *Anurognathus* era más pequeña que la de otros reptiles voladores.

Tamaño: 30 cm de envergadura.
Orden: *Pterosauria*.
Familia: *Anurognathidae*.
Cobertura: Europa: Alemania.

DINOSAURIOS

Estos magníficos reptiles fueron probablemente los animales más exitosos que hayan vivido alguna vez. Los primeros dinosaurios existieron hace unos 225 millones de años, durante el periodo triásico. Más y más especies se desarrollaron durante el periodo jurásico y cretácico; los dinosaurios se hicieron más grandes y se extendieron por la Tierra, hasta que desaparecieron misteriosamente al final del cretácico hace unos 66 millones de años.

QUÉ ERA UN DINOSAURIO

Un dinosaurio era un tipo de reptil con el cuerpo espinoso y la piel muy gruesa. Más de 800 especies de dinosaurios han sido descubiertas hasta ahora y puede que haya más por descubrir. Su tamaño variaba desde 1 metro de largo hasta gigantes de 30 metros o más. Vivían en tierra y ponían huevos; había dos grupos de dinosaurios: los saurisquios y los ornitisquios, que difirieron en la estructura de los huesos en su cadera. Todos los ornitisquios se alimentaban de plantas, pero el grupo de los saurisquios incluían un gran número de especies feroces; algunos cazadores carnívoros, y otros comedores de plantas.

FORMAS DE MOVIMIENTO

Los primeros reptiles se movían como los lagartos de hoy, con sus piernas saliendo hacia los lados. Los dinosaurios tenían una mejor forma de moverse, pues sus patas estaban directamente debajo del cuerpo, lo que significaba que podían cargar más peso y dar zancadas más largas y rápidas.

Lagarto

Dinosaurio

Un dramático encuentro entre el carnívoro tiranosaurio *Albertosaurus* y el herbívoro dinosaurio de cuernos *Centrosaurus* es reconstruido en esta imagen que se encuentra en el museo Royal Tyrrell en Drumheller, Canadá.

LOS DOS GRUPOS DE DINOSAURIOS

Los dinosaurios están divididos en dos grupos principales: saurisquios, o dinosaurios "cadera de lagarto", y los ornitisquios o dinosaurios "cadera de ave". Una de las principales diferencias es la orientación de los huesos pélvicos, especialmente el pubis. En los saurisquios, el pubis apunta hacia delante y hacia abajo, mientras que en los ornitisquios, soporta los intestinos y ayuda al dinosaurio a respirar.

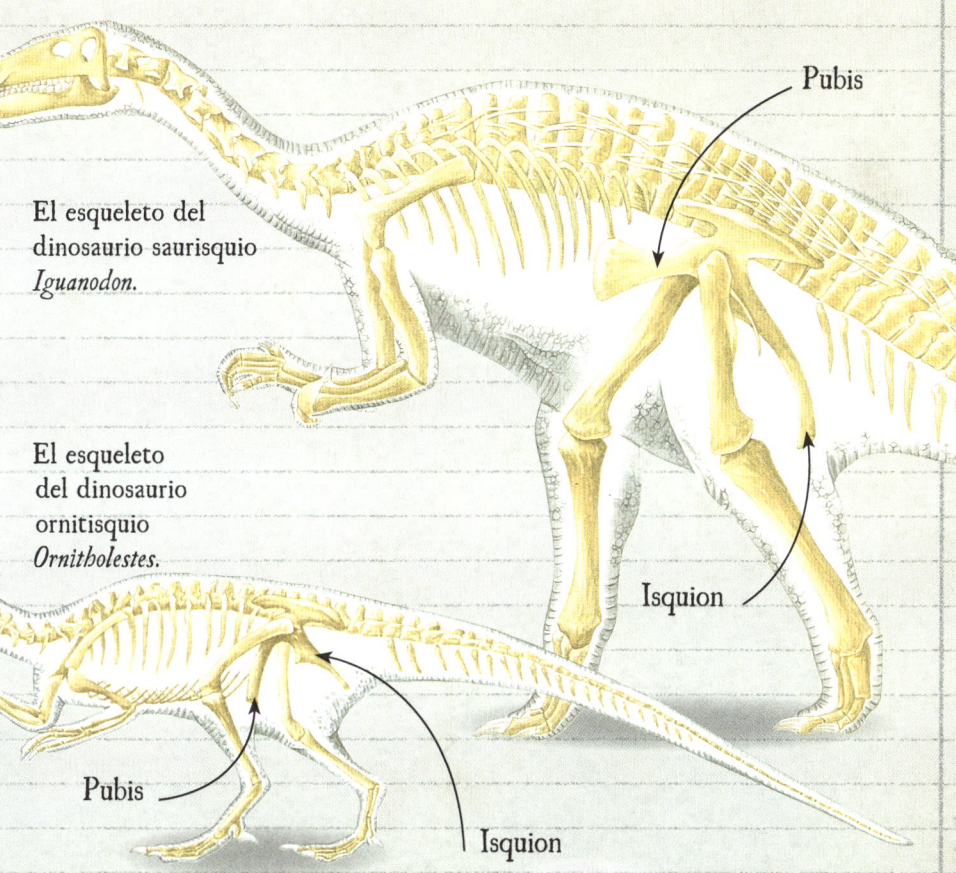

El esqueleto del dinosaurio saurisquio *Iguanodon*.

El esqueleto del dinosaurio ornitisquio *Ornitholestes*.

PATAS DE LOS DINOSAURIOS

Los delgados dinosaurios parecidos a las aves, como el *Gallimimus*, tenían largos muslos y huesos en la pantorrilla con grandes músculos, para darle poder a la pierna. El tobillo y los huesos del pie eran largos y delgados; probablemente podrían correr a unos 65 km/h. Las piernas de los saurópodos como el *Camarasaurus* eran muy diferentes. Los huesos eran largos y gruesos, y el pie se expandía hacia fuera formando una gran almohadilla para soportar el peso del dinosaurio. Los saurópodos caminaban lentamente sobre sus cuatro patas, mientras que el *Gallimimus* corría sobre sus dos delgadas patas traseras.

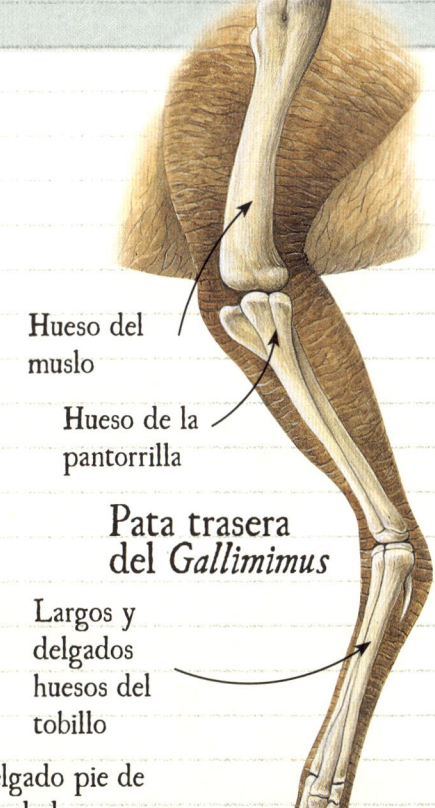

Pata trasera del *Gallimimus*

- Hueso del muslo
- Hueso de la pantorrilla
- Largos y delgados huesos del tobillo
- Delgado pie de tres dedos.

Hueso del *Camarasaurus*

- Hueso del muslo
- Hueso de la pantorrilla
- Cortos y gruesos huesos del tobillo
- Pesado pie de cuatro dedos.

FAMILIAS DE DINOSAURIOS

La palabra "dinosaurio", significa "lagarto terrible", y fue usada por primera vez en 1842 por Richard Owen, uno de los primeros expertos. Desde el siglo XIX, las opiniones sobre las relaciones entre los diferentes grupos de dinosaurios han cambiado, a medida que se hacen más hallazgos y descubrimientos. El cuadro muestra un árbol familiar de los dinosaurios, que es aceptado por la mayoría de los expertos, e incluye todos los tipos conocidos, mostrando su cercana relación con las aves.

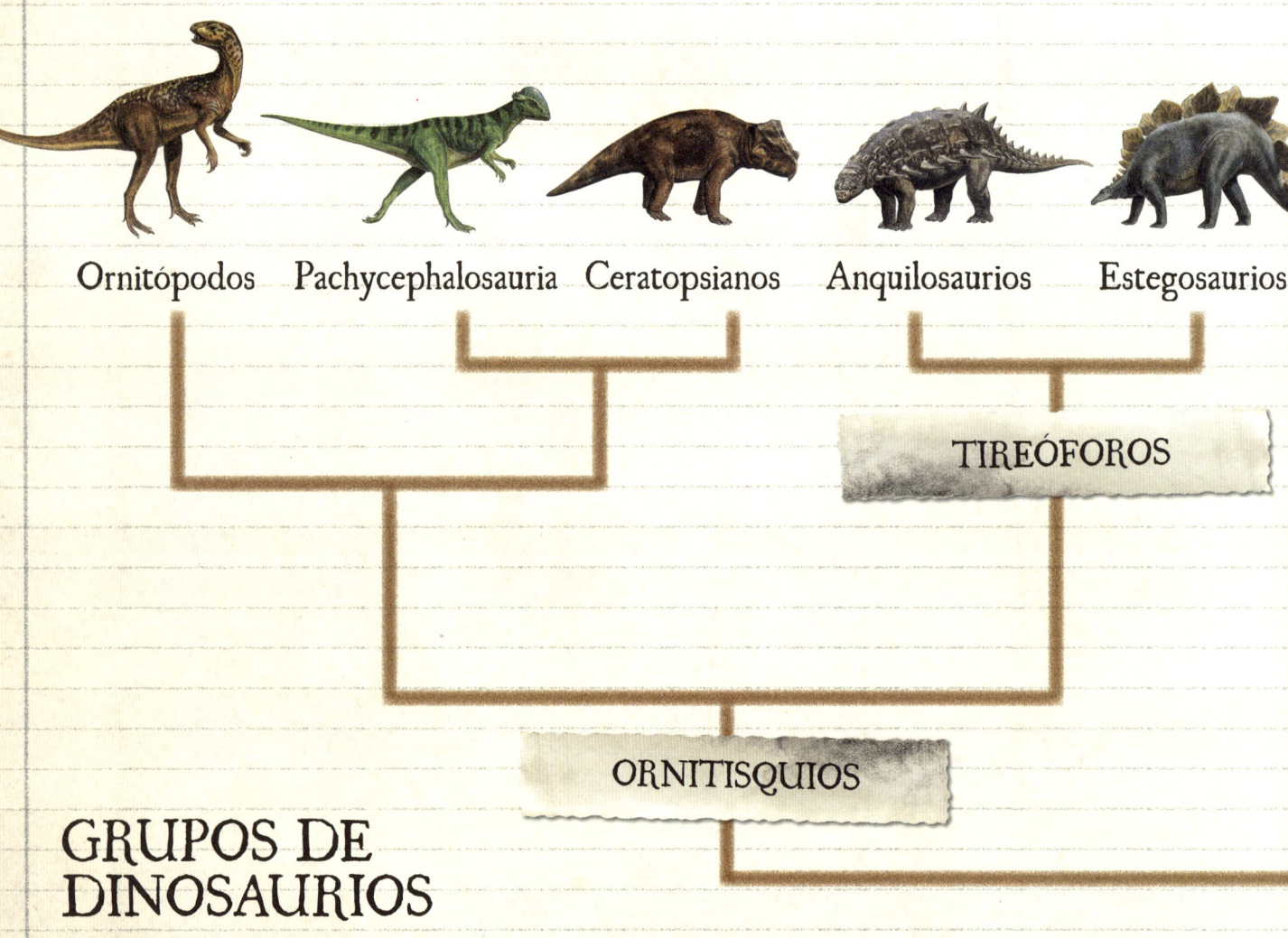

GRUPOS DE DINOSAURIOS

Todos los dinosaurios entran en uno o dos grupos u órdenes: saurisquios y ornitisquios. Estos están divididos, a su vez, en grupos más pequeños hasta niveles familiares –una familia es un grupo de especies con características compartidas. Por ejemplo, las aves eran dinosaurios terópodos; en consecuencia, no es exacto decir que todos los dinosaurios se extinguieron; las aves son un grupo de dinosaurios vivientes.

En el siglo XIX, el paleontólogo británico Richard Owen trabajó en un número de modelos de dinosaurios a tamaño real para una exhibición en Londres. En 1853, se ofreció una cena especial en su honor, justo dentro de su modelo –sin terminar– de un iguanodon.

Prosaurópodos   Saurópodos   Terópodos (no aviares)   Aves

SAUROPODOMORFOS   TERÓPODOS

SAURISQUIOS

DINOSAURIA

CERATOSAURIOS

Los ceratosaurios eran dinosaurios carnívoros, desde el pequeño *Compsognathus* hasta depredadores enormes como el *Carnotaurus*. El grupo incluye cerca de 20 dinosaurios; el primero en ser descubierto fue el *Coelophysus*, de finales del Triásico. Todos caminaban sobre sus patas traseras y tenían muy cortas sus extremidades anteriores; algunos poseían extrañas crestas o cuernos sobre sus cabezas, que posiblemente no utilizaban para su defensa, sino para atraer a las hembras.

Eoraptor

Uno de los primeros dinosaurios conocidos. Era un carnívoro pequeño y más liviano que sus parientes los *Herrerasaurus*. Sus dientes eran afilados y aserrados, para cortar la carne, pero no tenía las mandíbulas flexibles del *Herrerasaurus*.

Tamaño: 3 m de longitud.
Orden: *Theropoda*.
Familia: Desconocida.
Cobertura: Sudamérica: Argentina.

Tamaño: 1 m de longitud.
Orden: *Theropoda*.
Familia: Desconocida.
Cobertura: Suramérica: Argentina.

Herrerasaurus

Como el *Eoraptor*, el *Herrerasaurus* es uno de los más antiguos dinosaurios conocidos. Podría caminar sobre sus patas traseras, que tenían más de dos veces la medida de sus patas delanteras. Sus dedos eran fuertes y equipados con garras alargadas y curvas, para atrapar a sus presas. Las articulaciones de sus mandíbulas inferiores le facilitaban la masticación.

Tamaño: 3,5 m de longitud.
Orden: *Neoceratosauria*.
Familia: Desconocida.
Cobertura: África: Tanzania.

Elaphrosaurus

Solo se han encontrado los restos de un ejemplar, y lamentablemente se extraviaron. Es posible que perteneciera a la familia de los ornitomínidos y fuera un pariente cercano de las actuales avestruces.

Dinosaurios y otros animales prehistóricos

Dilophosaurus

Era muy grande, pero sus huesos eran largos, delgados y livianos. Su cráneo tenía una gran cresta ósea en cada lado, que se estrechaba en un pico hacia la parte posterior. Aunque el *Dilophosaurus* tenía dientes grandes y afilados, tal vez eran muy delgados para matar a sus presas. En vez de ello, las desgarraría con sus zarpas.

Tamaño: 6 m de longitud.
Orden: *Coelophysioidea*.
Familia: Desconocida.
Cobertura: Norteamérica: Arizona.

Tamaño: 3 m de longitud.
Orden: *Coelophysioidea*.
Familia: *Coelophysidae*.
Cobertura: Norteamérica: Connecticut, Nuevo México.

Coelophysis

Diseñado para correr, el *Coelophysis* tenía un cuerpo delgado y liviano, patas fuertes y una cola poderosa y larga. Sus mandíbulas angostas tenían dientes afilados y aserrados para atacar a sus presas. Restos de más de 1000 esqueletos fueron hallados en la misma zona de Nuevo México, sugiriendo que estos animales vivían en manadas.

Carnotaurus

Descubierto en 1985, este dinosaurio tenía una maciza cabeza acorazada, con dos grandes cuernos sobre sus ojos; esto le dio el nombre de "toro carnívoro". Sus extremidades delanteras eran cortas y posiblemente inútiles. Impresiones bien conservadas de su piel muestran que pequeñas espinas en forma de conos cubrían los costados de su cuerpo.

Tamaño: 8 m de longitud.
Orden: *Neoceratosauria*.
Familia: *Abelisauridae*.
Cobertura: Sudamérica: Argentina.

TETANUROS

Los Tetanuros fueron un grupo de dinosaurios depredadores que vivieron durante los periodos jurásico y cretácico. A pesar de su apariencia, fueron muy cercanos a las aves; incluyeron grupos como los alosaurios y megalosaurios, así como muchos otros dinosaurios recientemente descubiertos, como los giganotosaurios. Todos los tetanuros tenían una abertura en cada hueso de la mandíbula superior, que hacía su cráneo más liviano de lo que parecía. Su cola estaba endurecida con una estructura ósea, que le dio el sobrenombre de dinosaurio de cola rígida.

Yanchuanosaurus

Tenía una cabeza enorme y potentes mandíbulas. Sus garras se curvaban hacia atrás con bordes aserrados. Caminaba apoyando el peso de su cuerpo en las tres garras de cada pie y mantenía el equilibrio con la cola levantada.

Tamaño: 10 m de longitud.
Orden: *Allosauroidea*.
Familia: *Sinraptoridae*.
Cobertura: Asia: China.

Allosaurus

Pesaba entre 1 y 2 toneladas, y debía alcanzar los 4,5 m de altura. Algunos paleontólogos creen que era demasiado pesado y torpe para cazar, y se alimentaba de animales que hallaba muertos. Otros creen que era muy ágil y podrían cazar en manadas a los gigantescos dinosaurios herbívoros.

Tamaño: 12 m de longitud.
Orden: *Allosauroidea*.
Familia: *Allosauridae*.
Cobertura: Norteamérica: Colorado, Utah, Wyoming; África: Tanzania; Australia.

Giganotosaurio

El primer fósil se descubrió en Suramérica en 1993, fue uno de los mayores depredadores y debió pesar más de 7 toneladas. Así como cazaba sus propias presas, también podría robar las de otros depredadores, luego de hacerlos huir.

Tamaño: 13 m de longitud.
Orden: *Saurischia*.
Familia: *Abelisauridae*.
Cobertura: Sudamérica: Patagonia.

Dinosaurios y otros animales prehistóricos

Megalosaurus

Fue el primer dinosaurio científicamente identificado, en 1824. Era un carnívoro típico, de cuello corto y fuerte que sostenía su gran cabeza. Sus mandíbulas estaban armadas con colmillos curvos y aserrados, y los dedos de sus manos y pies tenían largas garras. Estaba bien equipado para atacar y matar.

Tamaño: 9 m de longitud.
Orden: *Spinosauroidea*.
Familia: *Megalosauridae*.
Cobertura: Europa: Inglaterra, Francia; África: Marruecos.

Suchomimus

Se encontraron fósiles en el desierto del Sahara en 1998; fue miembro de un grupo de dinosaurios pescadores llamados espinosaurios. Tenía un hocico largo y aplanado como el de los cocodrilos y las garras de sus pulgares medían hasta 30 cm.

Tamaño: 10 m de longitud.
Orden: *Spinosauroidea*.
Familia: *Spinosauridae*.
Cobertura: África: Nigeria.

Cryolophosaurus

El más grande de los carnívoros fue descubierto en la Antártida en 1994. Tenía una cresta a lo largo del cráneo con dos pequeños cuernos a cada lado. Esta cresta era muy delgada como para ser una arma defensiva, pero los expertos piensan que debía desplegarla durante la temporada de apareamiento.

Tamaño: 7-8 m de longitud.
Orden: *Carnosauria*.
Familia: Desconocida.
Cobertura: Antártida.

Tamaño: 8 m de longitud.
Orden: *Allosauroidea*.
Familia: *Carcharodontosauridae*.
Cobertura: África: Egipto, Marruecos, Túnez.

Carcharodontosaurus

En 1996 los científicos descubrieron fósiles de un carnívoro gigante en el desierto de Moroccan. Solo su cráneo medía 1,5 m y era más largo incluso que el del tiranosaurio. Sus dientes medían 12 cm y le dieron el sobrenombre de reptil dientes de tiburón.

EL JURÁSICO

Durante el periodo jurásico —el cual empezó hace 208 millones de años— el clima se hizo más húmedo, y plantas gruesas, como los helechos, coníferas y ginkgos, cubrieron la mayor parte de la tierra. Nuevos dinosaurios se desarrollaron, alimentándose de la exuberante vida vegetal. Estos incluyeron a los saurópodos —las más grandes criaturas que hayan vivido— que consumían cerca de una tonelada en plantas por día, y muchas presas disponibles. En el aire había insectos voladores y pterosaurios, así como las primeras aves.

EL JURÁSICO MEDIO EN CHINA

En esta escena —en el territorio que ocupa actualmente la China suroccidental— un estegosaurio, el *Huayangosaurus*, se da vuelta mientras unos rápidos carnívoros, los *Gasosaurus*, se aproximan. Los saurópodos, *Shunosaurus*, miran hacia arriba luego de alimentarse de helechos. Los *Huayangosaurus*, podían ser presas de estos depredadores.

Shunosaurus, un saurópodo

Helecho arbóreo

Rana

Dinosaurios y otros animales prehistóricos

EL MUNDO JURÁSICO

Durante el periodo jurásico, el supercontinente de Pangea se dividió en dos, creando las tierras de Laurasia en el norte, y Gondwana en el sur. El clima seguía cálido en todo el mundo pero las lluvias aumentaron.

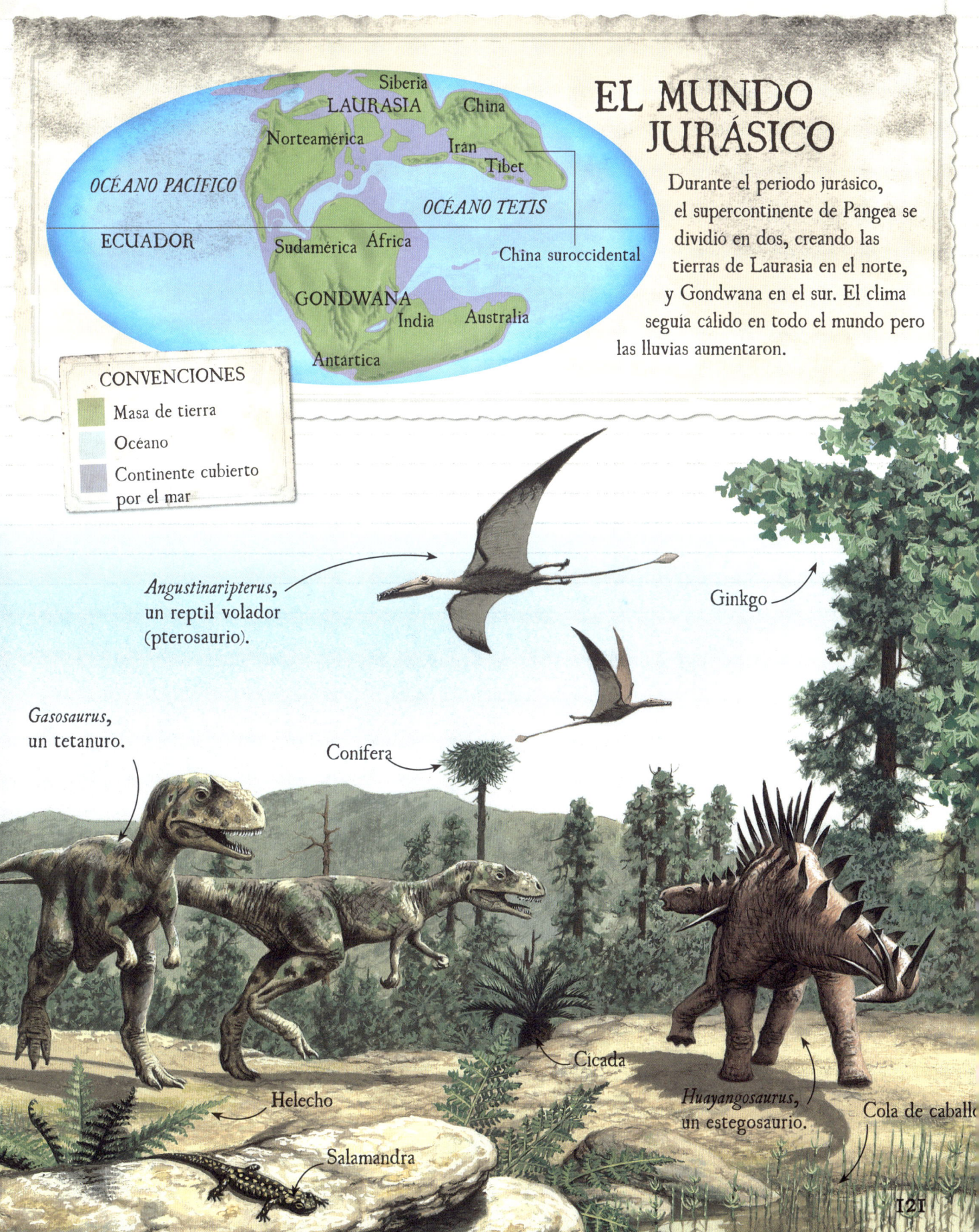

PARIENTES DE LAS AVES

Este grupo conocido como Manirraptora, incluye muchos tipos de dinosaurios con apariencia de aves, como los *Dromaeosaurus*, los *Troodon*, y las aves prehistóricas. La característica común en todos ellos era una articulación flexible en la muñeca, que les permitía plegar las extremidades delanteras contra el cuerpo. Todos debieron ser cazadores rápidos que podrían desplazarse sobre sus patas traseras. El *Archaeopteryx*, una de las aves más antiguas, vivió hace cerca de 150 millones de años y tenía características tanto de ave como de reptil y, al igual que estos últimos, tenía una larga cola vertebrada.

Tamaño: 34 cm de longitud.
Orden: *Eumaniraptora*.
Familia: Desconocida.
Cobertura: Occidente de China.

Tamaño: 3-4 m de longitud.
Orden: *Eumaniraptora*.
Familia: *Dromaeosauridae*.
Cobertura: Norteamérica: Montana.

Anchiornis

Es el dinosaurio más pequeño conocido. Estaba cubierto de plumas y tenía las patas relativamente largas, indicando que era un buen corredor; el fósil encontrado estaba tan bien preservado que los científicos pudieron establecer que sus plumas eran de color gris y negro. Parece que no era buen volador y solo podía planear durante cortas distancias.

Deinonychus

Ágil y veloz depredador, tenía un arma especial: una garra larga y curvada en el segundo dedo de sus patas traseras. Se movilizaba erguido, y utilizaba las garras para acuchillar a sus presas.

Dinosaurios y otros animales prehistóricos

Dromaeosaurus

Al igual que el *Deinonychus*, tenía una garra enorme en el segundo dedo de cada pie que usaba como arma de caza. Esta fiera criatura posiblemente cazaba en manadas, para derribar animales mucho más grandes que ella.

Archaeopteryx

A diferencia de las aves actuales, no tenía un gran esternón como apoyo de sus músculos de vuelo. Probablemente no podía volar largas distancias y debería lanzarse desde los árboles y aletear brevemente mientras cazaba insectos.

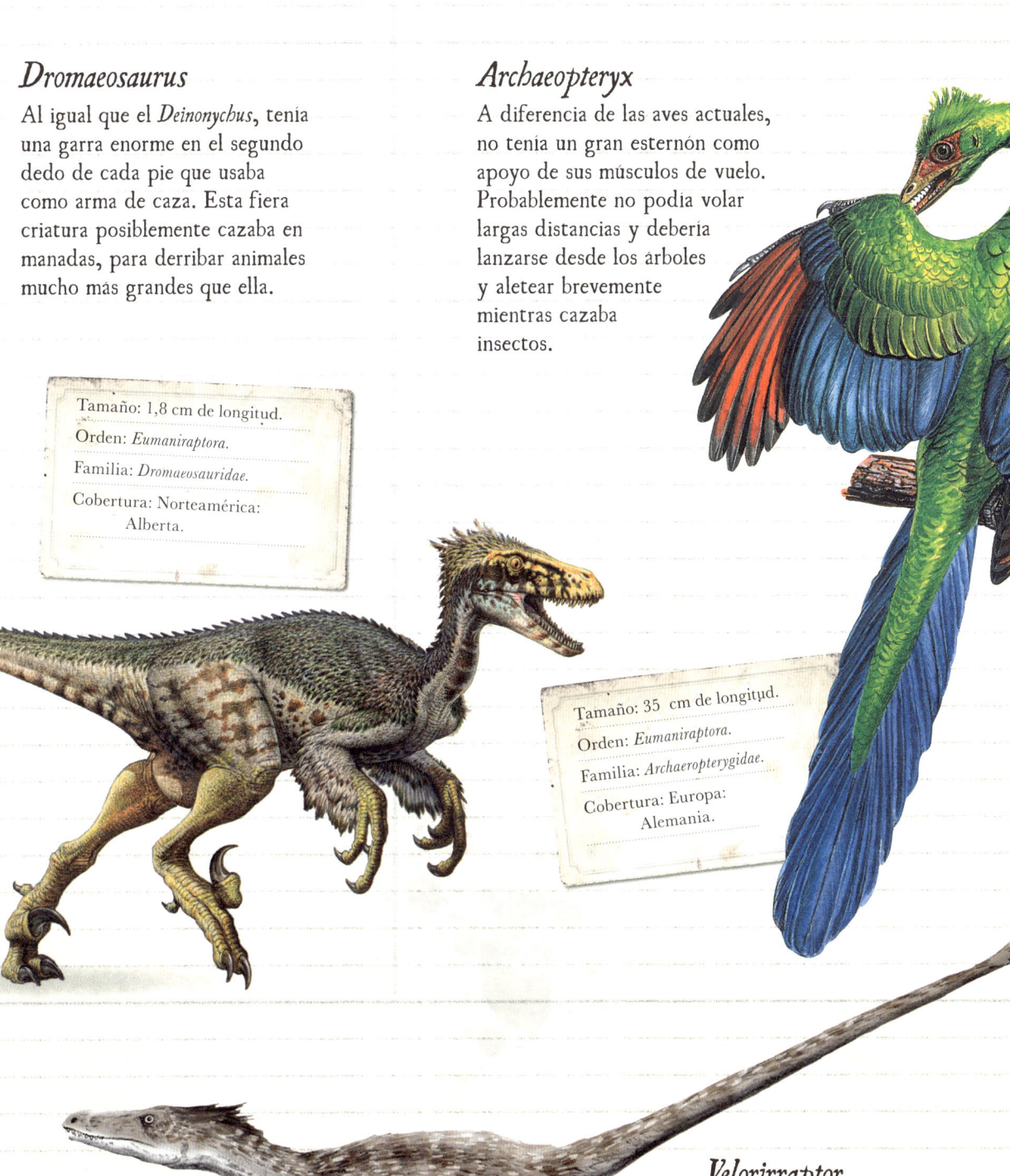

Tamaño: 1,8 cm de longitud.
Orden: *Eumaniraptora*.
Familia: *Dromaeosauridae*.
Cobertura: Norteamérica: Alberta.

Tamaño: 35 cm de longitud.
Orden: *Eumaniraptora*.
Familia: *Archaeopterygidae*.
Cobertura: Europa: Alemania.

Velorirraptor

Cazador de rápidos movimientos, el velocirraptor tenía una cabeza larga y aplanada. Dos esqueletos fosilizados hallados en Mongolia, revelan una escena de lucha entre un velocirraptor y un *Protoceratops*, dinosaurio con cuernos. Los científicos opinan que murieron en una tormenta de arena ocurrida mientras luchaban.

Tamaño: 1,8 m de longitud.
Orden: *Eumaniraptora*.
Familia: *Dromaeosauridae*.
Cobertura: Norteamérica: Alberta.

123

DINOSAURIOS AVESTRUZ

Con cuellos largos y delgados, y pequeñas cabezas, estos dinosaurios eran muy parecidos a los avestruces de hoy en día. Al igual que sus parientes modernos, fueron corredores veloces y podrían alcanzar velocidades de más de 65 km/h; se alimentaban de ranas y lagartijas, pero también de hojas y frutas de los árboles que podían cortar con las afiladas garras de sus patas delanteras. Posiblemente fueron parientes de los *Therizosaurus*, ornitomímidos conocidos también como segnosaurios.

Gallimimus

El *Gallimimus* era uno de los ornitomímidos más grandes que se conocen; medía el doble de un avestruz actual. Como los demás de su grupo, no tenía dientes fuertes ni garras afiladas para defenderse de sus atacantes; en cambio, era tan veloz que muy pocos dinosaurios lograban darle alcance.

Tamaño: 4 m de longitud.
Orden: *Ornithomimosauria*.
Familia: *Ornithomimidae*.
Cobertura: Asia: Mongolia.

Caudipteryx

A pesar de tener plumas largas en sus extremidades anteriores, no podía volar. Su fisonomía era una mezcla de características de los reptiles y las aves, como huesos largos y huecos, que lo hicieron un corredor veloz y liviano. Podría perseguir a sus presas y huir de sus predadores.

Tamaño: 3,5 m de longitud.
Orden: *Oviraptosauria*.
Familia: *Caudipterygidae*.
Cobertura: Norteamérica: Colorado; Asia: China.

Dinosaurios y otros animales prehistóricos

Alxasaurus

El *Alxasaurus* tenía brazos largos y delgados, y manos con enormes garras. Su cuerpo era macizo, con grandes caderas y una cola corta en la que tal vez se apoyaba mientras comía. La pequeña cabeza acababa en un pico sin dientes, pero en la parte posterior de las mandíbulas tenía algunos dientes pequeños.

Tamaño: 4 m de longitud.
Orden: *Maniraptora*.
Familia: *Alxasauridae*.
Cobertura: Asia: Mongolia, China.

Ovirraptor

Su nombre significa "ladrón de huevos", porque el primer fósil fue encontrado con una nidada de huevos que, se pensó, no eran suyos y que el ovirraptor había asaltado el nido. Sin embargo, los científicos descubrieron después ejemplares hembra de ovirraptor que habían sido enterradas por una tormenta de arena mientras empollaban sus huevos.

Tamaño: 1,8 m de longitud.
Orden: *Oviraptosauria*.
Familia: *Oviraptoridae*.
Cobertura: Asia: Mongolia.

TIRANOSÁURIDOS

Los tiranosáuridos, o "lagartos tiranos", fueron los mayores carnívoros que hayan caminado sobre la tierra. Estos enormes animales vivieron solamente durante 15 millones de años durante el Cretácico superior, pero están entre los dinosaurios más conocidos. Tenían una cabeza grande, piernas macizas y brazos diminutos. Aunque son bien conocidos por su aspecto feroz, su tamaño podría haber sido un problema para cazar; sin embargo, es posible que acecharan y atacaran como lo hacen hoy los tigres o que buscaran animales muertos para alimentarse.

Alioramus

La cabeza del *Alioramus* tenía un aspecto diferente de la de otros tiranosáuridos. Su cráneo era aplanado y con un hocico largo con una hilera de espinas óseas. Vivía en Asia y Norteamérica cuando estos continentes estaban unidos como una vasta extensión de tierra.

Tamaño: 6 m de longitud.
Orden: *Coelurosauria*.
Familia: *Tyrannosauridae*.
Cobertura: Asia: Mongolia.

Siamotyrannus

Este animal podría ser el tiranosáurido más antiguo que se conoce. Vivió unos 50 millones de años antes que el tiranosaurio; como éste, el *Siamotyrannus* tenía dientes curvados y aserrados, y probablemente se alimentaba de dinosaurios herbívoros mucho más grandes que él.

Tamaño: 5-7 m de longitud.
Orden: *Tyrannoraptora*.
Familia: *Tyrannosauridae*.
Cobertura: Asia: Tailandia.

Dinosaurios y otros animales prehistóricos

Gorgosaurus

Este enorme depredador fue muy cercano al *Albertosaurus*, aunque sus extremidades delanteras eran más cortas. Su cola larga y pesada hacía contrapeso a su enorme cabeza; fue un depredador de las planicies donde se aprovechó de las manadas de *Hadrosaurus* y ceratópsidos.

Tamaño: 8-9 m de longitud.
Orden: *Tyrannoraptora*.
Familia: *Tyrannosauridae*.
Cobertura: Norteamérica: Alberta.

Tiranosaurio

Alcanzaba los 6 m de altura, y podía pesar hasta 7 toneladas. Es uno de los carnívoros más grandes que haya existido. Tan solo su cabeza podía medir 1,25 m de longitud, y estaba armada con colmillos de 15 cm de largo. Probablemente se ocultaba entre los árboles para acechar a sus presas, y las alcanzaba en una corta carrera manteniendo la boca abierta. Entonces las atrapaba y mataba con sus enormes y fuertes mandíbulas.

Tamaño: 15 m de longitud.
Orden: *Tyrannoraptora*.
Familia: *Tyrannosauridae*.
Cobertura: Norteamérica: Alberta, Montana, Saskatchewan, Texas, Wyoming. Asia: Mongolia.

ALIMENTACIÓN

Qué comían los dinosaurios? Como los grandes animales de hoy, muchos dinosaurios eran herbívoros, aunque algunos habrían cazado y matado otras criaturas. Los cazadores más grandes, como el tiranosaurio, pudo haber cazado solo. Los carnívoros más pequeños probablemente lo hacían en manadas, atacando dinosaurios mucho más grandes que ellos mismos. Había más dinosaurios comedores de plantas que carnívoros, pero los herbívoros pudieron haber evitado la competencia, alimentándose a niveles distintos. Los pequeños dinosaurios como los *Protoceratops*, pastaron al nivel del suelo; los más grandes, con cuernos, pudieron alimentarse de arbustos bajos y los hadrosáuridos que podían pararse sobre sus patas traseras, alcanzaban los árboles más altos. Los más grandes de todos fueron los imponentes saurópodos, que podían estirarse para comer hojas frescas de las cimas de los árboles, donde ninguna criatura lograba llegar.

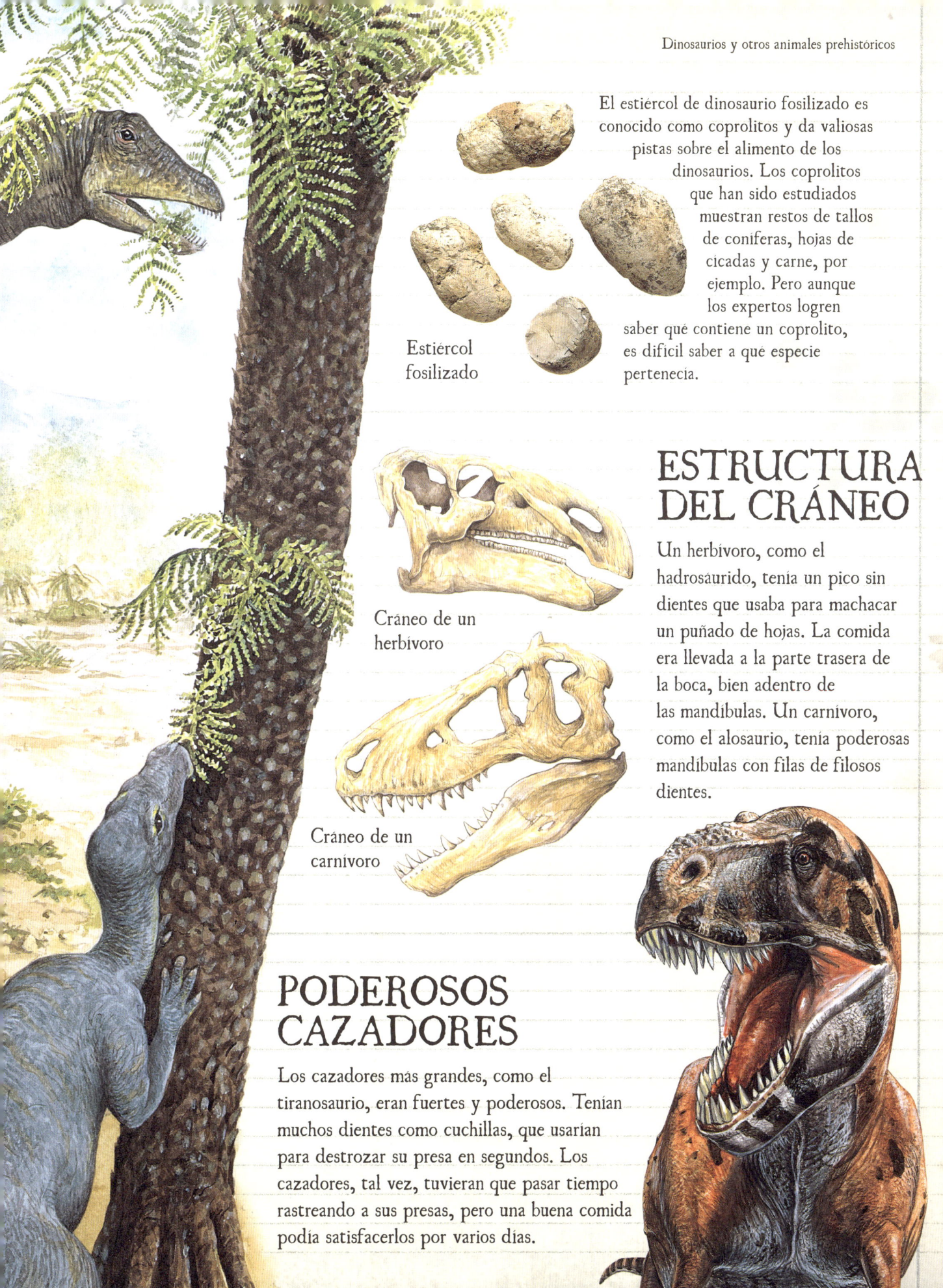

Dinosaurios y otros animales prehistóricos

El estiércol de dinosaurio fosilizado es conocido como coprolitos y da valiosas pistas sobre el alimento de los dinosaurios. Los coprolitos que han sido estudiados muestran restos de tallos de coníferas, hojas de cícadas y carne, por ejemplo. Pero aunque los expertos logren saber qué contiene un coprolito, es difícil saber a qué especie pertenecía.

Estiércol fosilizado

Cráneo de un herbívoro

Cráneo de un carnívoro

ESTRUCTURA DEL CRÁNEO

Un herbívoro, como el hadrosáurido, tenía un pico sin dientes que usaba para machacar un puñado de hojas. La comida era llevada a la parte trasera de la boca, bien adentro de las mandíbulas. Un carnívoro, como el alosaurio, tenía poderosas mandíbulas con filas de filosos dientes.

PODEROSOS CAZADORES

Los cazadores más grandes, como el tiranosaurio, eran fuertes y poderosos. Tenían muchos dientes como cuchillas, que usarían para destrozar su presa en segundos. Los cazadores, tal vez, tuvieran que pasar tiempo rastreando a sus presas, pero una buena comida podía satisfacerlos por varios días.

PROSAURÓPODOS

Los prosaurópodos eran dinosaurios herbívoros que vivieron durante el periodo triásico superior. Caminaban en cuatro patas, y tenían un largo cuello para alcanzar las ramas altas de los árboles; unque eran herbívoros los científicos creen que estaban emparentados con los dinosaurios carnívoros que caminaban erguidos. En Sudamérica se hallaron los restos de dos posibles ancestros: el *Staurikosaurus* que vivió hace 215 millones de años y medía 2 m de largo, y el *Herrerasaurus* que vivió hace 210 millones de años y alcanzaba los 3 m.

Massospondylus

Su nombre significa "vértebras enormes", fue bautizado así por los inmensos huesos que formaban su espina dorsal. Tenía una pequeña cabeza al final del largo y flexible cuello; sus manos, con cinco dedos, eran enormes y muy anchas, y podrían servirle para caminar o para sujetar la comida; cada pulgar tenía una garra larga y curvada.

Tamaño: 4 m de longitud.
Orden: *Plateosauria*.
Familia: *Plateosauridae*.
Cobertura: Norteamérica: Arizona; África: Sudáfrica, Zimbabue.

Tamaño: 3 m de longitud.
Orden: *Plateosauria*.
Familia: *Plateosauridae*.
Cobertura: Sudamérica: Argentina.

Mussaurus

Cuando los paleontólogos descubrieron unos huesos diminutos de dinosaurio en Argentina, en 1979, creyeron descubrir al más pequeño de estos. Lo llamaron *Mussaurus*, o "lagarto ratón". Sin embargo, hoy se cree que se trataba de animales jóvenes.

Thecodontosaurus

Como el *Anchisaurus*, este dinosaurio era de contextura ligera, pero tenía un cuello corto y más dientes que sus parientes; se le dio nombre en 1842, después de que se encontraran sus huesos fosilizados en el suroeste de Inglaterra.

Tamaño: 2,1 m de longitud.
Orden: *Sauropodomorpha*.
Familia: *Thecondontosauridae*.
Cobertura: Europa: Inglaterra; Sudáfrica.

Dinosaurios y otros animales prehistóricos

Tamaño: 2,1 m de longitud.
Orden: *Anchisauria*.
Familia: *Anchisauridae*.
Cobertura: Norteamérica: Connecticut; Sudáfrica.

Plateosaurus

Probablemente viajaba en manadas, en busca de nuevos pastos para alimentarse. Era un animal grande, con una cola que ocupaba la mitad de su longitud total. El *Plateosaurus* caminaría en cuatro patas la mayor parte del tiempo, alzándose sobre las posteriores ocasionalmente, estirando su cuello para alcanzar ramas altas.

Anchisaurus

Era un prosaurópodo de constitución ligera, con cabeza pequeña, cuello alto y flexible y un cuerpo delgado. Sus brazos eran más cortos que sus piernas, y probablemente caminase en dos y en cuatro patas. Cada mano tenía cinco dedos, pero los dos externos eran muy cortos. El primero, o "pulgar", tenía una garra larga y afilada que podría usar para recolectar alimento o tal vez para luchar.

Tamaño: 7 m de longitud.
Orden: *Plateosauria*.
Familia: *Plateosauridae*.
Cobertura: Europa: Inglaterra, Francia, Alemania, Suiza.

Lufengosaurus

Hasta la fecha, se han descubierto cerca de 30 esqueletos de este prosaurópodo. El *Lufengosaurus* fue el primer dinosaurio del cual se ha armado un esqueleto completo y su exhibición se encuentra en China. También apareció en la primera estampilla grabada con dinosaurios, emitida en China en 1958. Era un animal grade y corpulento, de manos y patas grandes, y dientes espaciados.

Tamaño: 5-7 m de longitud.
Orden: *Plateosauria*.
Familia: *Plateosauridae*.
Cobertura: Asia: China.

FÓSILES

Un fósil son los restos de un animal preservados en una roca. Partes duras del cuerpo, como los dientes, huesos y escamas son más propensos a formar fósiles, pero también han sido encontrados fósiles de huevos y excrementos. Un fósil puede ser impreso en el suelo, como una gigante pisada de un dinosaurio; pero solo se desarrollan bajo ciertas condiciones. Imagina, por ejemplo, que un dinosaurio ha muerto a la orilla de un río o lago. La carne es comida por carroñeros e insectos, dejando solo los huesos, los cuales se hunden lentamente en el lodo. A través de los años, más y más capas de lodo se ubican sobre los huesos. El agua se filtra en la tierra llevando minerales que convierten al lodo y a los huesos en roca.

Los dientes se fosilizan bien y pueden revelar mucho sobre el estilo de vida de su dueño. Este, largo y afilado, debió pertenecer a un dinosaurio carnívoro.

Estas pisadas de dinosaurio fosilizadas fueron descubiertas en Utah. Las pisadas brindan claves sobre qué tan rápido se movían los dinosaurios y si viajaban en manadas.

Dinosaurios y otros animales prehistóricos

CÓMO SE FORMA UN FÓSIL

1. La mayoría de la carne de los dinosaurios muertos es comida por carnívoros y carroñeros, y el resto se descompone.

2. El esqueleto del dinosaurio se hunde poco a poco en el lodo.

3. A través de millones de años, más capas de sedimento cubren el esqueleto.

4. La tierra ha subido y la erosión remueve algo de la roca sobre el esqueleto.

5. Finalmente las últimas capas de roca erosionadas revelan los huesos fosilizados.

EUDIMORPHODON

Los dientes en este fósil de un *Eudimorphodon*, uno de los reptiles voladores más antiguos, están particularmente bien preservados. Su forma hubiera sido ideal para agarrar peces resbaladizos.

133

SAURÓPODOS

Estos dinosaurios herbívoros, de cuello muy largo, fueron los animales más altos conocidos. El más pequeño de ellos medía al menos 10 m de longitud, y el más alto habría alcanzado los 38 m. Todos se parecían mucho, con una cabeza pequeña, un largo cuello, un cuerpo macizo y patas gruesas. Posiblemente tenían un andar lento. Hubo varias familias de saurópodos; los braquiosaurios fueron unos de los más grandes y pesados.

Braquiosaurio

Este gigante debía pesar 88 toneladas, más de lo que pesan 12 elefantes africanos juntos. Igual que las jirafas, tenía un largo cuello y patas delanteras más largas que las traseras. Debía alimentarse también de las hojas de árboles altos.

Tamaño: 23 m de longitud.
Orden: *Macronaria*.
Familia: *Brachiosauridae*.
Cobertura: Norteamérica: Colorado; África: Tanzania, Algeria.

Seismosaurus

Los restos de este saurópodo, posiblemente el más largo de todos, fueron encontrados por casualidad por dos excursionistas en Nuevo México. Sus patas eran cortas y gruesas para estabilizar su enorme cuerpo que podía pesar más de 100 toneladas.

Tamaño: 38 m de longitud.
Orden: *Neurosauropoda*.
Familia: *Diplodocidae*.
Cobertura: Norteamérica: Nuevo México.

Dinosaurios y otros animales prehistóricos

Tamaño: 15 m de longitud.
Orden: *Eusauropoda*.
Familia: *Euhelopodidae*.
Cobertura: Asia: China.

Euhelopus
Pariente cercano del *Camarasaurus*, a pesar de que vivió del otro lado de la Tierra. Su cuello era muy largo, formado hasta por 19 vértebras y sus dientes eran grandes y en forma de pala, aptos para el consumo de plantas duras como helechos y cola de caballo.

Barapasaurus
El *Barapasaurus*, hallado en India, es el saurópodo más antiguo que se conoce; tenía el cuerpo típico de los saurópodos, pero algunas de sus vértebras eran huecas para aligerar su peso. Sus dientes tenían forma de cuchara y bordes aserrados, ideales para comer plantas.

Tamaño: 15 m de longitud.
Orden: *Eusauropoda*.
Familia: *Cetiosauridae*.
Cobertura: Asia: India.

Tamaño: 12,6 m de longitud.
Orden: *Eusauropoda*.
Familia: *Dicraeosauridae*.
Cobertura: África: Tanzania.

Dicraeosaurus
Era pequeño, en comparación con la mayoría de sus familiares; tenía un cuello más corto y una cabeza más grande. Su nombre significa "reptil horquilla", debido a las espinas ahorquilladas en forma de Y de su columna vertebral, que posiblemente fortalecían su lomo.

135

Saurópodos

Amargasaurus

Este pequeño diplodócido tenía dos hileras de espinas a lo largo de su columna vertebral, que lo protegerían de los predadores; también podría ser una estructura que le ayudara a absorber o liberar calor.

Tamaño: 10 m de longitud.
Orden: *Saurischia*.
Familia: *Dicraeosauridae*.
Cobertura: Sudamérica: Argentina

Apatosaurus

La longitud total del Apatosaurus era de unos 20 m, pero su pequeña cabeza no media más que 55 cm. Tal vez su gran peso lo protegía de los ataques pues, levantando su cuerpo sobre las patas traseras podría abalanzarse con las patas delanteras sobre su enemigo para aplastarlo.

Tamaño: 21,3 m de longitud.
Orden: *Saurischia*.
Familia: *Diplodocidae*.
Cobertura: Norteamérica: Colorado, Oklahoma, Utah y Wyoming.

Dinosaurios y otros animales prehistóricos

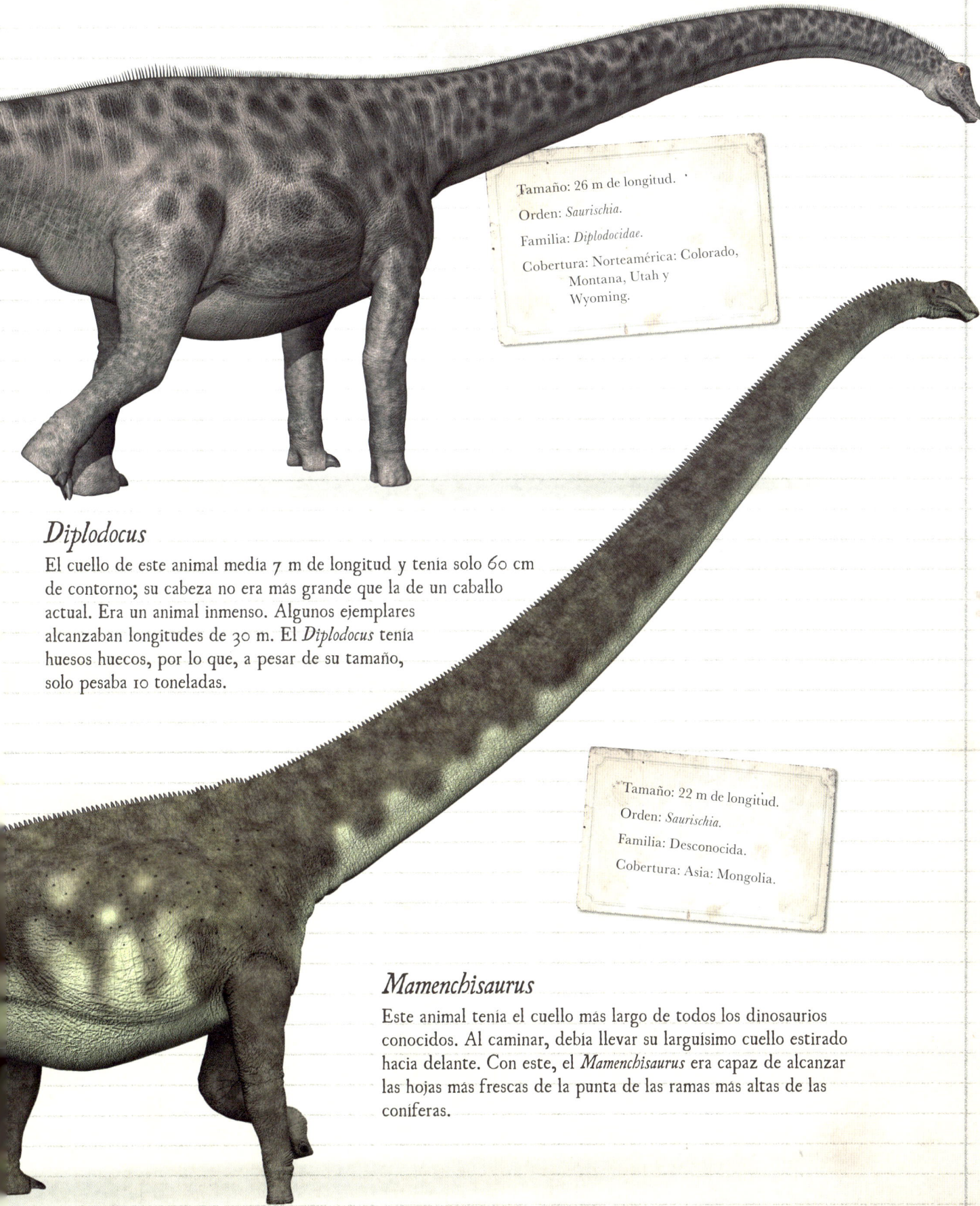

Tamaño: 26 m de longitud.
Orden: *Saurischia*.
Familia: *Diplodocidae*.
Cobertura: Norteamérica: Colorado, Montana, Utah y Wyoming.

Diplodocus

El cuello de este animal medía 7 m de longitud y tenía solo 60 cm de contorno; su cabeza no era más grande que la de un caballo actual. Era un animal inmenso. Algunos ejemplares alcanzaban longitudes de 30 m. El *Diplodocus* tenía huesos huecos, por lo que, a pesar de su tamaño, solo pesaba 10 toneladas.

Tamaño: 22 m de longitud.
Orden: *Saurischia*.
Familia: Desconocida.
Cobertura: Asia: Mongolia.

Mamenchisaurus

Este animal tenía el cuello más largo de todos los dinosaurios conocidos. Al caminar, debía llevar su larguísimo cuello estirado hacia delante. Con este, el *Mamenchisaurus* era capaz de alcanzar las hojas más frescas de la punta de las ramas más altas de las coníferas.

DESCUBRIMIENTOS

La mayor parte de lo que sabemos de los dinosaurios, viene de los fósiles que han estado intactos por millones de años. A veces son encontrados por casualidad, pero usualmente son descubiertos por expertos llamados paleontólogos. Antes de que los fósiles sean movidos, se traza un plano mostrando la posición de cada uno; esto puede ayudar a los expertos a reconstruir el esqueleto. Cada hueso es examinado minuciosamente. Por ejemplo, diminutas marcas o áreas ásperas en el hueso muestran que hubo músculos adheridos a él. Los científicos comparan los dinosaurios con criaturas similares que viven hoy, para deducir cómo se veían y comportaban.

Bosquejo de un iguanodon

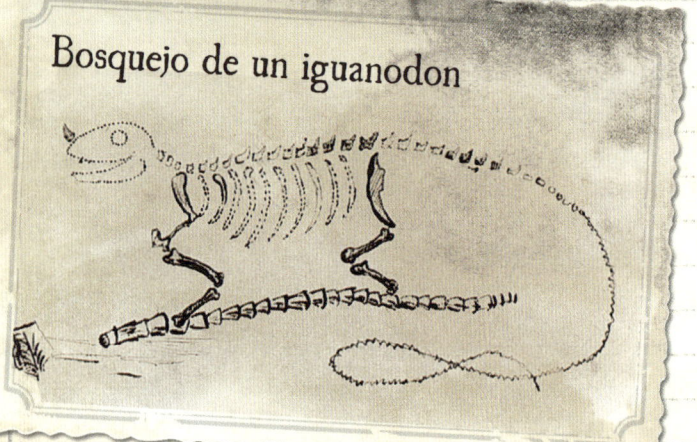

Representación de un artista de cómo debió lucir un *Baryonyx*.

BOSQUEJO

Este bosquejo es una representación muy básica de un iguanodon; no es un esquema de un fósil encontrado.

Un técnico experto remueve cuidadosamente —de su molde de yeso— la caja torácica fosilizada de un *Albertosaururs*.

RECONTRUYENDO UN ESQUELETO

Es raro que todo el esqueleto de un dinosaurio pueda ser descubierto. Usualmente las partes faltantes deben ser reconstruidas usando el conocimiento de los científicos. Solo el 60 % de los huesos del *Baryonyx* fueron descubiertos.

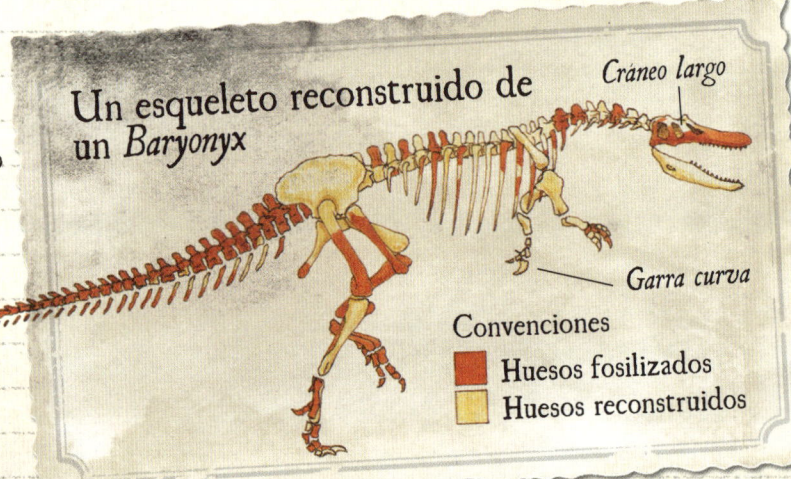

Un esqueleto reconstruido de un *Baryonyx*

Cráneo largo

Garra curva

Convenciones
- 🟥 Huesos fosilizados
- 🟨 Huesos reconstruidos

Dinosaurios y otros animales prehistóricos

Los paleontólogos usan herramientas especiales

Los huesos están incrustados en la roca

DINOSAURIOS CON CASCO Y OTROS HERBÍVOROS

Estos dinosaurios pudieron haber vivido en manadas, al igual que la cabra montés de hoy; como ellas se alimentaban de plantas y llevaban una vida tranquila la mayor parte del tiempo. Es muy posible que los machos hayan librado feroces batallas a cabezazos en la temporada de celo. Muchos fósiles de estos animales datan de finales del Cretácico y se han encontrado en Norteamérica y Asia central.

Tamaño: 90 cm de longitud.
Orden: *Ornithischia*.
Familia: Desconocida.
Cobertura: Sudáfrica.

Lesothosaurus

Este pequeño animal tenía una constitución ligera y era un veloz corredor de piernas largas, brazos cortos y una cola delgada. Sus dientes puntiagudos tenían un borde acanalado para masticar plantas duras. Una vez desgastados, los dientes eran reemplazados por otros nuevos.

Pisanosaurus

Solo se han hallado unos pocos restos fósiles de *Pisanosaurus*. Es el dinosaurio más antiguo que se conoce del orden de los ornitisquios. Vivió durante el periodo triásico superior, varios millones de años antes de que aparecieran otros dinosaurios parecidos.

Tamaño: 90 cm de longitud.
Orden: *Ornithischia*.
Familia: *Pisanosauridae*.
Cobertura: Sudáfrica.

Tamaño: 1 m de longitud.
Orden: *Ornithischia*.
Familia: *Heterodontosauridae*.
Cobertura: Sudáfrica.

Heterodontosaurus

El *Heterodontosaurus* era notable por sus tres clases de dientes. En la parte anterior de la mandíbula superior tenía pequeños dientes puntiagudos; la inferior formaba un pico córneo. Tras los dientes y el pico tenía dos pares de caninos, que usaba como tijeras para cortar hojas. Tras los caninos tenía molares anchos para masticar.

Dinosaurios y otros animales prehistóricos

Prenocephale

Tenía una corona de espinas y bultos óseos rodeando la nuca y los lados de su cabeza. Probablemente las hembras tenían cráneos más pequeños y delgados que los machos. Como otros dinosaurios con casco, es probable que tuviera grandes ojos y buen sentido del olfato.

Tamaño: 2,5 m de longitud.
Orden: *Homalocephaloidea*.
Familia: *Pachycephalosauridae*.
Cobertura: Asia: Mongolia.

Paquicefalosaurio

Era un dinosaurio con casco gigante. Tan solo su cráneo medía 60 cm de largo. La enorme cúpula de su cabeza estaba formada por un hueso macizo de 25 cm de espesor. Como un casco de motociclista, le protegería de los tremendos impactos al luchar con machos rivales embistiendo cabeza contra cabeza.

Tamaño: 4 m de longitud.
Orden: *Homalocephaloidea*.
Familia: *Pachycephalosauridae*.
Cobertura: Norteamérica: Alberta.

Homalocephale

El *Homalocephale*, que significa "cabeza plana", no tenía el cráneo abombado como otros dinosaurios con casco. Su cabeza era lisa y en forma de plancha pero tenía huesos de gran espesor; a su alrededor llevaba pequeños y numerosos abultamientos óseos.

Tamaño: 2 m de longitud.
Orden: *Ornithischia*.
Familia: *Pachycephalosauridae*.
Cobertura: Norteamérica: Alberta.

Stegoceras

Cuando el *Stegoceras* cargaba contra un rival, debía bajar la cabeza y mantener su cuello, cuerpo y cola rectos para equilibrarse. El casco del cráneo era una cúpula de hueso macizo que protegía el pequeño cerebro en su interior. Un Stegoceras totalmente desarrollado podría pesar 55 kg.

Tamaño: 3 m de longitud.
Orden: *Homalocephaloidea*.
Familia: *Pachycephalosauridae*.
Cobertura: Asia: Mongolia.

HIPSILOFODÓNTIDOS

Están entre los dinosaurios de mayor éxito. Vivieron unos 100 millones de años, desde el Jurásico superior hasta el final del Cretácico, y se extendieron por todos los continentes de la Tierra excepto Asia. Los hipsilofodóntidos eran herbívoros, tenían carrillos para guardar la comida en la boca, y sus dientes estaban diseñados para masticar y triturar plantas duras. Como las modernas gacelas, estos dinosaurios probablemente vivían en manadas y se mantenían en alerta ante los depredadores.

Tamaño: 1,5 m de longitud.
Orden: *Euornithopoda*.
Familia: *Hypsilophodontidae*.
Cobertura: Norteamérica: Sur de Dakota; Europa: Inglaterra y Portugal.

Tamaño: 1,4 m de longitud.
Orden: *Euornithopoda*.
Familia: Desconocida.
Cobertura: Norteamérica: Utah y Wyoming.

Hipsilofodonte

Los científicos pensaron una vez, que este dinosaurio vivió en los árboles y su cuerpo recuerda la fisonomía de los modernos canguros. Sin embargo, estudios posteriores mostraron que sus patas no eran aptas para agarrarse de los árboles y, en cambio, estaban perfectamente adaptadas para moverse en tierra.

Othnielia

El *Othnielia* era un hipsilofodontoe típico. Tenía patas traseras y cola largas, un cuerpo ligero y brazos cortos con manos de cinco dedos. Solo sus dientes eran distintos: más pequeños que los de otros miembros de su familia y con esmalte protector por toda su superficie, no solo en el borde triturador. Tal vez comía plantas más duras, y el esmalte impediría que los dientes se desgastaran.

Dryosaurus

El *Dryosaurus* era uno de los hipsilofodóntidos más grandes. Tenía patas traseras largas y delgadas, con tres dedos en cada pie. No tenía dientes en la parte anterior de la mandíbula superior, pero podía cortar hierba con su pico córneo.

Tamaño: 3 m de longitud.
Orden: *Ornithischia*.
Familia: *Hypsilophodontidae*.
Cobertura: Occidente de Norteamérica; Europa: Inglaterra, Rumania; posiblemente Australia.

Dinosaurios y otros animales prehistóricos

Tamaño: 3,5 m de longitud.
Orden: *Euornithopoda*.
Familia: *Thescelosauridae*.
Cobertura: Norteamérica: Alberta, Montana, Saskatchewan, Wyoming.

Leaellynasaura

Los fósiles de este dinosaurio se encontraron en 1987, en el sur de Australia. En el periodo cretácico inferior, esta región estaba unida a la Antártida y tenía un clima polar. El *Leaellynasaura* debía ser capaz de sobrevivir a los largos y oscuros inviernos y a las temperaturas glaciales. Sus ojos eran anormalmente grandes, lo cual sugiere una agudeza visual excelente.

Thescelosaurus

Era muy diferente de otros hipsilofodóntidos en varios aspectos. Tenía dientes en la parte anterior de la mandíbula superior, y cinco dedos en cada pie, en vez de tres o cuatro. Era corpulento y de huesos grandes, y el hueso del muslo era tan largo como los de la pantorrilla. La forma de sus patas indica que era un animal de marcha lenta.

Tamaño: 1-3 m de longitud.
Orden: *Euornithopoda*.
Familia: Desconocida.
Cobertura: Australia.

Tamaño: 2,5 m de longitud.
Orden: *Euornithopoda*.
Familia: *Desconocida*.
Cobertura: Norteamérica: Alberta.

Parksosaurus

Semejante a los demás hipsilofodóntidos, el *Parksosaurus* tenía brazos cortos, pantorrillas largas y pies aptos para saltar. Una cola rígida le ayudaba a equilibrarse; tenía una cabeza pequeña con pico córneo en vez de dientes delanteros, y grandes ojos. Probablemente buscara su comida cerca del suelo, husmeando entre la vegetación baja. Con su pico estrecho podría cortar hierba y hojas.

143

IGUANODÓNTIDOS

Estos herbívoros aparecieron en el Jurásico y se distribuyeron por todo el mundo, su estructura ósea era muy fuerte; tenían robustas patas con pezuñas como clavos. Sus brazos eran cortos, con manos de cinco dedos. Podrían andar sobre las cuatro o sobre dos patas. Los dedos le servirían para arrancar el alimento de las plantas.

Tamaño: 7,3 m de longitud.
Orden: *Iguanodontia*.
Familia: *Rhabdodontidae*.
Cobertura: Australia: Queensland.

Vectisaurus

El *Vectisaurus* era muy parecido al iguanodon, y vivía en la misma región y al mismo tiempo. La única diferencia entre las dos especies era la altura de las espinas que crecían sobre su columna vertebral, que eran más largas en el *Vectisaurus*.

Tamaño: 4 m de longitud.
Orden: *Ornithopoda*.
Familia: *Iguanodontidae*.
Cobertura: Europa: Inglaterra.

Muttaburrasaurus

Fue descubierto en 1981 en Australia. Era semejante en forma y tamaño al iguanodon pero su cráneo era ligeramente distinto. Tenía un abultamiento sobre el hocico, delante de los ojos, que tal vez el macho utilizaba para atraer a las hembras. Posiblemente, tenía un olfato desarrollado.

Iguanodon

Fue el segundo de los dinosaurios descubiertos en 1809. Probablemente pesaba unas 4,5 toneladas; debía vivir en manadas que vagarían comiendo helechos e insectos cerca de los ríos. Aunque normalmente caminaría en cuatro patas, también podría ponerse de pie equilibrándose con su gruesa cola.

Tamaño: 9 m de longitud.
Orden: *Ornithischia*.
Familia: *Iguanodontidae*.
Cobertura: Europa; Bélgica, Inglaterra, Alemania; Norteamérica: Utah; África: Túnez; Asia: Mongolia.

Dinosaurios y otros animales prehistóricos

Rhabdodon

Cuando se alzaban sobre sus patas traseras, los iguanodóntidos como el *Rhabdodon* estirarían su cola hacia atrás para equilibrar el gran peso del cuerpo. Este iguanodóntido vivía en un grupo de islas volcánicas localizadas donde actualmente está Europa central.

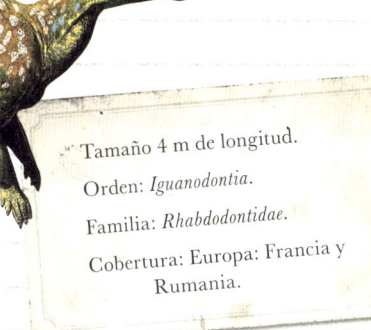

Tamaño 4 m de longitud.
Orden: *Iguanodontia*.
Familia: *Rhabdodontidae*.
Cobertura: Europa: Francia y Rumania.

Ouranosaurus

Era un iguanodóntido de aspecto poco común. Tenía una alta cresta de espinas a lo largo de su espalda, que eran prolongaciones de las vértebras cubiertas de piel, formando una especie de vela. Los paleontólogos creen que servía para controlar la temperatura del cuerpo, captando calor del sol para calentarse o liberando calor para refrescarse.

Tamaño: 7 m de longitud.
Orden: *Iguanodontia*.
Familia: Desconocida.
Cobertura: África: Nigeria.

Tamaño: 6 m de longitud.
Orden: *Iguanodontia*.
Familia: Desconocida.
Cobertura: Asia: China.

Probactrosaurus

Los *Probactrosaurus* fueron unos de los pocos iguanodóntidos que sobrevivieron hasta el final de la era mesozoica. Tenían un fuerte pico sin dientes para cortar hojas y ramas, y dientes con crestas para triturarlas. Podían caminar tanto en dos como en cuatro patas.

LA FAMILIA

Como las aves y reptiles de hoy, la mayoría de los dinosaurios habrían puesto huevos de caparazón duro, dentro de los cuales crecían sus crías. Aunque muchos fósiles de huevos han sido encontrados, pocos pueden ser definitivamente identificados como pertenecientes a una especie en particular. Los que pueden ser identificados muestran que algunos dinosaurios cuidaban a los huevos y a sus crías. En un nido perteneciente a un Troodon, por ejemplo, los huevos estaban arreglados en forma circular apuntando hacia el centro y un ovirraptor fosilizado fue encontrado incubándolos.

Estos huevos fosilizados pertenecientes a un ovirraptor fueron descubiertos en el desierto de Gobi, en Mongolia. Otros nidos han sido encontrados, algunos con hasta veintidós huevos.

UNA MADRE PROTECTORA

Huevos fosilizados pertenecientes al dinosaurio ornitópodo *Maiasaura*, fueron descubiertos organizados en círculos en el centro de un nido. La madre probablemente descansaba cerca para protegerlos de los depredadores.

Adulto alimentando a sus crías

Nido

Dinosaurios y otros animales prehistóricos

DINOSAURIOS CON CASCO BATALLANDO

Dinosaurios como estos podrían vivir en manadas, y durante la temporada de reproducción los machos lucharían ferozmente chocando sus cabezas para ganar a las hembras o el liderazgo del grupo. Algunos animales gregarios, como la cabra de monte, hacen lo mismo hoy en día.

El huevo de un dinosaurio ornitópodo medía unos 18 cm de largo y tenía un fuerte cascarón a prueba de agua. Los fósiles muestran que el bebé ornitópodo era muy débil para moverse lejos y debía quedarse en el nido unas semanas siendo alimentado por sus padres.

Huevo de dinosaurio

Lambeosaurus

Parasaurolophus

Corythosaurus

Hypacrosaurus

MANTENIÉNDOSE EN CONTACTO

Muchos dinosaurios herbívoros vivían en manadas, esto les habría ayudado a protegerse de los depredadores. Los dinosaurios ornitópodos, o hadrosáuridos, pudieron haber desarrollado llamados especiales para contactar a otros de su especie, así como para atraer parejas. Sus crestas pudieron actuar como cámaras de eco para hacer los llamados más ruidosos.

147

DINOSAURIOS PICO DE PATO

Tamaño: 9 m de longitud.
Orden: *Iguanodontia*.
Familia: *Hadrosauridae*.
Cobertura: Norteamérica: Alberta, Montana, Nuevo México.

También conocidos como hadrosaurios, los dinosaurios pico de pato tomaron su nombre de su aplanado hocico. Fue uno de los grupos más variados de finales del Cretácico, particularmente comunes en Norteamérica y Asia. Todos tenían largas patas traseras y cortas delanteras. Es posible que pasaran mucho tiempo sobre sus cuatro patas alimentándose, pero huirían de sus atacantes corriendo sobre sus dos traseras.

Kritosaurus

Tenía un gran abultamiento óseo sobre el hocico. Tal vez solo los machos tenían esta protuberancia, que podía servir para atraer a las hembras, o para proteger el cráneo en las peleas a topetazos. En estas peleas, los machos rivales escogerían el líder de la manada.

Tamaño: 4 m de longitud.
Orden: *Iguanodontia*.
Familia: *Hadrosauridae*.
Cobertura: Asia: Mongolia y China.

Bactrosaurus

El primer hadrosáurido conocido fue el *Bactrosaurus*. Los paleontólogos creen que pudo evolucionar a partir de la familia de los iguanodóntidos. Es uno de los dinosaurios de pico de pato más pequeños: tenía una cabeza plana y sin cresta, y un hocico estrecho. En la parte posterior de las mandíbulas tenía dientes adaptados para triturar el alimento vegetal.

Hadrosaurio

Su nombre significa "lagarto robusto". Este animal fue el primer dinosaurio descubierto en Norteamérica. Sus huesos se hallaron en Nueva Jersey, y su esqueleto se reconstruyó en 1858. Tenía un gran abultamiento sobre el hocico, que estaba formado por hueso macizo y probablemente cubierto de piel gruesa y dura.

Tamaño: 9 m de longitud.
Orden: *Iguanodontia*.
Familia: *Hadrosauridae*.
Cobertura: Norteamérica: Montana, Nueva Jersey, Nuevo México, Dakota del sur.

Edmontosaurus

Se han encontrado muchos cráneos de este gran hadrosáurido de cabeza aplanada. Tenía un pico sin dientes, pero la parte posterior de las mandíbulas poseía numerosísimos dientes pequeños, incluso más de mil. Con ellos podría triturar las plantas más duras. Tenía una larga cola para equilibrarse cuando corría sobre sus patas traseras; tal vez, también le servía para nadar.

Tamaño: 13 m de longitud.
Orden: *Iguanodontia*.
Familia: *Hadrosauridae*.
Cobertura: Norteamérica: Alberta y Montana.

Dinosaurios pico de pato

Maiasaura

En 1978, los paleontólogos encontraron toda una colonia de *Maiasaura* en Montana (EE. UU.). El hallazgo incluía los esqueletos de un dinosaurio adulto y varios jóvenes, junto a nidos y huevos fosilizados. Los nidos eran montículos de barro de unos 3 m de ancho y 1,5 m de alto. Es probable que las madres cubrieran con tierra los huevos para que se incubaran.

Tamaño: 9 m de longitud.
Orden: *Iguanodontia*.
Familia: *Hadrosauridae*.
Cobertura: Norteamérica: Montana.

Tamaño: 8 m de longitud.
Orden: *Iguanodontia*.
Familia: *Hadrosauridae*.
Cobertura: Norteamérica: Alberta.

Prosaurolophus

El cráneo del *Prosaurolophus* era semejante al de otros hadrosáuridos de cabeza plana como el *Anatosaurus*, pero tenía una cresta baja de hueso, desde la punta del hocico hasta lo alto de la cabeza. La cresta terminaba en un bulto redondo.

Tamaño: 10 m de longitud.
Orden: *Iguanodontia*.
Familia: *Hadrosauridae*.
Cobertura: Norteamérica: Alberta.

Anatosaurus

El *Anatosaurus*, o "lagarto pato", fue llamado así por la forma de su pico sin dientes. Parece que tenía una membrana de piel entre los dedos de las manos. Al principio, los paleontólogos creyeron que estos animales usaban las manos para nadar. Actualmente piensan que el *Anatosaurus* hacía vida terrestre y las extremidades palmeadas le servían para caminar en el suelo blando.

Dinosaurios y otros animales prehistóricos

Shantungosaurus

Este hadrosaúrido de cabeza plana era uno de los dinosaurios de pico de pato más grandes. Su cola, muy larga y aplanada, ocupaba casi la mitad de su longitud total. El animal probablemente pesaba más de 4,5 toneladas, y utilizaba su cola para equilibrar el cuerpo al caminar.

Tamaño: 13 m de longitud.
Orden: *Iguanodontia*.
Familia: *Hadrosauridae*.
Cobertura: Asia: China.

Tamaño: 9 m de longitud.
Orden: *Iguanodontia*.
Familia: *Hadrosauridae*.
Cobertura: Norteamérica: Alberta, California; Asia: Mongolia.

Saurolophus

La cabeza de este dinosaurio terminaba en una cresta puntiaguda. En la punta de la nariz tenía un saco carnoso que hacía que su llamada fuera en un tono muy bajo.

Dinosaurios pico de pato

Tamaño: 9 m de longitud.
Orden: *Iguanodontia*.
Familia: *Hadrosauridae*.
Cobertura: Norteamérica: Alberta, Nuevo México, Utah.

Parasaurolophus

Este dinosaurio de pico de pato tenía una cresta de 1,8 m en forma de cuerno dirigida hacia atrás. Los paleontólogos creen que el *Parasaurolophus* encajaba el extremo de la cresta en una hendidura de su espalda cuando corría. La cresta serviría para apartar las ramas bajas de los árboles.

Tamaño: 9 m de longitud.
Orden: *Iguanodontia*.
Familia: *Hadrosauridae*.
Cobertura: Norteamérica: Alberta, Montana.

Tamaño: 6 m de longitud.
Orden: *Iguanodontia*.
Familia: Desconocida.
Cobertura: Norteamérica: Texas.

Protohadros

Descubierto en Texas, el *Protohadros* es el dinosaurio pico de pato más antiguo. El hecho de que haya sido hallado en los Estados Unidos significa que estos dinosaurios pueden no haber evolucionado en Asia como los científicos creyeron.

Corythosaurus

Como otros hadrosáuridos, o dinosaurios de pico de pato, el *Corythosaurus* probablemente vivía en manadas y se alimentaba en el bosque. Sobre la cabeza tenía una gran cresta en forma de abanico, de unos 30 cm de altura, recorrida por unos canales huecos comunicados con la cavidad nasal.

Dinosaurios y otros animales prehistóricos

Tsintaosaurus

La cabeza de este dinosaurio tenía un largo cuerno en lo alto, que le daba un aspecto extraño. Tal vez el extremo del cuerno estaba cubierto por un pliegue de la piel. Esta piel podría hincharse como un globo; quizá tenía colores vivos y serviría al animal para comunicarse con otros de su especie.

Tamaño: 10 m de longitud.
Orden: *Iguanodontia*.
Familia: *Hadrosauridae*.
Cobertura: Asia: China.

Lambeosaurus

El *Lambeosaurus* tenía dos abultamientos poco comunes sobre su cabeza. En la frente tenía una cresta hueca dirigida hacia adelante, y tras ella crecía un cuerno macizo que se dirigía hacia atrás. Este dinosaurio caminaba en cuatro patas y su cuello, largo y flexible, probablemente le permitía alcanzar con facilidad las plantas.

Tamaño: 9 m de longitud.
Orden: *Iguanodontia*.
Familia: *Hadrosauridae*.
Cobertura: Norteamérica: Baja California, Montana, Naskatchewan.

ESTEGOSÁURIDOS

Los estegosáuridos tenían un aspecto único. Su cabeza era pequeña, pero su cuerpo enorme. Una doble fila de anchas placas óseas recorría su espalda, y su pesada cola estaba armada de grandes espinas. Eran herbívoros y probablemente vivían en manadas; caminaban en cuatro patas y no eran animales ágiles. A diferencia de otros dinosaurios más veloces que corrían para escapar de sus enemigos, los estegosáuridos dependían de su cuerpo armado para defenderse. Si eran atacados, hacían frente al enemigo agitando su cola espinosa como un látigo; su cuerpo estaba protegido por placas óseas.

Lexovisaurus

Expertos creen que las placas óseas del *Lexovisaurus* no le ayudaban a controlar la temperatura corporal, pero sí a reconocer a otros miembros de su misma especie y a atraer pareja. La organización de las placas y las espinas era diferente en cada especie; el *Lexovisaurus* tenía dos hileras de placas largas y delgadas.

Tamaño: 5 m de longitud.
Orden: *Thyreophora*.
Familia: *Stegosauridae*.
Cobertura: Europa: Inglaterra.

Scutellosaurus

Se considera la forma primitiva del estegosaurio; su cuerpo estaba cubierto por placas óseas que lo protegían del ataque de otros animales; su cola tenía la misma longitud que su cuerpo, y le permitía mantener el equilibrio cuando corría en dos patas.

Tamaño: 1,2 m de longitud.
Orden: *Thyreophora*.
Familia: Desconocida.
Cobertura: Norteamérica: Arizona.

Kentrosaurus

El *Kentrosaurus* tenía una doble fila de placas estrechas y triangulares sobre la espalda. Hacia la mitad del lomo, las placas se convertían en grandes espinas afiladas que llegaban hasta la punta de la cola. Algunas de estas espinas medían unos 60 cm.

Tamaño: 5 m de longitud.
Orden: *Thyreophora*.
Familia: *Stegosauridae*.
Cobertura: África: Tazmania.

Dinosaurios y otros animales prehistóricos

Miragaia

Junto con las características típicas del estegosaurio, como cabeza pequeña, cuerpo grande, placas óseas a lo largo de la espina, el *Miragaia* tenía el cuello mucho más largo que otros estegosaurios, con 17 vértebras, el doble que la mayoría de los de su especie.

Tamaño: 6 m de longitud.
Orden: *Thyreophora*.
Familia: *Stegosauridae*.
Cobertura: Europa: Portugal.

Estegosaurio

Pesaba hasta 1,8 toneladas. Su enorme cuerpo se elevaba desde los hombros hasta el punto más alto, en las caderas. Las grandes placas de hueso de la espalda alcanzaban los 60 cm de altura, y las espinas de su cola medían 1 m de largo.

Tamaño: 9 m de longitud.
Orden: *Thyreophora*.
Familia: *Stegosauridae*.
Cobertura: Norteamérica: Colorado, Oklahoma, Utah, Wyoming.

TIEMPOS CRETÁCICOS

El mayor cambio que tuvo lugar en el periodo cretácico, que comenzó hace 146 millones de años, fue la aparición de las primeras plantas florales. Pequeñas hierbas, arbustos y árboles caducifolios aparecieron, como las colas de caballo y las cicadas, que fueron la vegetación dominante en la Tierra. Hubo más plantas para comer que en cualquier otro momento, permitiendo que grandes manadas de herbívoros, como los dinosaurios con cuernos y los ornitisquios, prosperaran. Con las plantas florales vinieron los insectos polinizadores y muchas otras especies de mamíferos y aves.

NORTEAMÉRICA EN EL CRETÁCICO

En esta escena –en el territorio donde ahora se encuentra Montana– un dinosaurio ornitisquio vocifera una alarma al encontrar en su nido a un Troodon robando sus huevos. Lagartos y algunos de los primeros mamíferos se escabullen, mientras un tiranosaurio acecha al grupo que se alimenta.

Pteranodon, reptil volador (pterosaurio)

Magnolia

Sicómoro

Albertosaurus, un tiranosaurio

Mamífero pequeño

Musgo

Centrosaurus, un dinosaurio pico de pato

Troodon

Lagarto

DINOSAURIOS ACORAZADOS

Dos grupos de dinosaurios acorazados fueron comunes durante el Cretácico: los nodosaurios y los anquilosaurios. En ambos, el cuello, el lomo, los costados y la cola, estaban cubiertos por placas óseas, sobre su piel gruesa y resistente, que los protegía de sus adversarios. Los nodosauridos se distribuyeron por todo el hemisferio norte, aunque también se han descubierto algunos en el hemisferio sur.

Euoplocephalus

La cabeza del *Euoplocephalus* era una pesada caja ósea, cubierta de placas gruesas. Anchas espinas protegían los lados de la cara; incluso los párpados estaban armados para proteger los ojos cuando el animal era atacado. La boca tenía un pico córneo sin dientes con el que cortaba plantas para comer.

Tamaño: 5,5 m de longitud.
Orden: *Thyreophora*.
Familia: *Ankylosauridae*.
Cobertura: Norteamérica: Alberta.

Saichania

Su enorme cabeza estaba armada con grandes nódulos óseos. A un lado y otro de su cuerpo sobresalían espinas, y toda la espalda y la cola estaban protegidas por filas de placas abultadas.

Tamaño: 7 m de longitud.
Orden: *Thyreophora*.
Familia: *Ankylosauridae*.
Cobertura: Asia: Mongolia.

Polacanthus

Solamente se han hallado las grandes patas traseras y algunas placas y espinas del *Polacanthus*. Estas espinas sobresalían de los hombros y parte anterior de la espalda, y un escudo de hueso protegía las caderas.

Tamaño: 4 m de longitud.
Orden: *Thyreophora*.
Familia: *Nodosauridae*.
Cobertura: Europa: Inglaterra.

Dinosaurios y otros animales prehistóricos

Tamaño: 7,6 m de longitud.
Orden: *Thyreophora*.
Familia: *Nodosauridae*.
Cobertura: Norteamérica: Montana.

Sauropelta

El *Sauropelta* es el mayor de los nodosaurios conocidos, y se cree que podría pesar 2,7 toneladas. Su enorme cuerpo estaba protegido por una armadura fuerte y flexible. Una serie de placas córneas cubrían todo el dorso del animal, desde el cuello hasta la cola larga y cónica. En los costados, sendas hileras de espinas agudas lo protegían de los ataques.

Panoplosaurus

Podría llegar a pesar 3,6 toneladas debido a la armadura de su cuerpo, compuesta por grandes placas cuadradas dispuestas en bandas anchas sobre el cuello y los hombros. El lomo estaba cubierto por abultamientos óseos más pequeños, y enormes espinas protegían los costado. Tenía un hocico estrecho para comer pequeñas plantas.

Hylaeosaurus

Uno de los primeros dinosaurios descritos y nombrados. Su fósil fue encontrado en el sur de Inglaterra en los años 1820, por Gideon Mantell, uno de los primeros expertos en el tema. Los huesos aún se encuentran en los bloques de piedra caliza donde fueron hallados.

Tamaño: 4,5 m de longitud.
Orden: *Thyreophora*.
Familia: *Hadrosauridae*.
Cobertura: Norteamérica: Alberta, Montana, Dakota del sur, Texas.

Tamaño: 6 m de longitud.
Orden: *Thyreophora*.
Familia: *Nodosauridae*.
Cobertura: Europa: Inglaterra.

Talarurus

EL cráneo del *Talarurus* se ensanchaba por detrás en dos grandes espinas óseas, que parecían orejas, y otro par de espinas sobresalía de los carrillos. Sus mandíbulas terminaban en un pico sin dientes, y en la parte posterior tenían dientes pequeños. El cuerpo estaba armado con placas gruesas, y de los costados sobresalían más espinas.

Tamaño: 5 m de longitud.
Orden: *Thyreophora*.
Familia: *Ankylosauridae*.
Cobertura: Asia: Mongolia.

DINOSAURIOS CON CUERNOS

Este grupo de dinosaurios, también llamados ceratopsianos, emergió justo antes de que todos los dinosaurios se extinguieran al final de la era mesozoica. Los ceratopsianos vivieron 20 millones de años en el oeste de Norteamérica y Asia central. Estaban bien armados, pero las armas de los ceratopsianos solo cubrían su cabeza. Su enorme cráneo acababa por delante en un pico de loro. En la frente y el hocico tenían largos y puntiagudos cuernos, y de la nuca partía una gran placa de hueso llamada gorguera, que se curvaba hacia arriba y protegía el cuello y los hombros.

Bagaceratops

Este pequeño protoceratops era corpulento y de cola larga, estabilizado sobre cuatro sólidas patas. La parte posterior de su cuello era una cresta ósea y tenía un pequeño cuerno en la mitad de su hocico; a diferencia de otros miembros de su familia, no tenía dientes en su mandíbula superior.

Tamaño: 1 m de longitud.
Orden: *Ceratopsia*.
Familia: Desconocida.
Cobertura: Asia: Mongolia.

Leptoceratops

Podía probablemente caminar mejor sobre dos patas que sobre las cuatro. Sus patas posteriores eran adecuadas para correr. Con las manos de cinco garras podría arrancar manojos de hojas al comer. Los huesos de la nuca del *Leptoceratops* se curvaban hacia arriba en un pico, un esbozo de la gorguera de otros.

Tamaño: 2,1 m de longitud.
Orden: *Ceratopsia*.
Familia: *Leptoceratopsidae*.
Cobertura: Norteamérica: Alberta, Wyoming; Asia: Mongolia.

Microceratops

Es el dinosaurio con cuernos más pequeño que se conoce. Era un corredor bípedo de complexión ligera. Sus patas anteriores eran muy largas en comparación con las de otros dinosaurios que corrían en dos patas. Probablemente caminaba sobre las cuatro, y se incorporaba sobre dos para huir del peligro.

Tamaño: 60 cm de longitud.
Orden: *Ceratopsia*.
Familia: Desconocida.
Cobertura: Asia: China y Mongolia.

Dinosaurios y otros animales prehistóricos

Montanoceratops

Este dinosaurio de Norteamérica tenía un cuerno sobre el hocico. Poseía dientes en la mandíbula superior, y garras en sus patas. Su cola era muy flexible, y podía moverse fácil y rápidamente de un lado a otro. Tal vez tenía colores vivos que le permitían atraer pareja.

Tamaño: 3 m de longitud.
Orden: *Ceratopsia*.
Familia: *Protoceratopidae*.
Cobertura: Norteamérica: Montana.

Anchiceratops

Este dinosaurio con cuernos vivió al final de Cretácico y era ligeramente más ágil que algunos de sus parientes; su cuerpo era más largo y su cuello más delgado. Se alimentaba de plantas que cortaba con su afilado pico sin dientes.

Tamaño: 6 m de longitud.
Orden: *Protoceratopsidae*.
Familia: *Ceratopsidae*.
Cobertura: Norteamérica: Alberta.

Dinosaurios con cuernos

Centrosaurus

El largo cuerno sobre su hocico le daba un aspecto parecido al de un rinoceronte. Sobre su frente crecían dos cuernos cortos, y la nuca se prolongaba en una gorguera de borde ondulado, rematada por espinas. El *Centrosaurus* caminaba en cuatro patas, y no necesitaba una cola larga para equilibrarse.

Tamaño: 6 m de longitud.
Orden: *Ceratopsia*.
Familia: *Ceratopsidae*.
Cobertura: Norteamérica: Alberta, Montana.

Chasmosaurus

Su cráneo era estrecho y alargado, con un par de cuernos largos y curvados en la frente, y otro cuerno más corto sobre el hocico. Su gorguera ósea era enorme: se prolongaba desde la nuca para proteger el cuello y la parte anterior de la espalda. Tal vez la gorguera tenía colores vivos y servía, además, para atraer pareja.

Tamaño: 5,2 m de longitud.
Orden: *Ceratopsia*.
Familia: *Ceratopsidae*.
Cobertura: Norteamérica: Alberta.

Pentaceratops

Tenía una enorme gorguera con pequeñas espinas a lo largo de su borde. Cuando fue descubierto, los científicos creyeron que el *Pentaceratops* era un raro dinosaurio con cinco cuernos en la cara; en realidad, tenía los tres cuernos normales de otros ceratopsianos. Los dos cuernos adicionales eran prolongaciones de los huesos de las mejillas.

Tamaño: 6 m de longitud.
Orden: *Ceratopsia*.
Familia: *Ceratopsidae*.
Cobertura: Norteamérica: Nuevo México.

Dinosaurios y otros animales prehistóricos

Psittacosaurus

Pudo ser un antecesor de los ceratopsianos. Tenía unas mandíbulas sin dientes en forma de pico de loro y una cresta ósea sobre la cabeza. Tras millones de años, esta cresta podría evolucionar en la gorguera de los ceratopsianos posteriores.

Tamaño: 2,5 m de longitud.
Orden: *Ceratopsia*.
Familia: *Psittacosauridae*.
Cobertura: Asia: China, Mongolia y Siberia.

Tamaño: 9 m de longitud.
Orden: *Ceratopsia*.
Familia: *Ceratopsidae*.
Cobertura: Norteamérica: Alberta, Colorado, Montana, Saskatchewan, Dakota del sur y Wyoming.

Triceratops

El *Triceratops* fue el mayor y más pesado de los dinosaurios con cuernos. Podría pesar hasta 10 toneladas. Solo su cráneo medía más de 2 m de largo. Grandes manadas de estos dinosaurios con cuernos vivieron en el oeste de Norteamérica hasta el final del periodo cretácico, entre 70 y 65 millones de años atrás.

Tamaño: 7,6 m de longitud.
Orden: *Ceratopsia*.
Familia: *Ceratopsidae*.
Cobertura: Norteamérica: Montana, Dakota del sur, Texas, Utah y Wyoming.

Torosaurus

El cráneo de este dinosaurio es uno de los mayores que se conocen entre los animales terrestres: medía más de 2,5 m incluyendo la enorme gorguera. Probablemente, grandes manadas de *Torosaurus* vagaran por las llanuras de Norteamérica hace unos 70 millones de años.

POR QUÉ DESAPARECIERON LOS DINOSAURIOS

Nadie sabe exactamente qué causó la masiva extinción que destruyó muchas de las criaturas en la Tierra, incluyendo a los dinosaurios, hace 65 millones de años. Algunos científicos creen que los dinosaurios se volvieron menos numerosos unos cuantos millones de años antes de la extinción. La caída pudo ser causada por el enfriamiento global que resultó de las muchas erupciones volcánicas en esos tiempos. Otros expertos creen que la extinción fue causada por el impacto de un enorme meteorito.

ERUPCIONES VOLCÁNICAS

Las erupciones volcánicas que tuvieron lugar en India, al final del periodo cretácico, causaron enormes ríos de lava, como se observa en las capas del Traps del Décan. Ellas prueban que hubo eventos extraordinarios durante ese periodo que pudieron haber causado la muerte de los dinosaurios.

Dromaeosaurus, un pariente de las aves (manirraptora) alimentándose de un *Edmontosaurus*, un dinosaurio ornitisquio.

Dinosaurios y otros animales prehistóricos

ERUPCIONES VOLCÁNICAS

Incluso una pequeña erupción volcánica puede causar un cambio climático local, y en el Cretácico tardío hubo una gran actividad volcánica. Estas erupciones debieron arrojar enormes cantidades de cenizas y polvo al aire, causando el cambio del clima y destruyendo plantas y animales.

Quetzalcoatlus, un reptil volador (pterosaurio).

Esta escena en el área ahora conocida como Montana, muestra el efecto de la actividad volcánica en constante aumento. Escombros han oscurecido el cielo y bloqueado la luz solar. Las plantas están muriendo y con ellas los herbívoros. Los carnívoros sobrevivieron por un tiempo comiendo carroña.

Edmontonia, un dinosaurio con armadura.

Triceratops, un dinosaurio con cuernos.

Pachycephalosaurus, un dinosaurio con casco.

165

¿UN METEORITO?

Un meteorito, de al menos 10 km de diámetro, pudo haberse estrellado contra la Tierra al final del periodo cretácico causando la muerte de los dinosaurios. Una gran cantidad de escombros arrojados por el impacto habrían oscurecido los cielos por muchos años, produciendo un largo periodo de frío y la muerte de las plantas. Los herbívoros murieron pronto de hambre, seguidos por los carnívoros que se alimentaban de ellos.

CRÁTER

Otra importante evidencia de la teoría del meteorito es el descubrimiento de un vasto cráter cerca de la costa norte de México. Esta imagen generada por computador muestra el cráter, ahora bajo el agua y cubierto por una profunda capa de roca. El área azul en el fondo de la imagen muestra el canal hecho por el impacto.

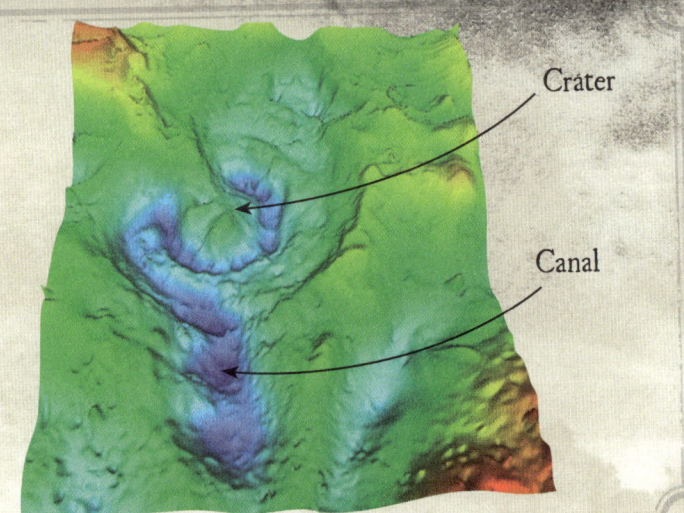

Cráter

Canal

Dinosaurios y otros animales prehistóricos

Evidencias muestran que el impacto del meteorito puede ser visto en rocas de todo el cretácico. Estas contienen minerales que pudieron haber venido de un meteorito.

¿QUIÉN MURIÓ Y QUIÉN SOBREVIVIÓ?

Murieron	Sobrevivieron
Ammonoideos	Reptiles
Pterosaurios	Mamíferos
Dinosaurios	Aves
	Anfibios
Plesiosaurios	Insectos

Cuando los dinosaurios desaparecieron, grupos como los ammonoideos, pterosaurios y reptiles marinos también lo hicieron. Criaturas que se las arreglaron para sobrevivir a la masiva extinción, incluyeron otros tipos de reptiles, como los cocodrilos, lagartos y serpientes, así como también los mamíferos, anfibios e insectos.

Dinosaurios y otros animales prehistóricos

DINOSAURIOS AVIARES

Se piensa que las aves evolucionaron de los dinosaurios de dos patas, llamados terópodos durante el periodo jurásico, de hecho, recientes revelaciones —incluyendo el descubrimiento de que muchos terópodos estaban cubiertos por plumas— han ido borrando la línea divisora entre las aves y los dinosaurios.

AVES

Las aves existentes son un gran grupo de exitosos tetrápodos, muchos de los cuales tienen extremidades modificadas en alas, para volar. En la actualidad se encuentran aproximadamente, 9000 especies de aves que evolucionaron a partir de un grupo de pequeños dinosaurios terópodos con plumas. Fósiles como los del *Archaeopteryx*, conserva la mezcla de características de reptil y de pájaro. Durante el Cretácico, evolucionó una enorme cantidad de grupos de aves, la mayoría de los cuales ahora están extintos.

Tamaño: 3,5 m de altura.
Orden: *Dinornothiformes*.
Familia: *Diornithidae*.
Cobertura: Nueva Zelanda.

Harpagornis moorei

Esta águila no puede haber sido mucho más grande que sus parientes modernos, las águilas y buitres del Viejo Mundo, pero era más fuerte y más robusta. El *Harpagornis moorei* coexistió con las moas de Nueva Zelanda, y probablemente se extinguieron al mismo tiempo, durante el siglo XVII.

Tamaño: 1 m de altura.
Orden: *Accipitriformes*.
Familia: *Accipitridae*.
Cobertura: Nueva Zelanda.

Dinornis maximus

Fue el ave más alta que haya existido, y uno de los doce tipos de moa voladora que sobrevivió en Nueva Zelanda hasta los años 1800. Las moas eran corpulentas, de cuello largo, y se alimentaban de semillas y frutos.

Emeus crassus

Esta moa, de la mitad de la altura del *Dinornis*, tuvo unas grandes piernas que estaban fuera de toda proporción con su cuerpo. Un animal de lento movimiento, debe haber sido una presa fácil para los depredadores. El kiwi moderno, el emblema de la Nueva Zelanda, es considerado por algunos paleontólogos como una moa especializada. Las tres especies vivas son pequeñas en comparación con sus parientes extintos.

Tamaño: 1,5 m de altura.
Orden: *Dinornothiformes*.
Familia: *Emeidae*.
Cobertura: Nueva Zelanda.

Dinosaurios y otros animales prehistóricos

Aepyornis titan

Tamaño: 3 m de altura.
Orden: *Aepyornthiformes*.
Familia: *Aephyornithidae*.
Cobertura: Madagascar.

Esta especie fue la más grande, del extinto género *Aepyornis*, llegando a pesar 500 k. Su nombre común: ave-elefante tiene origen en los cuentos árabes sobre el "Rukhkh", un ave mítica capaz de llevar un elefante en su lomo. Sus piernas terminaban en una pata muy grande, de dedos largos y gruesos y su contextura demostraba que no era un corredor. Sin dientes, ni alas, contaba con muy poca protección, excepto de su enorme tamaño y fortaleza. Los huevos del *Aepyornis* tendrían 30 cm de largo; pudo extinguirse a finales del siglo XVII.

Size: 3 feet 3 inches (1 m) tall
Order: Columbiformes
Family: Raphidae
Range: Mauritius
Pn: RAF-us COO-cul-AH-tus

Tamaño: 1,2 m de altura.
Orden: *Neornithes*.
Familia: *Pelagornithidae*.
Cobertura: Norteamérica: California.

Raphus cucullatus

También conocida como dodo, fue una paloma gigante, que se convirtió en otra víctima del hombre. No voladora y de movimientos lentos, era presa fácil de los marineros que atracaban en las islas del océano Índico. Del tamaño de un pavo moderno, con un cuerpo gordo y movimientos de pato, tendría cómo defenderse de los marineros hambrientos, lo que llevó a la exterminación del dodo en el siglo XVII.

Osteodontornis orri

El *Osteodontornis orri* fue un ave marina robusta, con las piernas y pies similares a los del petrel. Sus alas eran largas y estrechas, diseñadas para el vuelo de planeo constante, con una envergadura de hasta 6 m. En conjunto se parecía mucho a un pelícano moderno. La cabeza, con su pesado, pico largo, probablemente, descansaba sobre los hombros durante el vuelo, tal como una garza moderna.

Aves

Hesperornis regalis

Esta gran ave que no volaba, difirió de otras aves marinas con dientes, porque perdió sus alas casi por completo. Nadaba con poderosas patadas de sus largas y palmeadas patas, ubicadas atrás del cuerpo, impulsándola de la misma manera que un actual somormujo. La *Hesperornis regalis* pudo haber perseguido veloces peces y calamares bajo el agua.

Tamaño: 1,8 m de alto.
Orden: Ornithurae.
Familia: Desconocida.
Cobertura: Norteamérica: Kansas.

Ichtyornis dispar

Se pensó que las mandíbulas dentadas de esta antigua ave, pertenecían a un mosasaurio –un contemporáneo lagarto comedor de peces. Este reptil fue preservado en las mismas rocas, y tenía mandíbulas similares y dientes como los de los *Ichtyornis*. El *Ichtyornis dispar* y otros de su género tenían una estructura general como la de un grande y moderno charrán de mar, pero con una cabeza y pico proporcionalmente más grandes. El desarrollado esternón sugiere un fuerte vuelo.

Tamaño: 1 m de alto
Orden: *Ornithurae*.
Familia: Desconocida.
Cobertura: Europa: Inglaterra; Norteamérica: Utah y Wyoming y Sudamérica: Patagonia.

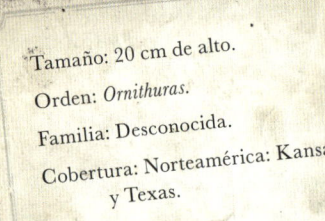

Tamaño: 20 cm de alto.
Orden: *Ornithuras*.
Familia: Desconocida.
Cobertura: Norteamérica: Kansas y Texas.

Presbyornis pervetus

Era un ave de cuello y patas largas, tan delgado que los paleontólogos pensaron que era un antiguo flamenco, hasta que se descubrió que su cabeza y pico eran similares a los de los patos modernos. Por los abundantes restos de huesos y huevos, parece que vivía en bandadas en las superficiales márgenes de los lagos, anidando en grandes colonias.

Dinosaurios y otros animales prehistóricos

Pinguinus impennis

Otro miembro de los ciconiformes, el *Pinguinus impennis*, perdió su batalla final contra la extinción en una pequeña isla fuera de Islandia en 1844. Por años, fue cazado por su carne y grasa bajo la piel, que era usada para llenar de aceite las lámparas. A pesar de su nombre, la gran alca no era un ave de grandes dimensiones, teniendo solo la mitad de tamaño de la moderna alca común. Este había dejado de volar, y aunque no tiene relación con los pingüinos modernos del hemisferio sur, los pingüinos de hoy son llamados así, en su honor.

Tamaño: 50 cm de alto
Orden: *Charadriiformes*.
Familia: *Alcidae*.
Cobertura: Pequeñas islas del occidente de Europa: Islas Británicas, Islandia; Norteamérica: Groenlandia.

Tamaño: 1,5 m de alto.
Orden: *Dendrornithes*.
Familia: *Teratornithidae*.
Cobertura: Sudamérica: Argentina.

Argentavis magnificens

El *Argentavis magnificens* tenía alas enormes comparadas con su tamaño corporal. Aunque solo unos de sus huesos han sido encontrados, se estima que la envergadura de las alas era de alrededor de 7,3 m –el doble de la envergadura del ave más grande de hoy, el albatros viajero. Un ave de este tamaño no volaba ondeando sus alas; conservaba su energía planeando de una fuente de comida a otra, usando tan pocas batidas de sus alas como fuera posible. Lanzándose de lugares altos, usaba las corrientes termales de aire caliente durante el día para mantenerse en vuelo. Como el moderno albatros, su técnica de despegue inicial era probablemente incómoda.

Aves

Neocathartes grallator

Inicialmente se pensó que era un buitre del Nuevo Mundo adaptado para correr, pero el *Neocathartes* parece pertenecer a otro grupo de carnívoros, los *bathornithids*. Era capaz de volar, aunque es probable que pasara la mayor parte del tiempo en tierra.

Tamaño: 45 cm de altura.
Orden: *Gruiformes*.
Familia: *Bathornithidae*.
Cobertura: Norteamérica: Wyoming.

Limnofregata azygosternum

Parece haber sido un antepasado de la fragata moderna. Hoy en día son especializadas aves marinas relacionadas con los pelícanos, y están casi totalmente adaptadas a una existencia aérea; sin embargo, hace 50 millones de años evolucionaron, y es posible que el *Limnofregata* fuera una etapa intermedia en su desarrollo.

Tamaño: 30 cm de altura.
Orden: *Neornithes*.
Familia: *Fregatidae*.
Cobertura: Norteamérica: Wyoming.

Tamaño: 1,5 m de altura.
Orden: *Gruiformes*.
Familia: *Phorusrhacidae*.
Cobertura: Sudamérica: Patagonia.

Phorusrhacos inflatus

Era un miembro de tamaño mediano, de una familia de aves no voladoras que se convirtieron en los depredadores dominantes de Sudamérica durante el periodo terciario. Todos los *Phorusrhacos* tenían piernas fuertes, alas pequeñas e inútiles, y grandes cabezas armadas de un fuerte pico, similar al de las águilas. Algunas especies eran gigantes, alcanzando los 3 m de altura.

Dinosaurios y otros animales prehistóricos

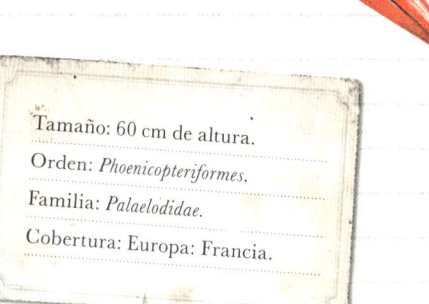

Palaelodus ambiguus

Esta ave mediana, de patas largas, se relaciona con las modernas zancudas y aves acuáticas de presa. Los paleontólogos saben poco de las características de su cabeza y pico. Aunque la estructura de sus patas sugiere que se zambullía y nadaba bajo el agua, su comportamiento general podría haber sido el de un pato.

Tamaño: 60 cm de altura.
Orden: *Phoenicopteriformes*.
Familia: *Palaelodidae*.
Cobertura: Europa: Francia.

Tamaño: 2,4 m de altura.
Orden: *Neornithes*.
Familia: *Diatrymidae*.
Cobertura: Europa: Bélgica, Inglaterra, Francia; Norteamérica: Nueva Jersey, Nuevo México y Wyoming.

Diatryma gigantea

Esta era un ave no voladora gigante que vivió durante el Paleoceno y el Eoceno., cuando estaban unidas Norteamérica y Europa. Al igual que otros miembros de su familia, estaban fuertemente constituidas, con pequeñas alas incapaces de alzar vuelo. Sus piernas eran robustas y estaban armadas con fuertes garras; su cabeza equipada con un gran pico podría haber tenido el mismo tamaño de la de un caballo moderno. Los paleontólogos opinan que los *Diatryma* pudieron ser los grandes depredadores carnívoros del hemisferio norte.

SINÁPSIDOS

Los primeros animales en mostrar características de los mamíferos, eran pequeñas criaturas similares a las lagartijas, que evolucionaron durante el periodo carbonífero y eran conocidas como sinápsidos. Una característica importante es la diferenciación de los dientes que permitió una digestión más eficiente. Estas criaturas fueron tan exitosas que representaron casi tres cuartos de los tetrápodos sobre la tierra. Un siguiente grupo de sinápsidos llamados los terápsidos, evolucionaron durante el Pérmico tardío, sobreviviendo al lado de los dinosaurios, antes de extinguirse.

PELICOSAURIOS

Los reptiles ancestros de los mamíferos, los pelicosaurios y los terápsidos tenían en común el cráneo con grandes orificios a los lados, detrás de cada ojo, que permitieron el desarrollo de mandíbulas potentes. Aparecieron a finales del periodo carbonífero, cuando los reptiles colonizaron la tierra y evolucionaron en diversos animales, de contextura fuerte y de dientes con diferentes formas y tamaños.

Tamaño: 50 cm de longitud.
Orden: *Eupelycosauria*.
Familia: *Ophiacodontidae*.
Cobertura: Norteamérica: Nueva Escocia.

Archaeothyris

Este animal, parecido a un lagarto, es el primer pelicosaurio que se conoce; sus restos se hallaron en Norteamérica. En la época en que vivió, el clima era cálido y húmedo; grandes bosques de coníferas, helechos y licopodios cubrían la tierra. Las mandíbulas del *Archaeothyris* eran muy fuertes; sus dientes tenían todos la misma forma pero distinto tamaño, lo cual sugiere que era de dieta carnívora.

Tamaño: 3,6 m de longitud.
Orden: *Eupelycosauria*.
Familia: *Ophiacodontidae*.
Cobertura: Norteamérica: Texas.

Ophiacodon

Tenía un cráneo alargado y estrecho. Esta forma indica que podía tener músculos grandes y fuertes en la mandíbula. Sus patas traseras eran más largas que las delanteras, y probablemente era un animal corredor, aunque mucho más grande que los primeros pelicosaurios. Para aliviar el peso sobre sus patas, debería pasar parte del tiempo en aguas poco profundas, en busca de peces y anfibios, a los que atraparía con sus mandíbulas y mataría con sus afilados dientes.

Dimetrodonte

La gran "vela" en su espalda le ha valido el apodo de *finback*, nombre inglés con que se conocen ciertas ballenas con una gran aleta dorsal. La vela estaba formada por largas espinas que partían de la columna vertebral, entre las que se extendía una amplia cresta de piel. En su centro, la vela podía alcanzar 1 m de altura. Por la mañana, un *Dimetrodon* exponía su costado al sol, para que sus rayos calentaran la sangre que circulaba bajo la piel. Para refrescarse, orientaría su vela de forma que no le diese el sol, dejando que el viento la enfriara.

Tamaño: 3 m de longitud.
Orden: *Eupelycosauria*.
Familia: *Sphenacodontidae*.
Cobertura: Norteamérica: Oklahoma y Texas.

Varanosaurus

Vivía en el mismo lugar y en la misma época que el *Ophiacodon* y, como éste, probablemente cazaba peces en los pantanos. Su cráneo era alargado y estrecho y estaba armado con pequeños dientes como agujas. Se parecía mucho al varano, una especie actual de lagarto gigante.

Tamaño: 1,5 m de longitud.
Orden: *Eupelycosauria*.
Familia: *Varanopseidae*.
Cobertura: Norteamérica: Texas.

Pelicosaurios

Casea

Fue la última familia –y los de menor tamaño– en la evolución de los pelicosaurios, a comienzos del periodo pérmico; fueron los herbívoros más numerosos y vivieron hasta finales del Pérmico. Alcanzaron los 3 m de longitud y casi 600 k de peso. Tenían cuerpos macizos y robustos, con un enorme vientre para acomodar sus largos intestinos, que permitían la digestión de las plantas.

Tamaño: 1,2 m de longitud.
Orden: *Caseasauria*.
Familia: *Caseidae*.
Cobertura: Europa: Francia; Norteamérica: Texas.

Edaphosaurus

Tenía una gran vela en su espalda, que además de ayudar al animal a regular su temperatura, podría servir para atraer a una pareja o para asustar a los enemigos. Tal vez tuviera colores vivos. El *Edaphosaurus* era un animal pesado y lento, de cuerpo largo y en forma de barril. Sus dientes eran de herbívoro, y resultaban ideales para triturar alimentos vegetales.

Tamaño: 3 m de longitud.
Orden: *Eupelycosauria*.
Familia: *Edaphosauridae*.
Cobertura: Europa: República Checa; Norteamérica: Texas.

TERÁPSIDOS

Los terápsidos fueron reptiles sinápsidos avanzados, antepasados directos de los mamíferos. Los dicinodontes fueron el grupo más exitoso y extendido de terápsidos herbívoros. Evolucionaron a finales del periodo pérmico y sobrevivieron hasta finales del Triásico, en un lapso de casi 50 millones de años. El único grupo de terápsidos que sobrevivió, fueron los dicinodontes, tal vez por el desarrollo que alcanzaron sus mandíbulas, articulándose mejor para permitir la masticación.

Lycaenops

Lycaenops significa "cara de lobo". Este carnívoro pequeño y ligero tenía largas patas para correr velozmente y perseguir a sus presas. Vivía en el sur de África y norte de Asia. Para cazar, probablemente actuaba en manada. Una manada sería lo bastante fuerte para cazar grandes herbívoros. Tenía dientes caninos muy largos, que se alojaban en una parte anterior del cráneo especialmente profunda.

Tamaño: 1 m de longitud.
Orden: *Therapsidae*.
Familia: *Gorgonopsidae*.
Cobertura: Sudáfrica.

Tamaño: 1,5 m de longitud.
Orden: *Therapsida*.
Familia: *Phthinosuchidae*.
Cobertura: Europa: Rusia.

Phthinosuchus

Solo se conoce el cráneo de este primitivo terápsido. Es muy similar al del esfenocodonte, pero con una larga abertura detrás de los ojos y unos caninos más prominentes. Los paleontólogos creen que eran dinosaurios intermedios entre los pelicosaurios y los terápsidos.

Terápsidos

Tamaño: 30 cm de longitud.
Orden: *Therapsida*.
Familia: Desconocida.
Cobertura: Sudáfrica.

Tamaño: 33 cm de longitud.
Orden: *Therapsida*.
Familia: *Cistecephalidae*.
Cobertura: Sudáfrica.

Galechirus

Este pequeño reptil-lagarto era parte del grupo más abundante y bien adaptado de los herbívoros. Sin embargo, sus dientes sugieren que en realidad, era insectívoro.

Cistecephalus

Los dicinodontos eran un tipo de reptiles con dos colmillos dirigidos hacia abajo. Algunos pasaban mucho tiempo en el agua, otros buscaban su alimento en el bosque. Este animal tenía una cabeza aplanada en forma de cuña, cuerpo corto y patas delanteras cortas y fuertes con dedos anchos, como los de un topo moderno, que probablemente usaba para cavar en el suelo en busca de lombrices. Vivía bajo tierra.

Tamaño: 1 m de longitud.
Orden: *Dicynodontia*.
Familia: *Lystrosauridae*.
Cobertura: Sudáfrica; Asia: China, India; Europa: Rusia; Antártida.

Lystrosaurus

La amplia distribución de este robusto herbívoro, proporciona más evidencia de que durante el Pérmico y finales del Triásico, la India y los continentes del sur, eran una sola masa: Godwana.
El *Lystrosaurus* era una especie de "reptil-hipopótamo", que permanecía en aguas poco profundas. Estudios recientes sugieren que se alimentaba de vegetación más resistente y que excavaba madrigueras.

Dicinodonte

Tenía un poderoso par de colmillos en la mandíbula superior. Los científicos han clasificado a este animal en un grupo llamado dicinodontos, que significa "dos dientes de perro". Pero tal vez, solo usaba sus dientes para arrancar plantas, con la ayuda de su pico córneo. En la misma época había otro grupo de herbívoros, los pareiasaurios, de mayor tamaño, con un cuerpo robusto y numerosos dientes en forma de hoja en sus mandíbulas. Estos dos tipos de reptiles se alimentarían de plantas diferentes y no tendrían que competir por la comida.

Tamaño: 1,2 m de longitud.
Orden: *Therapsida*.
Familia: *Dycinodontidae*.
Cobertura: Sudáfrica y Tanzania.

Robertia

Aunque fue uno de los primeros dicinodontes en evolucionar, ya tenían especializados sus caninos, "dientes de perro". La parte delantera de su mandíbula terminaba en un pico similar al de las tortugas. El *Robertia* tenía una muesca en la mandíbula superior en la que podía insertar tallos y raíces que luego partía con el "pico".

Tamaño: 15 cm de longitud.
Orden: *Therapsida*.
Familia: *Phylasephalidae*.
Cobertura: Sudáfrica.

Terápsidos

Ericiolacerta

Este animal, parecido a un lagarto, se alimentaba de insectos. Tenía dientes pequeños y patas largas y delgadas, y probablemente se movía muy deprisa. Apareció hace unos 240 millones de años, durante el periodo triásico. Las plantas no solo ofrecían alimento a los herbívoros, sino que albergaban numerosos insectos de los que vivía el *Ericiolacerta*.

Tamaño: 20 cm de longitud.
Orden: *Therapsida*.
Familia: *Ericolacertidae*.
Cobertura: Sudáfrica.

Kannemeyeria

Era un enorme animal que alcanzaba los 3 m de longitud; su cuerpo rechoncho y pesado se sostenía en cuatro patas cortas y fuertes, y tenía una dura coraza para protegerse de los depredadores. Su enorme cráneo era en realidad muy ligero, pues tenía grandes aberturas para los ojos, orificios nasales y músculos de la mandíbula. Para comer, podía arrancar bocados de hojas y raíces, que cortaba con su poderoso pico córneo y trituraba con sus mandíbulas sin dientes.

Tamaño: 3 m de longitud.
Orden: *Therapsida*.
Familia: *Kannemeyeriidae*.
Cobertura: Sudáfrica; Asia: India; Sudamérica: Argentina.

Dinosaurios y otros animales prehistóricos

Tamaño: 48 cm de longitud.
Orden: *Therapsida*.
Familia: *Traversodontidae*.
Cobertura: Sudamérica: Argentina.

Massetognathus

Aunque de aspecto feroz, era en realidad herbívoro. Sus dientes estaban perfectamente diseñados para masticar hojas y hierbas duras. Los dientes eran grandes y anchos para triturar la fibra vegetal, y los de la mandíbula inferior encajaban con precisión en la mandíbula superior. El *Massetognathus* vivió en Sudamérica durante el periodo triásico.

Oligokyphus

Se parecía a una moderna comadreja. Tenía un cuerpo largo y delgado y una cola fina. Sus cuatro patas estaban situadas directamente bajo el cuerpo, como en los mamíferos. No poseía caninos, pero sí dos incisivos anteriores muy largos, parecidos a los de un mamífero roedor como el castor. De hecho, se parece tanto a un mamífero que los paleontólogos creyeron durante muchos años que se trataba de uno de ellos. Sin embargo, su mandíbula, como la de un reptil, incluía varios pequeños huesos.

Tamaño: 50 cm de longitud.
Orden: *Therapsida*.
Familia: *Tritylodontidae*.
Cobertura: Europa: Inglaterra.

Tamaño: 60 cm de longitud.
Orden: *Therapsida*.
Familia: *Procynosuchidae*.
Cobertura: Sudáfrica.

Procynosuchus

Alcanzaba los 60 cm de largo; era un cinodonto, un ancestro directo de los actuales mamíferos, pero vivía más a gusto en el agua. La parte posterior de su cuerpo y su cola eran muy flexibles. Podían ondular de un lado a otro, en un movimiento parecido a la natación del cocodrilo. La cola también estaba aplanada como una pala para impulsarse con fuerza dentro del agua. Sus patas se parecían a las de una nutria moderna. Entre los dedos tenía membranas, como las patas de un pato.

MAMÍFEROS

Los primeros mamíferos aparecieron durante el Triásico tardío. Estos animales fueron pequeños, parecidos a las musarañas como el *Megazostrodon* y el *Ptilodus*. Pocos de estos primeros mamíferos evolucionaron en formas más grandes que un perro, particularmente porque la tierra estaba dominada por poderosos dinosaurios. Muchos fueron criaturas nocturnas, que se alimentaban de insectos y gusanos en la noche, cuando los dinosaurios depredadores estaban menos activos. Con la extinción de los dinosaurios, hace unos 65 millones de años, estos pequeños mamíferos evolucionaron en los animales que dominan la tierra hoy.

¿QUÉ ES UN MAMÍFERO?

Los mamíferos son vertebrados peludos, de sangre caliente, que alimentan a sus crías con leche producida por glándulas mamarias. La mayoría de los mamíferos dan a luz a crías vivas, aunque hoy los equidnas y los ornitorrincos ponen huevos. La mayoría de los mamíferos mantienen su cuerpo a una temperatura constante para que puedan estar activos por periodos mayores. Para producir la energía necesaria, necesitan grandes cantidades de alimento. El grupo incluye animales de hábitats en agua, cielo y tierra.

Los mamíferos aparecieron por primera vez en el periodo triásico tardío, hace unos 220 millones de años, cuando la Tierra era dominada por reptiles, y en particular, por dinosaurios. Tras la desaparición de los dinosaurios hace unos 65 millones de años, los mamíferos empezaron a crecer en diversidad mientras nuevos hábitats de selvas tropicales, cálidos bosques, sabanas y llanuras de hierba emergieron.

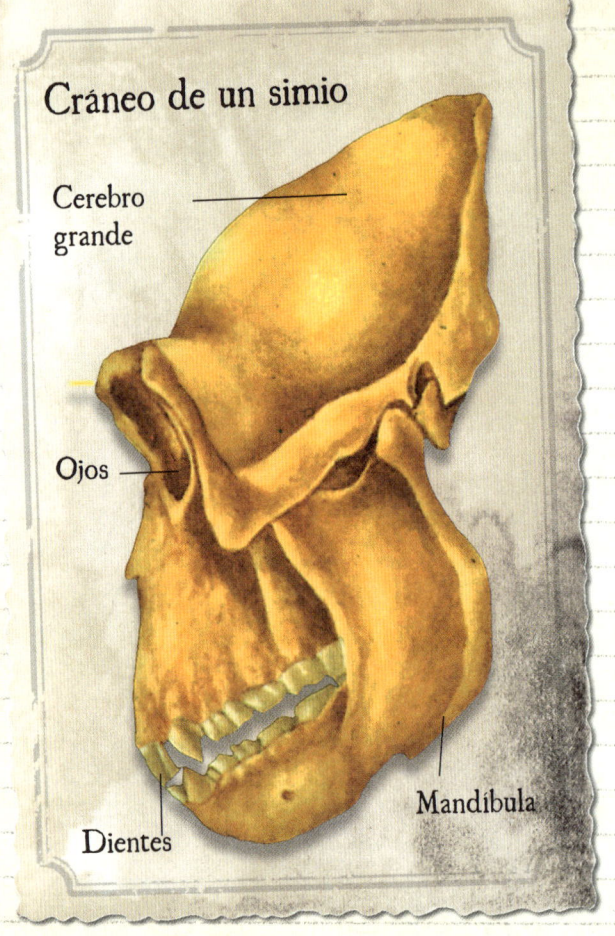

Cráneo de un simio
- Cerebro grande
- Ojos
- Dientes
- Mandíbula

CEREBRO

La activa forma de vida de los mamíferos necesitó un alto nivel de control sobre sus sistemas nerviosos. Por esta razón, los mamíferos tienen grandes y complejos cerebros capaces de procesar con rapidez información recopilada a través de sus ojos, orejas y narinas.

PELAJE

El pelaje en los mamíferos usualmente es un denso abrigo de pelos. Este retiene la temperatura del cuerpo y la regula; los mamíferos pueden permanecer activos por periodos más largos, independientemente de las condiciones externas.

Abrigo de piel

Epigaulus

TIPOS DE MAMÍFEROS

Entre el más antiguo orden de mamíferos, los marsupiales dan a luz pequeñas crías sin desarrollarse, que son luego criadas y amamantadas en una bolsa de piel.

Marsupiales
Procoptodon

Ballenas, delfines y marsopas (cetáceos) están completamente adaptados a vivir en el mar. Son de sangre caliente y siguen amamantando a sus crías.

Cetáceos
Zygorhiza

Mamíferos ungulados
Diadiaphorus

Un abundante y variado grupo, los mamíferos con cascos son grandes herbívoros que rebuscan y exploran entre la vegetación o el pasto.

Murciélagos y roedores *Icaronycteris*

Los murciélagos son los únicos mamíferos que han evolucionado en poderosos voladores. Los roedores son el mayor orden de mamíferos.

Carnívoros
Dinofelis

El diverso orden de carnívoros (significa "comedores de carne") incluye desde felinos, mangostas, cánidos, comadrejas, nutras y leones marinos.

Simios y monos
Oreopithecus

Los primates (simios, monos, lémures y humanos) incluyen unas 200 especies.

CRÍAS

La mayoría de los mamíferos dan a luz crías vivas, las cuales son alimentadas regularmente con un suplemento lácteo de altos nutrientes. Esto les da una ventaja evolutiva distinta; sin ningún otro esfuerzo aparte de succionar y dormir, los mamíferos infantes pueden crecen rápidamente.

MAMÍFEROS PRIMITIVOS

Algunas clasificaciones modernas hacen una mayor separación entre los grupos de mamíferos vivos (los terios) y los grupos extintos. Pero estas relaciones entre los grupos de mamíferos primitivos están lejos de ser claras, porque gran parte del material fósil consiste solo en restos de dientes. Sin embargo, aún se piensa que han evolucionado de los cinodontes, un grupo de reptiles sinápsidos. Los únicos mamíferos que sobrevivieron son los monotremas —equidnas o taquiglósidos— y los ornitorrincos, los cuales se encuentran solo en Australasia. Reflejando su ancestro reptil, todos ellos ponen huevos.

Crusafontia

El drioléstido *Crusafontia* es conocido por unos pocos dientes. Los paleontólogos creen que se parecía a una diminuta ardilla y pudo reproducirse de la misma forma que un marsupial —dando a luz una inmadura cría, que termina de desarrollarse dentro de una bolsa externa en el vientre de su madre.

Tamaño: 10 cm de longitud.
Orden: *Dryolestida*.
Familia: *Dryolestidae*.
Cobertura: Europa: Portugal.

Zalambdalestes

El *Zalambdalestes* se veía muy similar a la moderna musaraña elefante. Tenía un largo hocico curvado hacia arriba y poderosas pequeñas patas; el par trasero era más largo que el delantero. Tenían los huesos de los pies muy alargados. Pudo haber corrido en la baja vegetación, atrapando insectos.

Tamaño: 20 cm de longitud.
Orden: *Eutheria*.
Familia: *Zalambdalestidae*.
Cobertura: Asia: Mongolia.

Tamaño: 12 cm de longitud.
Orden: *Haramiyida*.
Familia: *Haramiyidae*.
Cobertura: Europa: Inglaterra y Alemania.

Haramiya

La *Haramiya* es conocida por unos pocos dientes. Esta evidencia fragmentada sugiere que era parecida a un pequeño ratón de campo, y trituraba su comida con una gran cantidad de dientes. Puede haber vivido entre la vegetación a ras del suelo.

Dinosaurios y otros animales prehistóricos

Ptilodus

Aparte de su larga y prensil cola, el *Ptilodus* era similar a una moderna ardilla en apariencia, y puede haber vivido de una manera similar –correteando en las ramas de los árboles. Los dientes premolares inferiores eran muy largos y parecidos a una cuchilla, y pudo haberlos usado para quitar las cáscaras de las nueces y las semillas.

Tamaño: 50 cm de longitud.
Orden: *Multituberculata*.
Familia: *Ptilodontidae*.
Cobertura: Norteamérica: Las Rocallosas, de Nuevo México a Saskatchewan.

Tamaño: 30 cm de longitud.
Orden: *Didelphimorphia*.
Familia: *Alphadontidae*.
Cobertura: Norteamérica: de Alberta a Nuevo México.

Alphadon

Los marsupiales primitivos, como el *Alphadon*, fueron probablemente muy similares a la zarigüeya moderna. Eran omnívoros, incluyendo insectos, pequeños vertebrados y fruta. Probablemente habitaban los árboles y eran ágiles escaladores gracias a sus patas equipadas con pulgares oponibles, lo que les daba un buen agarre.

Purgatorius

Poco se sabe sobre este animal, excepto lo que puede ser deducido del molar descubierto en las rocas de Montana. Esa pequeña evidencia es importante porque pertenece a los primeros primates conocidos. El diente se parece al molar de un lémur moderno. El pequeño *Purgatorius* era probablemente un comedor de insectos.

Tamaño: 10 cm de longitud.
Orden: *Primates*.
Familia: Desconocida.
Cobertura: Norteamérica: Montana.

MARSUPIALES

Los marsupiales –incluida la familia de los canguros y los koalas de Australia, y las zarigüeyas de América– están dentro de los más antiguos del orden de los mamíferos. Evolucionaron durante el Cretácico tardío, entre 100 y 75 millones de años atrás. La única característica propia de los marsupiales es su forma de reproducción, pues dan a luz pequeñas e inmaduras crías –un poco más desarrolladas que un embrión. Estas luego son amamantadas, en una bolsa en el vientre de la madre, donde maduran. Los marsupiales están más asociados con el primitivo ponedor de huevos, monotrema. Los marsupiales parecen haber evolucionado en Norte o Sudamérica, y un grupo migró vía Antártida (antes mucho más cálida) hasta Australia. Un grupo más lejano de marsupiales se mudó a Europa.

Tamaño: 1,7 m de longitud.
Orden: *Diprotodontia*.
Familia: *Thylacoleonidae*.
Cobertura: Australia: Nueva Gales del Sur, Queensland, Australia occidental y del sur.

Thylacoleo

Este "león marsupial" tenía una cara pequeña como la de un gato. Los incisivos frontales fueron modificados en dientes para matar; los dientes posteriores formaron poderosas cuchillas cortadoras de carne. Probablemente su dieta era solo carnívora y cazaba a los grandes canguros y vombátidos de la época.

Palorchestes

Los huesos nasales en el cráneo de este animal sugieren que tenía algún tipo de trompa. En ese caso el *Palorchestes* se vería como un tapir gigante. Sus patas eran fuertes y tenían cinco dedos equipados con enormes garras. Esto ha llevado a los expertos a creer que se alimentaba bajando ramas para alcanzar las hojas.

Tamaño: 2,5 m de longitud.
Orden: *Diprotodontia*.
Familia: *Palorchestes*.
Cobertura: Australia.

Tamaño: 80 cm de longitud.
Orden: *Marsupialia*.
Familia: *Borhyaenidae*.
Cobertura: Sudamérica: Patagonia.

Cladosictis

El *Cladosictis* era un marsupial primitivo carnívoro, parecido a la nutria en forma y tamaño, con un cuerpo largo, cola y extremidades cortas. Probablemente correteaba por los subsuelos buscando y capturando pequeños mamíferos y reptiles, y nadaba en ríos buscando peces. Incluso pudo haber comido huevos de aves o reptiles, e insectos. Sus dientes eran parecidos a los de los carnívoros mamíferos placentarios.

Tamaño: 40 cm de longitud.
Orden: *Marsupialia*.
Familia: *Argyrolagidae*.
Cobertura: Sudamérica: Patagonia.

Argyrolagus

Como las modernas ratas canguro y otros roedores del desierto (con los cuales no tiene relación alguna), el *Argyrolagus* se mudó al campo abierto sobre sus delgadas patas traseras de dos dedos, equilibrándose con su larga y pesada cola. La cabeza se parecía a la de un roedor pero tenía un hocico puntudo.

Procoptodon

Los canguros extintos tendían a ser más grandes que los modernos, con algunas características diferentes. El *Procoptodon* fue el mayor de estos canguros y lo distinguía su cara chata. A diferencia de los canguros modernos, cada pie trasero solo tenía un largo dedo funcional.

Tamaño: 15 cm de longitud.
Orden: *Marsupialia*.
Familia: *Necrolestes*.
Cobertura: Sudamérica: Patagonia.

Necrolestes

Solo conocemos de esta pequeña criatura la punta de su mandíbula con un raro giro hacia arriba del hocico. Este puede haber terminado con pliegues carnosos, como tentáculos, rodeando las fosas nasales igual que el topo de nariz estrellada. El *Necrolestes* pudo haber comido insectos o gusanos y vivió como un excavador; su macabro nombre significa "ladrón de tumbas".

Tamaño: 3 m de longitud.
Orden: *Marsupialia*.
Familia: *Macropodidae*.
Cobertura: Australia.

GLIPTODONTES, COMEDORES DE HORMIGAS, ARMADILLOS Y PEREZOSOS

Los desdentados están representados por los osos hormigueros, los perezosos arbóreos y los armadillos. El nombre de la cohorte (grupo de órdenes) significa "sin dientes", pero solo los osos hormigueros son completamente desdentados. Los demás tienen unas pocas clavijas rudimentarias, con frecuencia sin raíces, o una cubierta protectora de esmalte. Los desdentados comprendieron algunos de los mamíferos más bizarros del mundo. Además de los osos hormigueros, con sus hocicos elongados y los armadillos con sus armaduras flexibles, los desdentados incluyeron algunos grupos extraños ya extintos.

Tamaño: 45 cm de longitud.
Orden: *Palaeanodonta*.
Familia: *Matacheiromydae*.
Cobertura: Norteamérica: Wyoming.

Metacheiromys

Con sus patas cortas —de largas y afiladas garras— y su cola gruesa, el *Metacheiromys* nos recordaría a una mangosta moderna. Tenía una alargada y delgada cabeza; fuertes caninos, pero pocos dientes; en su lugar, unas encías gruesas le ayudarían a masticar su presa.

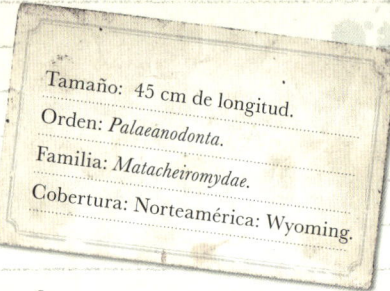

Tamaño: 1 m de longitud.
Orden: *Xenathra*.
Familia: *Megatheriidae*.
Cobertura: Sudamérica: Patagonia.

Hapalops

En tiempos del Mioceno, hace unos 20 millones de años, los perezosos terrestres se instalaron bien en Sudamérica. El *Hapalops* fue un miembro del grupo a comienzos del Mioceno, y era pequeño en comparación con sus parientes sucesores.

Doedicurus

Además de la armadura que lo recubría, el *Doedicurus* poseía un arma poderosa al final de su cola —un mazo óseo cubierto de espinas. Esta estructura admirable tenía un parecido enorme con los mazos utilizados por los caballeros medievales.

Tamaño: 4 m de longitud.
Orden: *Cingulata*.
Familia: *Glyptodontidae*.
Cobertura: Sudamérica: Patagonia.

Dinosaurios y otros animales prehistóricos

Glossotherium

Este gran perezoso terrestre era una criatura voluminosa, con una gran cabeza y cola pesada. Sus patas tenían largas garras volteadas hacia adentro, de modo que caminaba sobre sus nudillos, al estilo de los gorilas. Al parecer vivió en los arbustos del desierto. Los grandes perezosos murieron solo hace 11 000 años.

Tamaño: 4 m de longitud.
Orden: *Xenarthra*.
Familia: *Mylodontidae*.
Cobertura: Norteamérica: California.

Megatherium

Esta gigantesca criatura es el perezoso terrestre más grande que se conoce. Era tan grande como el elefante moderno y probablemente pesaba 3 toneladas. Su cabeza era amplia y parecida a la de un oso; sus mandíbulas estaban equipadas con músculos fuertes para moler las plantas que masticaba entre sus pocos dientes.

Tamaño: 6 m de longitud.
Orden: *Pilosa*.
Familia: *Megatheriidae*.
Cobertura: Sudamérica: Patagonia, Bolivia, Perú.

Eurotamandua

Los mirmecofágidos, o "verdaderos osos hormigueros", están altamente especializados para aprovechar una dieta de hormigas y termitas. Se sabe poco sobre su evolución. Con su largo hocico tubular, mandíbulas sin dientes, poderosas patas delanteras —con enormes garras— indudablemente este era un oso hormiguero.

Tamaño: 90 cm de longitud.
Orden: *Afredontata*.
Familia: *Myrmecophagidae*.
Cobertura: Europa: Alemania.

Tamaño: 50 cm de longitud.
Orden: *Pholidota*.
Familia: *Manidae*.
Cobertura: Europa: Alemania.

Eomanis

Un fósil bien preservado del primer pangolín conocido, muestra que el *Eomanis* se parecía mucho a los pangolines de hoy. Pudo haber sido capaz de cerrar sus ojos, oídos y narices, como una protección contra las picaduras de las hormigas, al igual que las especies modernas. Su dieta estaba constituida tanto por plantas como por insectos.

INSECTÍVOROS Y CREODONTOS

Muchos animales han sido clasificados como insectívoros, sin embargo una nueva investigación lo ha puesto en duda. Los extintos *Anagale* (mamíferos parecidos a conejos) fueron considerados insectívoros, pero ahora son asociados con las musarañas elefante. Casi todos los insectívoros son pequeños y nocturnos o crepusculares (activos al anochecer), pero se han adaptado a una variedad de hábitats y estilos de vida. Los creodontos, mamíferos comedores de carne, evolucionaron en un gran número de formas, que desaparecieron hace cerca de 7 millones de años.

- Tamaño: 30 cm de longitud.
- Orden: *Anagalida*.
- Familia: *Anagalidae*.
- Cobertura: Asia: Mongolia.

Anagale

El *Anagale* se veía muy similar a un conejo moderno, pero tenía una cola larga y, probablemente, orejas cortas; también prefería correr a dar saltos. Las patas traseras del *Anagale* eran más largas que las delanteras y estaban equipadas con garras con forma de cuchillas. Buscaría por el suelo larvas y lombrices.

- Tamaño: 25 cm de longitud.
- Orden: *Dermoptera*.
- Familia: *Plagiomenidae*.
- Cobertura: Norteamérica: Montana.

Planetetherium

Los dermápteros, también conocidos como "lémures voladores", no son ni lémures ni pueden volar. Los supervivientes modernos, los colugos, planean de árbol en árbol usando sus membranas expandibles. El *Planetetherium* tuvo dientes incisivos que estaban divididos, apuntando hacia adelante, los cuales usaba para acicalarse y raspar la comida.

Dinosaurios y otros animales prehistóricos

Tamaño: 14 cm de longitud.
Orden: *Chiroptera*.
Familia: *Icaronycteridae*.
Cobertura: Norteamérica: Wyoming.

Icaronycteris

Sería casi idéntico a un murciélago moderno, con unas pocas caracteriscticas muy primitivas: alas cortas y anchas, boca con un gran número de dientes dispuestos como los de los insectivoros. Tendría una cola, y en esta temprana etapa de la evolución, podrían colgarse cabeza abajo.

Tamaño: 75 cm de longitud.
Orden: *Leptictida*.
Familia: *Pseudorhyncocyonidae*.
Cobertura: Europa: Alemania.

Leptictidium

El *Leptictidium* probablemente se parecía a la musaraña elefante moderna, excepto por sus largas patas traseras y su cola. Era un corredor bípedo, como los humanos, y uno de los pequeños dinosaurios comedores de carne. Las patas traseras eran largas, ligeras y parecidas a las de un ave, con la mayoría de los músculos concentrados alrededor del muslo. Las extremidades delanteras eran más pequeñas que la mitad de sus patas traseras y se adaptaron para agarrar comida. El cuerpo era muy corto y la larga cola servía como balance.

197

Insectívoros y creodontos

- Tamaño: 3 m de longitud.
- Orden: *Creodonta*.
- Familia: *Oxyaenidae*.
- Cobertura: Asia: Mongolia.

Sarkastodon

Alrededor de 35 millones de años atrás, Asia central tuvo algunos grandes mamíferos. El *Sarkastodon* fue uno de los más grandes creodontos, mayor aún que el oso más grande. Los dientes eran largos y delgados como los del moderno oso grizzly. El *Sarkastodon* probablemente comía una gran variedad de alimentos.

- Tamaño: 20 cm de longitud.
- Orden: *Carnívora*.
- Familia: *Miacoidea*.
- Cobertura: Europa: Alemania.

Miacis

Los miácidos fueron los primeros verdaderos carnívoros que aparecieron hace 60 millones de años. Correteando a través de las ramas, este animal debía verse como una marta moderna. La forma de sus extremidades, sus hombros flexibles y sus codos articulados indican que estaba bien adaptado para moverse entre los arboles de los bosques pantanosos tropicales.

Chapalmalania

Los prociónidos viajaron al sur desde Norteamérica por Centroamérica. Una vez en Sudamérica, evolucionaron en un número de formas especializadas. El *Chapalmalania* era un mapache gigante que debió verse como un panda gigante. Era tan grande que en un principio se pensó que sus restos eran los de un oso. Como el panda, probablemente tenía una dieta a base de plantas locales.

- Tamaño: 1,5 m de longitud.
- Orden: *Carnívora*.
- Familia: *Procyonidae*.
- Cobertura: Sudamérica: Argentina.

Tamaño: 75 cm de longitud.
Orden: *Creodonta*.
Familia: *Hyaenodontidae*.
Cobertura: Norteamérica; Europa: Francia; Asia: China; África: Kenya.

Hyaenodon

Fue un orden que se extendió y adaptó rápidamente, incluyendo especies del tamaño de un armiño y otras tan grandes como una hiena. Sus patas largas y fuertes indican que podía correr, aunque quizás no muy rápido. Puede haber tenido los mismos hábitos de las hienas: ser un cazador activo, pero también carroñero.

Tamaño: 75 cm de longitud.
Orden: *Ornithischia*.
Familia: *Hypsilophodontidae*.
Cobertura: Asia:China; Europa: Francia; Norteamérica: Estados Unidos.

Tamaño: 1,5 m de longitud.
Orden: *Ornithischia*.
Familia: *Hypsilophodontidae*.
Cobertura: Europa: Francia.

Potamotherium

El *Potamotherium* es la primera nutria conocida, y como su moderna descendiente, poseía un largo y sinuoso cuerpo y patas cortas. Probablemente corría a través de la vegetación del río en una serie de brincos, con su espalda arqueada y la cabeza cerca del suelo. Su sentido del olfato no se desarrolló bien, pero el oído y la vista eran precisos, ayudándolo a cazar peces en el agua.

Plesictis

Este cazador que vivía en los árboles tenía ojos grandes, probablemente para cacerías nocturnas, y tenía una cola larga para balancearse. Se parecía al cacomixtle moderno (*Bassariscus astutus*) y puede haber sido su ancestro directo. Probablemente llevaba el mismo estilo de vida, correteando por los árboles. Como otros prociónidos, la corona de sus dientes no tenía filo y sus molares era cuadrados, indicando que probablemente era omnívoro, comiendo huevos, insectos y plantas, también cazando pequeños mamíferos y pájaros.

MUSTÉLIDOS Y OSOS

Los mustélidos probablemente evolucionaron de los miácidos (primeros carnívoros) en el periodo terciario temprano. Los miembros modernos de la familia incluyen comadrejas, armiños, tejones, nutrias, civetas, ginetas y mangostas –todos cazadores delgados y de cuerpos alargados. Los anficiónidos fueron una familia de cazadores "osos-perro" que existieron desde la época eocena, hace 50 millones de años, hasta los tiempos del Mioceno, hace unos 5 millones de años. Los anficiónidos fueron un grupo exitoso y variado de grandes animales cazadores. Cuando los creodontos se debilitaron, estos los reemplazaron en los ecosistemas y luego aparecieron los "perros verdaderos" durante el Plioceno (hace 5 millones de años). El nombre común de los anficiónidos "osos-perro", hace referencia a su similitud con estas dos criaturas.

Hemicyon

A pesar de su gran tamaño, el *Hemicyon* era ligero y más parecido a un perro; su nombre significa "mitad perro". Probablemente fue más carnívoro que los osos y, posiblemente, un cazador activo. Tenía poderosas patas y pudo ser un ágil corredor, cazando en amplias planicies y paseando en manadas.

Tamaño: 1,5 m de longitud.
Orden: *Carnívora*.
Familia: *Hemicyonidae*.
Cobertura: Asia: Mongolia; Europa: Francia y España; Norteamérica: Estados Unidos.

Tamaño: 2 m de longitud.
Orden: *Carnívora*.
Familia: *Ursidae*.
Cobertura: África: Namibia; Asia: China; Europa: Francia.

Agriotherium

Aunque los osos ya no se encuentran en África, sí se podía en el pasado; el *Agriotherium* vivió en África sudoccidental. Esta criatura fue un oso muy grande, incluso más grande que el oso Kodiak. También era muy primitivo y, de cierta manera, recordaba a los perros. Sus dientes habían desarrollado el típico patrón de los osos, así que es seguro asumir que fue omnívoro.

Dinosaurios y otros animales prehistóricos

Tamaño: 2 m de longitud.
Orden: *Carnivora*.
Familia: *Ursidae*.
Cobertura: Europa: Austria, Alemania, Países Bajos, España, Inglaterra, Rusia.

Ursus spelaeus

Este género está representado hoy por el oso pardo, el oso polar y el oso negro americano. Pero en el Pleistoceno, el *Ursus spelaeus* fue muy numeroso y con impresionantes especies. Vivió en Europa durante la Edad de Hielo y escapaba de los inviernos en las cuevas. Muchos hibernaban en grupos, a juzgar por los montones de fósiles encontrados juntos.

Tamaño: 2 m de longitud.
Orden: *Carnivora*.
Familia: *Amphicyonidae*.
Cobertura: Europa: Francia y Alemania; Norteamérica: Nebraska.

Amphicyon

El *Amphicyon* era un típico "oso-perro". Probablemente se veía como un oso grande con los dientes afilados, cuello grueso, patas robustas y una cola pesada. Pudo haber llevado un estilo de vida similar al oso grizzli moderno, comiendo una amplia variedad de plantas y animales, y matando a su presa con los poderosos golpes de sus patas delanteras. El *Amphicyon* debió ser un temido adversario para cualquier criatura viviente en las planicies del hemisferio norte.

201

HIENAS Y PERROS

Los cánidos –incluyendo los zorros modernos, chacales, coyotes, lobos y perros son un grupo exitoso. Se han adaptado a una gran variedad de hábitats y dietas. Como miembros del orden *Carnivora*, la familia de los cánidos cobija a las nutrias y las comadrejas, gatos y mangostas, focas, leones marinos y morsas. Los primeros cánidos estuvieron principalmente en Norteamérica, sin colonizar otros continentes hasta hace 6 millones de años. Desarrollaron un magnífico sentido del olfato, buena visión y un oído preciso. También pudieron perseguir presas velozmente por considerables distancias.

Tamaño: 80 cm de longitud.
Orden: *Carnivora*.
Familia: *Canidae*.
Cobertura: Norteamérica: Nebraska.

Phlaocyon
El *Phlaocyon* se veía como un miembro de la familia de los mapaches. Sin embargo, muchas características de su cráneo sugerían que perteneció a la familia de los perros, aunque muy primitivo.

Cynodesmus
El *Cynodesmus* fue uno de los primeros cánidos muy similar al perro moderno. Tenía el tamaño y forma del coyote de Norte y Centroamérica. Su cara, sin embargo, era más chata (el largo hocico, típico de los perros, se desarrolló más tarde en su evolución).

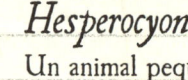

Tamaño: 1 m de longitud.
Orden: *Carnivora*.
Familia: *Canidae*.
Cobertura: Norteamérica: Nebraska.

Hesperocyon
Un animal pequeño y activo, parecido a la mangosta o civeta, el *Hesperocyon* fue uno de los primeros cánidos. Con su largo cuerpo flexible, cola larga y patas débiles y cortas, no se parecía mucho a un perro. Sin embargo, la organización de sus dientes muestra, sin duda, que fue un cánido primitivo.

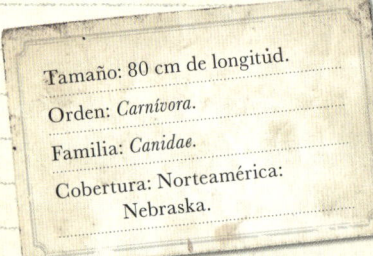

Tamaño: 80 cm de longitud.
Orden: *Carnivora*.
Familia: *Canidae*.
Cobertura: Norteamérica: Nebraska.

Dinosaurios y otros animales prehistóricos

Cerdocyon

La familia de los cánidos evolucionó en Norteamérica y migró a Sudamérica hace 2 millones de años. Entre ellos estaban los primeros zorros, *Cerdocyon*, que vivían de la misma manera que el zorro común o el zorro comecangrejos, encontrado por toda Sudamérica.

Tamaño: 80 cm de longitud.
Orden: *Carnivora*.
Familia: *Canidae*.
Cobertura: Sudamérica: Argentina.

Canis dirus

Tamaño: 1,5 m de longitud.
Orden: *Carnivora*.
Familia: *Canidae*.
Cobertura: Norteamérica: California.

El género del perro llamado *Canis* incluye las nueve especies vivientes de lobos, coyotes, chacales y perros –tanto salvajes como domésticos– desde el gran danés al chihuahua. Muchas especies existieron en el pasado, una de las más conocidas fue el *Canis dirus*, el lobo huargo. Este lobo prehistórico se parecía mucho a su pariente moderno, pero tenía una estructura más pesada. Fue probablemente más carroñero que cazador.

Tamaño: 80 cm de longitud.
Orden: *Carnivora*.
Familia: *Canidae*.
Cobertura: Norteamérica: Nebraska.

Tamaño: 1,2 m de longitud.
Orden: *Carnivora*.
Familia: *Canidae*.
Cobertura: África: Marruecos; Europa: Grecia.

Ictitherium

El *Ictitherium* fue una de las primeras hienas y probablemente se veía más como una civeta (un pariente de las mangostas y ginetas). También tenía dientes similares a los de la civeta, adaptados a una dieta insectívora, a diferencia de los formidables dientes aplastahuesos de las hienas.

Osteoborus

El *Osteoborus* fue un miembro de los borofagínidos, los primeros perros carroñeros aparecidos aproximadamente 8 millones de años atrás. Su frente protuberante le dio apariencia de oso; sin embargo sus grandes premolares aplastahuesos, reflejaban su parecido con la hiena.

GATOS Y MANGOSTAS

Los nimrávidos fueron los primeros gatos en evolucionar, y son llamados algunas veces "falsos dientes de sable", para distinguirlos de los verdaderos, agrupados en la familia de los félidos. Dentro de los félidos está la familia de los gatos modernos como el león, el tigre, el leopardo y los gatos domésticos. Ellos son los cazadores mamíferos más especializados, cazando con sigilo. La familia de pequeños cazadores, los vivérridos, contiene las modernas civetas, ginetas y mangostas. La mayoría tienen un cuerpo alargado, patas cortas, y son omnívoros con una variada dieta.

Nimravus

Este falso dientes de sable fue contemporáneo de otros dientes de sable en Europa y Norteamérica, y competían por comida y hábitat. El *Nimravus*, con su delgado cuerpo, probablemente no fue muy diferente al moderno caracal de África y Asia, aunque tenía un lomo más largo y patas más parecidas a las de un perro.

Tamaño: 1,2 m de longitud.
Orden: *Carnívora*.
Familia: *Nimravidae*.
Cobertura: Europa: Francia; Norteamérica: Colorado, Nebraska, Dakota del sur y del norte, Wyoming.

Panthera

El *Panthera leo* o moderno león, aun se encuentra en partes de África e India occidental. Sus caninos son usados para estrangular a sus presas, mordiéndolas en el cuello. El *Panthera leo spelaea*, un león de cueva de Europa, fue un 25 % más grande que el león moderno.

Tamaño: 3,5 m de longitud.
Orden: *Panthera*.
Familia: *Felidae*.
Cobertura: África: Sudáfrica; Asia: India; Europa: Inglaterra; Norteamérica: California.

Tamaño: 1,2 m de longitud.
Orden: *Carnivora*.
Familia: *Felidae*.
Cobertura: Norteamérica: California; Sudamérica: Argentina.

Tamaño: 1,2 m de longitud.
Orden: *Carnivora*.
Familia: *Felidae*.
Cobertura: África: Sudáfrica; Asia: China e India; Europa: Francia; Norteamérica: Texas.

Smilodon

Fue el clásico dientes de sable. A diferencia de otros, tenía una cola corta, como la del lince moderno. Todo su cuerpo estaba poderosamente construido, con los músculos de sus hombros y cuello organizados para producir una poderosa embestida con su compacta cabeza. La mandíbula se abría en un ángulo de más de 120°, para que el gran par de dientes de sable se hincaran en la víctima.

Dinofelis

El *Dinofelis* fue un gato del tamaño de una pantera, con caninos aplanados que eran cortos en comparación con los dientes de sable, dientes de cimitarra o dientes de daga. Es materia de debate a qué subfamilia de los félidos pertenecía el *Dinofelis*. Al principio se extinguió en Eurasia y Norteamérica, pero sobrevivió en África hasta la mitad del Pleistoceno.

Tamaño: 90 cm de longitud.
Orden: *Carnivora*.
Familia: *Viverridae*.
Cobertura: África: Kenia.

Kanuites

Los vivérridos han cambiado sorprendentemente poco durante su evolución, y el *Kanuites* se vería muy parecido a las ginetas actuales. Tenía una larga cola y tal vez garras retráctiles como las de un gato. Probablemente fue omnívoro y pudo haber vivido tanto en los árboles como sobre el suelo.

FOCAS, LEONES MARINOS Y MORSAS

El orden de los carnívoros también incluía un exitoso grupo de carnívoros marinos, agrupado como los pinnípedos, que incluye a los leones marinos modernos, morsas y focas; todos con extremidades modificadas en aletas. Los desmostilios fueron un orden de extraños mamíferos acuáticos que han sido descritos como "caballos de mar"; los miembros de este orden fueron del tamaño de un poni. Los sirenios o vacas marinas, son los únicos mamíferos que se adaptaron completamente. Se alimentaron de plantas acuáticas, y hoy sobreviven tres especies de manatíes y una de dugongos.

Tamaño: 1,5 m de longitud.
Orden: *Carnívora*.
Familia: *Enliarctidae*.
Cobertura: Norteamérica: Costa pacífica.

Enaliarctos
Este primitivo león marino representa una etapa temprana en la adaptación de los carnívoros terrestres, al estilo de vida en el mar. El *Enaliarctos* estaba casi entre una nutria y un león marino. Sus dientes eran armas cortadoras de carne, como los colmillos de un perro, y su cuerpo era aerodinámico, como el de una nutria, con patas y cola distintivas.

Acrophoca
El *Acrophoca* pudo ser el antecesor de la foca leopardo moderna. Fue un comedor de peces, pero con aletas menos desarrolladas, probablemente no tan bien adaptadas a la vida acuática, pasando mucho de su tiempo en o cerca de la costa.

Tamaño: 1,5 m de longitud.
Orden: *Carnívora*.
Familia: *Phocidae*.
Cobertura: Sudamérica: Perú.

Tamaño: 1,7 m de longitud.
Orden: *Carnívora*.
Familia: *Desmatophocidae*.
Cobertura: Asia: Japón; Norteamérica: California y Óregon.

Desmatophoca
La típica forma aerodinámica del león marino había empezado a aparecer en la *Desmatophoca*. Como en sus parientes vivos, sus extremidades delanteras eran más fuertes que las traseras y las patas se convirtieron en remos con dedos alargados hacia afuera unidos por membranas. Aunque la *Desmatophoca* seguía teniendo una cola, en contraste con el león marino, esta era mucho más corta.

Dinosaurios y otros animales prehistóricos

Tamaño: 6 m de longitud.
Orden: *Sirenia*.
Familia: *Dugongidae*.
Cobertura: Europa: Francia.

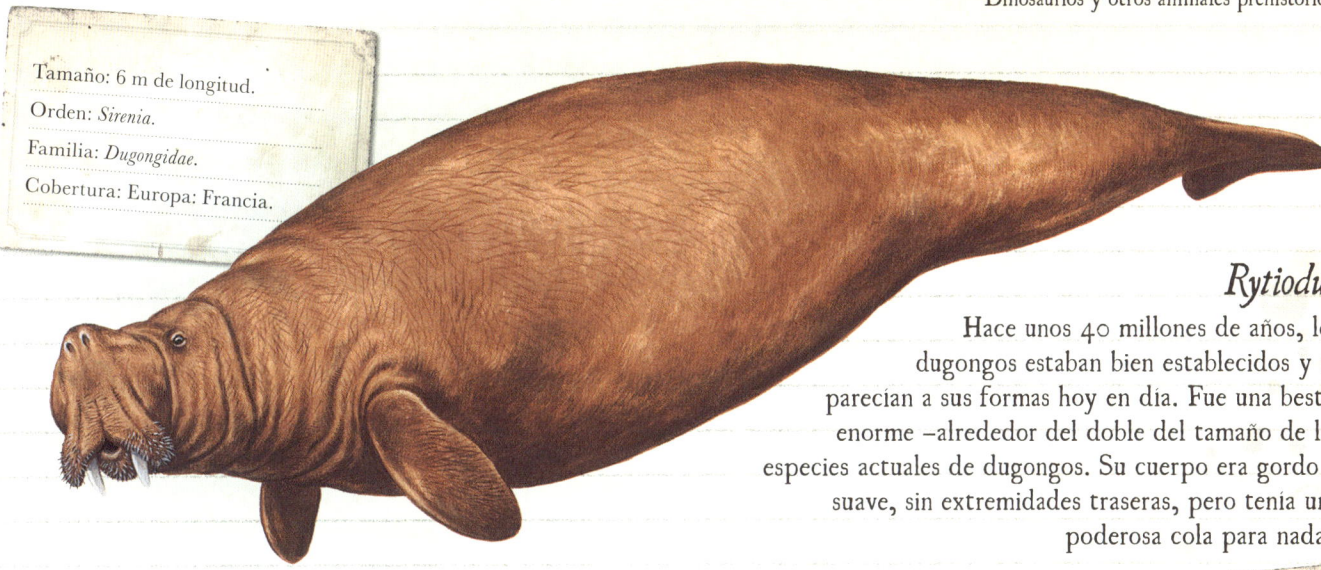

Rytiodus

Hace unos 40 millones de años, los dugongos estaban bien establecidos y se parecían a sus formas hoy en día. Fue una bestia enorme –alrededor del doble del tamaño de las especies actuales de dugongos. Su cuerpo era gordo y suave, sin extremidades traseras, pero tenía una poderosa cola para nadar.

Imagotaria

El *Imagotaria* era una clase de morsa, pero probablemente se veía y comportaba como un león marino. Los dientes caninos, usados por los leones marinos para atrapar peces, habían empezado a alargarse, pero el *Imagotaria* todavía no tenía los colmillos o dientes traseros aplastaostras usados por las morsas.

Tamaño: 1,5 m de longitud.
Orden: *Sirenia*.
Familia: *Prorastomidae*.
Cobertura: Indias occidentales: Jamaica.

Tamaño: 1,8 m de longitud.
Orden: *Carnívora*.
Familia: *Odobenidae*.
Cobertura: Norteamérica: Costa pacífica.

Prorastomus

El *Prorastomus* es el sirenio más primitivo que se conoce. Solo su cráneo y partes de su columna vertebral y costillas han sido descubiertas. Su cráneo indica que no estaba especializado para llevar una vida acuática y es muy probable que siguiera siendo un habitante de la tierra.

Desmostylus

Con la contextura de un hipopótamo, tal vez también se comportaba como tal. El *Desmostylus* tenía un cuerpo regordete y piernas robustas con amplios pies y grandes dedos. Debió tener un estilo de vida anfibio, remando en las aguas superficiales y hundiéndose hacia el lecho marino para buscar comida.

Tamaño: 1,8 m de longitud.
Orden: *Desmostylus*.
Familia: *Desmostylidae*.
Cobertura: Asia: Japón; Norteamérica: Costa pacífica.

BALLENAS, DELFINES Y MARSOPAS

Las ballenas, delfines y marsopas, criaturas marinas magníficas e inteligentes, son miembros del único orden de mamíferos que se han adaptado a pasar toda su vida en los océanos. Sus cuerpos aerodinámicos de forma similar a la de un pez, les permiten nadar con facilidad, pero les niegan cualquier posibilidad de vida en tierra.

Sin embargo, han conservado las características básicas de los mamíferos de sangre caliente, como la capacidad de amamantar a sus crías y la necesidad de respirar aire. Se han encontrado especies vivientes a través de los océanos del mundo y también hay delfines de agua dulce en Sudamérica, India y China.

Tamaño: 6 m de longitud.
Orden: *Cetacea*.
Familia: *Basilosauridae*.
Cobertura: Norteamérica: Costa atlántica.

Zygorhiza
Perteneció a la familia de las primeras ballenas que desarrollaron cuerpos extremadamente elongados, similares a las anguilas. Su cuerpo tenía seis veces la longitud de su cráneo –la misma proporción de las ballenas modernas y, a diferencia de estas, su cabeza estaba conectada al cuerpo por un cuello corto.

Pakicetus
Es la primera ballena conocida. Aunque solo se han encontrado partes de su cráneo, las característica que presenta podrían llevar a pensar que el resto de su cuerpo tendría pocas adaptaciones a la existencia marina y probablemente sería muy parecida a las focas.

Tamaño: 2,5 m de longitud.
Orden: *Cetacea*.
Familia: *Protocetidae*.
Cobertura: África y Asia (área mediterránea).

Tamaño: 1,8 m de longitud.
Orden: *Cetacea*.
Familia: *Pakicetidae*.
Cobertura: Asia: Pakistán.

Protocetus
El *Protocetus*, que vivió unos 8 millones de años después del *Pakicetus*, era mucho más parecido a la ballena. Su cuerpo era más aerodinámico, sus patas delanteras planas y en forma de remo, pero las traseras se redujeron grandemente y las usaba poco para nadar.

Dinosaurios y otros animales prehistóricos

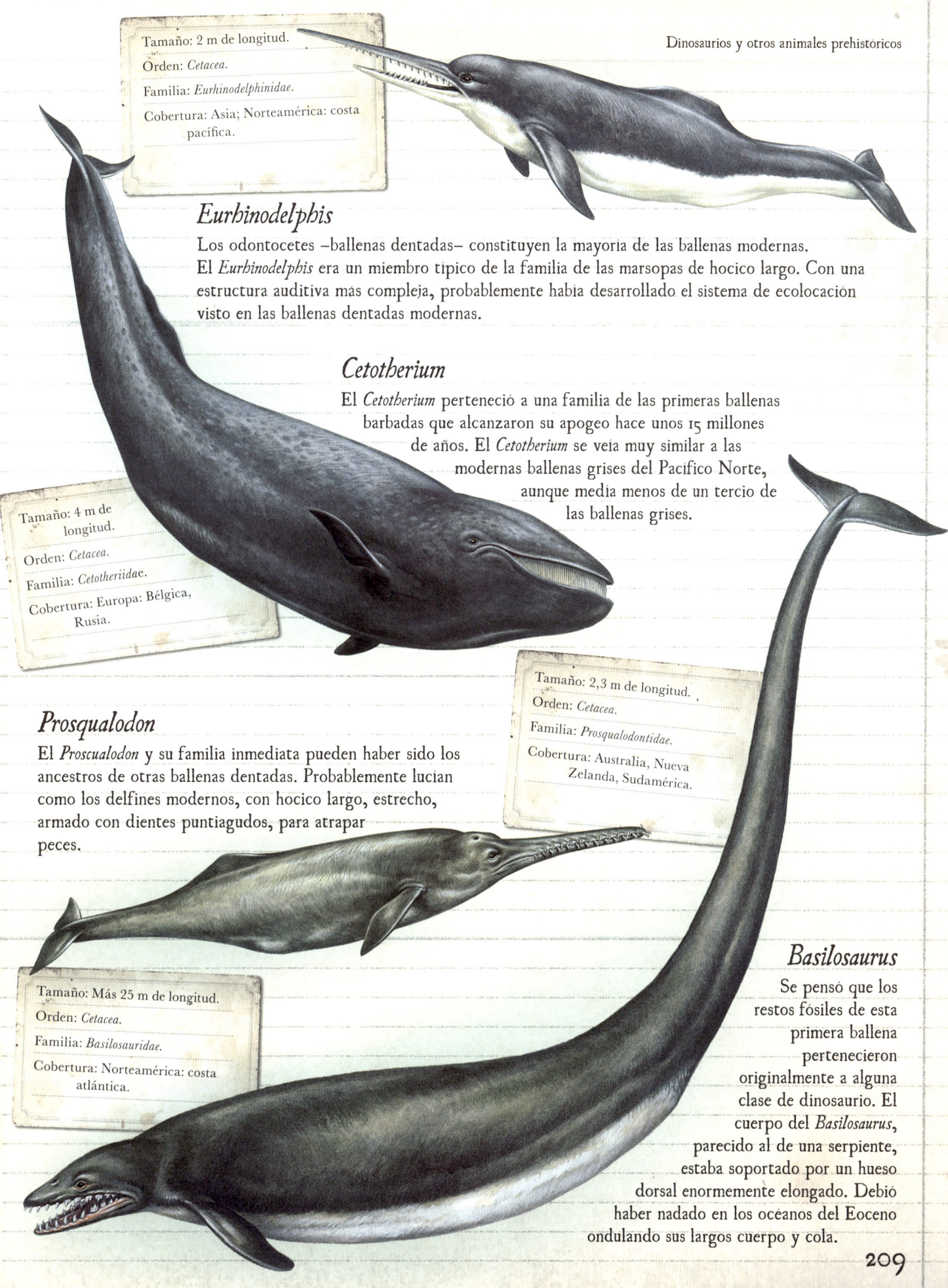

Tamaño: 2 m de longitud.
Orden: *Cetacea*.
Familia: *Eurhinodelphinidae*.
Cobertura: Asia; Norteamérica: costa pacífica.

Eurhinodelphis

Los odontocetes –ballenas dentadas– constituyen la mayoría de las ballenas modernas.
El *Eurhinodelphis* era un miembro típico de la familia de las marsopas de hocico largo. Con una estructura auditiva más compleja, probablemente había desarrollado el sistema de ecolocación visto en las ballenas dentadas modernas.

Cetotherium

El *Cetotherium* perteneció a una familia de las primeras ballenas barbadas que alcanzaron su apogeo hace unos 15 millones de años. El *Cetotherium* se veía muy similar a las modernas ballenas grises del Pacífico Norte, aunque medía menos de un tercio de las ballenas grises.

Tamaño: 4 m de longitud.
Orden: *Cetacea*.
Familia: *Cetotheriidae*.
Cobertura: Europa: Bélgica, Rusia.

Prosqualodon

El *Proscualodon* y su familia inmediata pueden haber sido los ancestros de otras ballenas dentadas. Probablemente lucían como los delfines modernos, con hocico largo, estrecho, armado con dientes puntiagudos, para atrapar peces.

Tamaño: 2,3 m de longitud.
Orden: *Cetacea*.
Familia: *Prosqualodontidae*.
Cobertura: Australia, Nueva Zelanda, Sudamérica.

Basilosaurus

Se pensó que los restos fósiles de esta primera ballena pertenecieron originalmente a alguna clase de dinosaurio. El cuerpo del *Basilosaurus*, parecido al de una serpiente, estaba soportado por un hueso dorsal enormemente elongado. Debió haber nadado en los océanos del Eoceno ondulando sus largos cuerpo y cola.

Tamaño: Más 25 m de longitud.
Orden: *Cetacea*.
Familia: *Basilosauridae*.
Cobertura: Norteamérica: costa atlántica.

HOZADORES Y BUSCADORES

La mayoría de los ungulados (animales con pezuñas) son grandes comedores de plantas que hozan y buscan entre la vegetación. Los primeros hozadores y buscadores fueron un grupo diverso, que se alimentaba principalmente hojas, brotes y raíces, aunque algunos evolucionaron en carroñeros. Ruminates como los caballos, reses y ciervos, evolucionaron de estos primeros ungulados. Fueron dominantes durante durante el Mioceno, moviéndose de los bosques a las praderas en desarrollo.

Chriacus

Este ágil animal trepador pudo corretear a través de los bosques tropicales de Norteamérica, comiendo insectos, animales pequeños y frutas. Sus miembros traseros eran como los de un animal trepador.

Tamaño: 1 m de longitud.
Orden: *Mesonychia*.
Familia: *Triisodontidae*.
Cobertura: Norteamérica: Wyoming.

Tamaño: 4 m de longitud.
Orden: *Mesonychia*.
Familia: *Triisodontidae*.
Cobertura: Asia: Mongolia.

Andrewsarchus

Con un cráneo gigante, de cerca de 1m de longitud, el *Andrewsarchus* fue el más grande mamífero terrestre carnívoro conocido. Sus dientes eran muy grandes y adaptados para aplastar y desgarrar la comida.

Trogosus

Desde la distancia, la corta alzada, cabeza pequeña y pies planos de este gran animal, le hubieran dado la apariencia de un oso moderno. Sin embargo, tan pronto como el *Trogosus* abría su boca, sus enormes dientes incisivos, como cinceles, lo habrían hecho parecerse a una rata gigante.

Tamaño: 3 m de longitud.
Orden: *Cimolesta*.
Familia: *Coryphodontidae*.
Cobertura: Norteamérica, Europa y Asia Oriental.

Tamaño: 1,2 m de longitud.
Orden: *Cimolesta*.
Familia: *Esthonychidae*.
Cobertura: Norteamérica: Wyoming.

Coryphodon

El *Coryphodon* era un gran animal con caninos como los de un hipopótamo, que estaban especialmente desarrollados en el macho. Al igual que los hipopótamos, el *Coryphodon* probablemente vivía en pantanos y ciénagas.

Dinosaurios y otros animales prehistóricos

Tamaño: 1,5 m de alzada.
Orden: *Dinocerata*.
Familia: *Uintatheriidae*.
Cobertura: Norteamérica: Wyoming.

Eobasileus

Los uintatéridos fueron los mamíferos terrestres más grandes en su época, con huesos anchos, extremidades pesadas y cerebros relativamente pequeños. El *Eobasileus* se veía casi como un rinoceronte con un par de dientes de sable en su mandíbula superior y seis protuberancias óseas en su cabeza.

Tamaño: 3,5 m de alzada.
Orden: *Embrithopoda*.
Familia: *Arsinoitheriidae*.
Cobertura: África: Egipto.

Arsinoitherium

La característica más memorable del *Arsinoitherium* eran los dos cuernos fusionados en sus bases, que cubrían el área desde las fosas nasales, hasta la mitad de su cráneo. A pesar de su apariencia, fue solo superficialmente como un rinoceronte. Sus "cuernos" estaban huecos.

Stylinodon

Con sus cortas patas excavadoras y fuertes garras, el *Stylinodon* pudo tener el tamaño de un oso, y un cuerpo como el de un cerdo hormiguero. No tenía caninos en sus mandíbulas, pero los incisivos eran enormes.

Tamaño: 1,6 m de longitud.
Orden: *Hyracoidea*.
Familia: *Pliohyracidae*.
Cobertura: Europa: Cáucaso.

Tamaño: 1,3 m de longitud.
Orden: *Taeniodonta*.
Familia: *Stylinodontidae*.
Cobertura: Norteamérica: Wyoming, Colorado y Utah.

Kvabebihyrax

Con su robusto cuerpo y pequeños ojos fijos en la parte alta de su cráneo, el *Kvabebihyrax* debió verse más como un pequeño hipopótamo, que como los damanes modernos. El hocico era corto, y tenía un par de grandes dientes incisivos en la mandíbula superior.

ELEFANTES Y MASTODONTES

Los elefantes africanos y de la India, son las únicas dos especies sobrevivientes de un diverso grupo llamado los proboscideos. Desde sus orígenes en África del norte, su evolución involucró un incremento en su tamaño, el desarrollo de grandes patas como pilares para soportar el enorme peso, y una extensión de la trompa, acompañado por el crecimiento de la cabeza.
La trompa inicialmente permitía al animal alcanzar la comida en el suelo pero también funcionaba para exhibirse y buscar pareja. Hace 2 millones de años, los mamuts y los mastodontes prosperaron sobre los continentes del norte, solo para sufrir una masiva extinción con el avance de la era de hielo.

Moeritherium

Este animal del tamaño de un cerdo, era más parecido a un tapir o un hipopótamo pigmeo, que a un elefante. Las fosas nasales externas estaban al frente del cráneo, lo que implica que no poseía una trompa, aunque pudo tener un ancho y grueso labio superior que lo ayudaba a comer las raíces entre la vegetación de los pantanos.

Tamaño: 60 cm de alzada.
Orden: *Proboscidea*.
Familia: *Moeritheriidae*.
Cobertura: África: Egipto, Mali y Senegal.

Tamaño: 4 m de alzada.
Orden: *Proboscidea*.
Familia: *Deinotheridae*.
Cobertura: Europa: Alemania y Bohemia; Asia: India; África: Kenia.

Deinotherium

La característica más destacada en este elefante fue su mandíbula inferior curvaba hacia abajo en un ángulo recto, dejando salir dos enormes colmillos curvos. El animal pudo haber usado sus bizarros colmillos para buscar comida –arrancando la corteza de los árboles o desenterrando tubérculos. Los dinoterios prosperaron sin cambios en el Plioceno, y desaparecieron hace unos 2 millones de años.

Dinosaurios y otros animales prehistóricos

Gomphotherium

El *Gomphoterium* era el mamífero dominante más grande del Mioceno hasta que fue gradualmente reemplazado por los elefantes, hace unos 5 millones de años. Este mastodonte de cuatro colmillos se extendió por casi por toda la Tierra; sus restos fosilizados fueron descubiertos en cuatro continentes.

Tamaño: 3 m de alzada.
Orden: *Proboscidea*.
Familia: *Gomphotheriidae*.
Cobertura: Europa: Francia; África: Kenia, Asia, Paquistán y Norteamérica: Nebraska.

Phiomia

El *Phiomia* evolucionó al lado de sus más pequeños y distantes parientes, los *Moeritherium*. El *Phiomia* probablemente se alimentaba en los bosques de Fayum, mientras el *Moeritherium* pefería los pantanos. Las mandíbulas superior e inferior eran largas, la trompa de la mandíbula inferior terminaba en una forma cóncava que usaba para recolectar alimento.

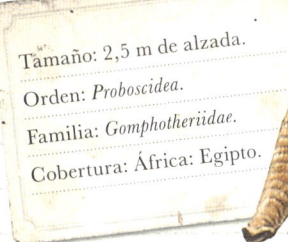

Tamaño: 2,5 m de alzada.
Orden: *Proboscidea*.
Familia: *Gomphotheriidae*.
Cobertura: África: Egipto.

Platybelodon

El *Platybelodon* fue otro mastodonte que vivió en Europa y Asia. Los maxilares superior e inferior eran largos y los dientes aplanados del inferior tenían una forma de pala que le permitía recoger su alimento del suelo. Evidentemente disfrutó merodear en los ríos superficiales y excavar entre la hierba acuática.

Tamaño: 3 m de alzada.
Orden: *Proboscidea*.
Familia: *Gomphotheriidae*.
Cobertura: Europa: Montañas del Cáucaso; Asia: Mongolia; África: Kenia.

Elefantes y mastodontes

Elephas falconeri

El género *Elephas* incluye al elefante indio moderno, *Elephas maximus*. Los primeros miembros del género surgieron en África hace unos 5 millones de años y se extendieron por Europa y Asia. El *Elephas falconeri* era de menos de 1 m de altura y vivió en las islas mediterráneas. Elefantes enanos similares surgieron en las islas del sureste de Asia.

Tamaño: 90 cm de alzada.
Orden: *Proboscidea*.
Familia: *Elephantidae*.
Cobertura: Islas mediterráneas (Chipre, Creta, Malta, Sicilia, Calabria del sur y algunas de las pequeñas islas griegas).

Tamaño: 4,5 m de altura.
Orden: *Prosboscidea*.
Familia: *Elephantida*.
Cobertura: Europa: Inglaterra y Alemania.

Elephas antiquus

Los elefantes modernos pertenecen a la familia de los elefántidos. Los elefantes actuales difieren de sus primeros parientes, los mastodontes, en que han perdido las trompas de sus mandíbulas inferiores y sus dientes cambiaron. El *Elephas antiquus* era muy grande, con patas largas y una trompa recta y alargada, ligeramente curvada en la punta.

Tamaño: 3,7 m de alzada.
Orden: *Proboscidea*.
Familia: *Elephantidae*.
Cobertura: Europa.

Mammuthus trogontherii

Los mamuts fueron un grupo amplio de animales herbívoros que estaban bien adaptados a climas fríos. Este animal fue uno de los mamuts más grandes y vivía en condiciones mucho más frías que sus ancestros. Probablemente fue el primero en desarrollar un abrigo peludo, y se movía en manadas a través de las praderas, devorando la áspera hierba que crecía allí.

Dinosaurios y otros animales prehistóricos

Tamaño: 4,5 m de altura.
Orden: *Proboscidea*.
Familia: *Elephantidae*.
Cobertura: Europa: España.

Mammuthus meridionalis

El *Mammuthus meridionalis* fue uno de los primeros mamuts adaptados al clima, evolucionando en los bosques del sur de Europa donde hacía frío, aunque no extremo, hace unos 2 millones de años. El *Mammuthus meridionalis* se parecía al elefante indio moderno, pero poseía colmillos mucho más grandes e impresionantes.

Mammuthus columbi

El *Mammuthus columbi* fue un mamut americano que migró de Asia a Norteamérica. Habitó las cálidas praderas en el extremo sur del continente y pudo haberse movido hasta México. Sus largos colmillos, que se curvaban hacia delante y hacia adentro, lo diferencian de otros mamuts americanos como el *M. Imperator*.

Tamaño: 3,7 m de altura.
Orden: *Proboscidea*.
Familia: *Elephantidae*.
Cobertura: Norteamérica: Carolina, Georgia, Luisiana y Florida.

Tamaño: 2,7 m de altura.
Orden: *Proboscidea*.
Familia: *Elephantidae*.
Cobertura: Europa, Asia y Norteamérica.

Mammuthus primigenius

El mamut lanudo, representa la imagen del típico mamut. Relativamente pequeño, fue habitante de tundras de climas fríos, con un grueso pelaje y una joroba con mucha grasa. A los paleontólogos le es familiar la suave anatomía del animal, ya que numerosos restos han sido encontrados enterrados entre el lodo congelado de Siberia y Alaska.

UNGULADOS SUDAMERICANOS

Durante la era terciaria, Sudamérica tenía una única y extraña variedad de mamíferos, como Australia la tiene hoy en día y por muchas de las mismas razones. Habiendo sido una de las masas de tierra menos unificada, el movimiento de los continentes y los aumentos del nivel del mar, ocasionaron que Sudamérica se separara de Norteamérica y luego de África y la Antártida.

Durante 50 millones de años o más, desde el Paleoceno hasta tiempos del Plioceno, los mamíferos sudamericanos fueron abandonados en una isla continental y tuvieron la oportunidad de diversificarse. Los siguientes animales son meridiungulados, descendientes de los primeros hozadores y buscadores.

Diadiaphorus

El agraciado *Diadiaphorus* debió haber sido como un antílope de cuello corto o un pony, en apariencia. Era más o menos del tamaño de una oveja, pero tenía los patas de un caballo de tres dedos. Sin embargo los huesos pares de las extremidades traseras del *Diadiaphorus* nunca se fusionaron como sucedió con el tardío caballo; las patas de este animal eran largas y delgadas. Sus dientes eran muy diferentes a los de un caballo, sugiriendo que vivió buscando la vegetación suave como arbustos y árboles de las planicies de la Patagonia.

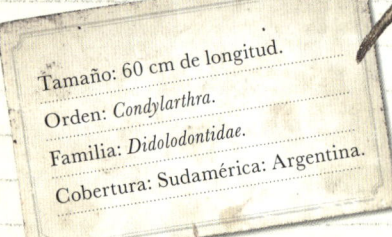

Tamaño: 60 cm de longitud.
Orden: *Condylarthra*.
Familia: *Didolodontidae*.
Cobertura: Sudamérica: Argentina.

Tamaño: 1,2 m de longitud.
Orden: *Litopterna*.
Familia: *Proterotheriidae*.
Cobertura: Sudamérica: Argentina.

Didolodus

Los dientes de esta criatura eran mucho más parecidos a los de los primeros animales con pezuñas que a los de los actuales. Era un buscador de patas rápidas que merodeaba y correteaba a través de los bosques, alimentandose de las hojas de los árboles y arbustos de poco crecimiento, el *Didolodus* –u otro animal muy relacionado con él –puede haber sido el ancestro de la mayoría de los mamíferos con pezuñas que habitaron Sudamérica.

Dinosaurios y otros animales prehistóricos

Macrauchenia

El *Macrauchenia* fue una versión posterior y más grande del *Thesodon* (abajo), del cual puede haber evolucionado. El estilo de vida del *Macrauchenia* ("cuello largo") es un enigma. Tenía ciertas características propias del camello –incluyendo tamaño, postura, cabeza pequeña y cuello largo. Pero su pezuña de tres dedos era como la de los rinocerontes, y probablemente llevaba una trompa considerable también, porque sus fosas nasales entraban al cráneo arriba entre sus ojos.

Tamaño: 3 m de longitud.
Orden: *Litopterna*.
Familia: *Macraucheniidae*.
Cobertura: Sudamérica: Argentina.

Tamaño: 2 m de longitud.
Orden: *Litopterna*.
Familia: *Macraucheniidae*.
Cobertura: Sudamérica: Argentina.

Thesodon

Trotando a través de las planicies de la Pampa esta criatura buscadora, de cuello largo, debió parecerse mucho al guanaco moderno. La principal diferencia debió haber sido en los pies, porque el *Theosodon* tenía tres dedos y era mucho más pesado. La posición de sus fosas nasales sugiere que una trompa estaba también presente, pero esta no debió ser más prominente que la del actual antílope saiga.

Thoatherium

El litopterno más pequeño conocido, el *Thoatherium* probablemente se parecía a una gacela pequeña. Las patas eran muy largas para un animal de aquel tamaño, y debió haber sido muy buen corredor. Sin embargo, en su evolución, los huesos de las extremidades traseras se redujeron, mas no se fusionaron. Sus dientes permanecieron primitivos, de lo cual se deduce que el *Thoatherium* vivió entre el follaje más que entre el pasto.

Tamaño: 70 cm de longitud.
Orden: *Litopterna*.
Familia: *Proterotheriidae*.
Cobertura: Sudamérica: Argentina.

Mamíferos de sudamérica con pezuñas

Trigonostylops

No hay restos del *Trigonostylops* distintos de su esqueleto, por lo que es difícil hacer cualquier deducción sobre la apariencia general del animal o su estilo de vida. Los dientes son muy primitivos y el gran tamaño de sus caninos inferiores sugiere que su cuerpo probablemente era algo parecido al *Astrapotherium*.

Tamaño: 1,5 m de longitud.
Orden: *Astrapotheria*.
Familia: *Trigonostylopidae*.
Cobertura: Sudamérica: Argentina.

Pachyrukhos

El *Pachyrukhos* tenía una cola corta y piernas traseras considerablemente más largas que las delanteras. Evidentemente se movía dando saltos, como un conejo. Sus dientes estaban adaptados para una dieta de nueces y plantas duras. Probablemente tenía orejas largas y las cuencas de los ojos grandes; estas características sugieren que el animal era nocturno.

Tamaño: 30 cm de longitud.
Orden: *Notoungulata*.
Familia: *Hegetoteriidae*.
Cobertura: Sudamérica: Argentina.

Tamaño: 3 m de longitud.
Orden: *Pyrotheria*.
Familia: *Pyrotheriidae*.
Cobertura: Sudamérica: Argentina.

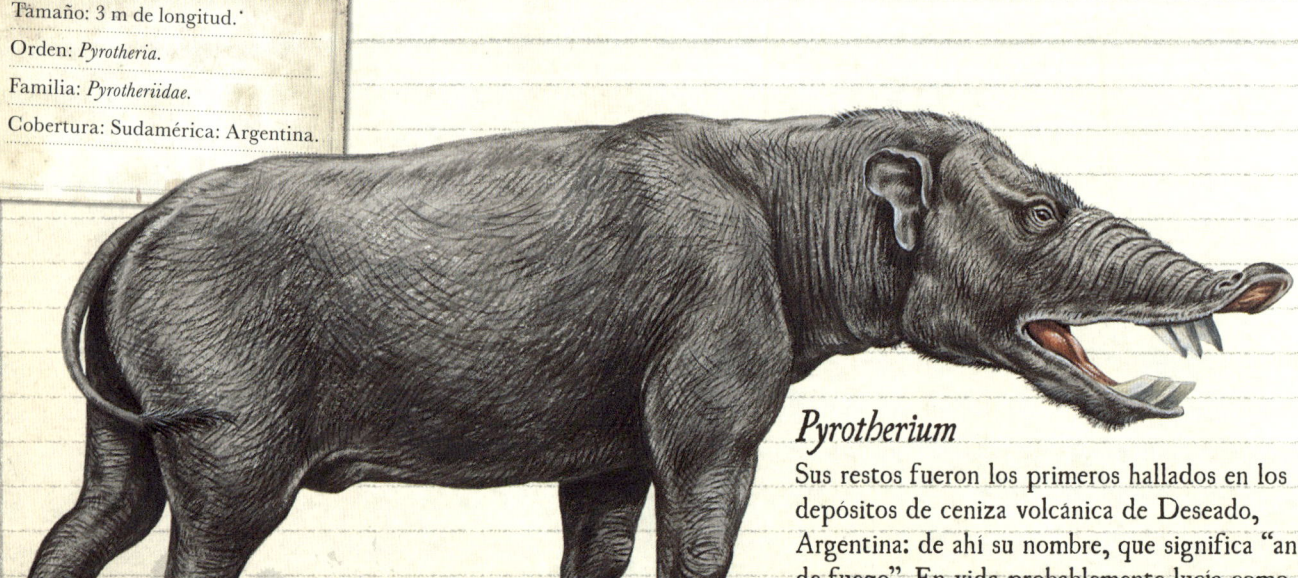

Pyrotherium

Sus restos fueron los primeros hallados en los depósitos de ceniza volcánica de Deseado, Argentina: de ahí su nombre, que significa "animal de fuego". En vida probablemente lucía como el antepasado del elefante, el *Barytherium*, su contemporáneo africano. El *Pyrotherium* tenía un cuerpo macizo apoyado en extremidades similares a columnas, dedos cortos y anchos, cuello corto y grueso, y cabeza equipada con trompa y colmillos.

Dinosaurios y otros animales prehistóricos

Notostylops

El *Notostylops* era un animal parecido al conejo que vivía bajo la tierra, consumiendo plantas herbáceas y otros tipos de vegetación de bajo crecimiento. El cuerpo del animal tendría en general pocas adaptaciones para acomodarse a cualquier nicho ecológico. Habría tenido un hocico corto pero profundo, con el fin de acomodar la dentadura similar a la de un roedor.

Tamaño: 40 cm de longitud.
Orden: *Notoungulata*.
Familia: *Intatheriidae*.
Cobertura: Sudamérica: Argentina.

Tamaño: 75 cm de longitud.
Orden: *Notoungulata*.
Familia: *Notostylopidae*.
Cobertura: Sudamérica: Argentina.

Protypotherium

Tenía el tamaño de un conejo, con cola y patas largas. Su cabeza parecida a la de una rata terminaba en un hocico puntudo. Tenía 44 dientes que no mostraban especializaciones para ningún alimento en particular. El cuello era corto y el cuerpo largo, con una cola larga y muy gruesa. Las piernas, largas y delgadas terminaban en patas con garras. Probablemente se alimentaba de hojas y correteaba, como los roedores, por las pampas.

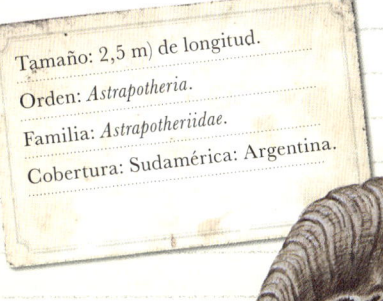

Tamaño: 2,5 m) de longitud.
Orden: *Astrapotheria*.
Familia: *Astrapotheriidae*.
Cobertura: Sudamérica: Argentina.

Astrapotherium

Era un animal grande, de cabeza corta, con una bóveda sobre la frente creada por senos nasales alargados y cuatro colmillos formados a partir de dientes caninos. El animal probablemente era principalmente acuático, regodeándose en aguas poco profundas y arrancando plantas acuáticas de forma similar a como lo hacen los rinocerontes del hemisferio norte.

Tamaño: 1,3 m de longitud.
Orden: *Notoungulata*.
Familia: *Isotemnidae*.
Cobertura: Sudamérica: Argentina.

Thomashuxleya

El *Thomashuxleya* fue nombrado en el siglo XIX por el naturalista y paleontólogo británico Thomas Huxley. Robusto y del tamaño de una oveja, parece haber sido un animal con pocas adaptaciones a un estilo de vida particular. La cabeza fue grande en relación con el cuerpo, y 44 dientes dientes estaban presentes en su mandíbula.

Tamaño: 1 m de longitud.
Orden: *Notoungulata*.
Familia: *Notohippidae*.
Cobertura: Sudamérica: Argentina.

Rhynchippus

El *Rhynchippus*, "caballo con hocico", es un ejemplo clásico de la combinación evolutiva entre los ungulados de Sudamérica con grupos no relacionados del resto del mundo: en este caso, con el caballo. Su esqueleto no era particularmente parecido al del caballo, pero sus dientes eran similares a los de animales de pastoreo como el caballo o el rinoceronte.

Scarrittia

En vida, esta robusta criatura podría parecerse mucho a un pesado rinoceronte, de pies planos. El *Scarrittia* era un animal voluminoso con cuello largo. Tenía patas corpulentas, pezuñas de tres dedos y una cola muy pequeña. La cara del animal era pequeña y la mandíbula contenía 44 dientes no especializados.

Tamaño: 2 m de longitud.
Orden: *Notoungulata*.
Familia: *Leontiniidae*.
Cobertura: Sudamérica: Argentina.

Homalodotherium

A diferencia de otros notoungulados, el *Homalodotherium*, del tamaño de una llama, tenía garras de cuatro dedos en lugar de pezuñas. Las extremidades delanteras eran más largas y pesadas que las traseras. Con más altura en los hombros que en las caderas, es posible que fuera parcialmente bípedo. Probablemente alcanzara las hojas bajas de los árboles parándose en sus patas traseras.

Tamaño: 2,7 m de longitud.
Orden: *Notoungulata*.
Familia: *Toxodontidae*.
Cobertura: Sudamérica: Argentina.

Tamaño: 2 m de longitud.
Orden: *Notoungulata*.
Familia: *Homalodotheriidae*.
Cobertura: Sudamérica: Argentina.

Toxodon

El *Toxodon* era un animal parecido al rinoceronte, con un cuerpo pesado en forma de barril, soportándose en sus piernas cortas y fornidas; sin embargo, sus pezuñas de tres dedos eran más bien pequeñas. Como las patas traseras eran más largas que las delanteras, el cuerpo se inclinaba hacia delante. La frente de su cabeza era amplia, y puede haber tenido un labio prensil. Detrás del hocico, el cráneo se angostaba y se alargaba de nuevo. Sus dientes sugieren que el *Toxodon* comía pasto y también buscaba otros alimentos entre la vegetación.

Adinotherium

El *Adinotherium* se veía como un *Toxodon* pero del tamaño de una oveja y menos desgarbado. Las patas delanteras eran relativamente largas, por lo que los hombros tenían, más o menos, la misma altura que sus caderas, y no tenía joroba. El *Adinotherium* también tenía un pequeño cuerno en su cráneo.

Tamaño: 1,5 m de longitud.
Orden: *Notoungulata*.
Familia: *Toxodontidae*.
Cobertura: Sudamérica: Argentina.

CABALLOS

Los ungulados –mamíferos con pezuñas– representaron el grupo principal de grandes herbívoros, que continúan vivos hoy. Sus primeros representantes fueron los primitivos hozadores y buscadores, que evolucionaron con la formación de planicies cubiertas de hierba durante el Mioceno.

Los ungulados perisodáctilos contuvieron muchos géneros en el primitivo Terciario, pero ahora están reducidos a los caballos, tapires y rinocerontes. Los artiodáctilos de dedos pares, están representados hoy por venados, ovejas, cabras, reses, cerdos y pecaríes; jirafas, hipopótamos, camellos y llamas.

Tamaño: 60 cm de alzada.
Orden: *Perissodactyla*.
Familia: *Equidae*.
Cobertura: Norteamérica.

Tamaño: 60 cm de alzada.
Orden: *Perissodactyla*.
Familia: *Equidae*.
Cobertura: Norteamérica; Asia y Europa.

Mesohippus
Con la transformación de los bosques en campo abierto, los caballos empezaron a desarrollar la capacidad de trotar y correr. Del tamaño de un galgo, el *Mesohippus* fue más largo que cualquiera de sus predecesores.

Anchitherium
La evolución del caballo no fue una simple "línea recta", y un numero de ramas –que no dejaron descendientes hoy– se desarrollaron. El *Anchitherium* evolucionó en Norteamérica en el temprano Mioceno, extinguiéndose en China hace unos 5 millones de años.

Hyracotherium
Fue el primer équido conocido, y se cree que es un ancestro de toda la linea de los caballos, aunque esta criatura era muy pequeña comparada con los caballos modernos. El tamaño y la complejidad de su cerebro sugieren que era despierto e inteligente, y esto pudo haber sido un factor en la supervivencia de la linea de los caballos como un todo.

Tamaño: 20 cm de alzada.
Orden: *Perissodactyla*.
Familia: *Equidae*.
Cobertura: Asia, Europa y Norteamérica.

Parahippus

Este animal representa un estado intermedio en la evolución de los caballos. Tenía aún tres dedos en las patas y se parecía mucho a su ancestro, el *Mesohippus*. Su cuerpo era más grande, al igual que sus molares, que parecían piedras de molino. Este cambio es significativo, pues la mejor estructura y esmalte de sus dientes, le permitieron masticar los brotes de pasto de las nuevas llanuras.

Tamaño: 1 m de alzada.
Orden: *Perissodactyla*.
Familia: *Equidae*.
Cobertura: Norteamérica.

Tamaño: 1,4 m de alzada.
Orden: *Perissodactyla*.
Familia: *Equidae*.
Cobertura: Norteamérica, Europa, Asia y África.

Tamaño: 1,4 m de alzada.
Orden: *Perissodactyla*.
Familia: *Equidae*.
Cobertura: Sudamérica.

Hipparion

Una vez evolucionaron las planicies de pastoreo, los caballos también lo hicieron, en muchos tipos diferentes; todos menos la especie *Equus*, se extinguieron. El *Hipparion* era muy similar al caballo moderno, pero tenía tres dedos, dos de los cuales se redujeron.

Hippidion

Probablemente tendría la apariencia de un pequeño burro, con una larga crin. Sin embargo los huesos delicados de su nariz eran diferentes a los de otros caballos, sugiriendo que evolucionó de una manera aislada a la corriente de los equinos.

Tamaño: 1 m de alzada.
Orden: *Perissodactyla*.
Familia: *Equidae*.
Cobertura: Norteamérica: Nebrasca.

Merychippus

Manadas de *Merychippus*, el primer caballo en alimentarse exclusivamente de hierba, alguna vez deambularon en las praderas de lo que es ahora Nebraska. Sus molares y premolares tenían todos la misma función para triturar la hierba, y los grandes dientes frontales necesitaron una boca amplia que los contuviera.

TAPIRES Y BRONTOTERIOS

Los perisodáctilos incluyen dos grupos de extintos e inusuales herbívoros –los brontoterios y los calicoterios. Los brontoterios también son llamados titanoterios debido a su gran tamaño. Estas criaturas similares a los rinocerontes se alimentaban de la suave vegetación de los bosques. Algunas formas evolucionaron cuernos, estructura ósea cubierta de piel, y grandes caninos. Hubo también una tendencia común a la corpulencia. Cuando el clima se hizo más seco y los bosques desaparecieron, los brontoterios se extinguieron y fueron reemplazados por los rinocerontes. Los calicoterios, a diferencia de los demás ungulados, evolucionaron grandes garras en sus pies, en lugar de pezuñas. Otras características sugerían que estos animales eran buscadores de los bosques y pudieron levantarse en sus patas traseras para alimentarse de árboles y arbustos.

Tamaño: 45 cm de alzada.
Orden: *Perissodactyla*.
Familia: *Brontotheriidae*.
Cobertura: Norteamérica y Asia.

Eotitanops

Si pudieras viajar a través del tiempo y vieras un grupo de *Eotitanops* deambulando en la baja vegetación, sería imposible no confundirlos con su primo lejano, el *Hyracotherium*. Este dio origen a los elegantes caballos, pero el *Eotitanops* evolucionó en el gigante brontoterio de pequeño cerebro, que no logró sobrevivir hasta el Oligoceno.

Brontops

Mientras el Eoceno pasaba al Oligoceno, los brontoterios se hicieron muy grandes –incluso más grandes que cualquier rinoceronte viviente– y desarrollaron las distintivas protuberancias óseas en el hocico. Esqueletos del *Brontops* han sido descubiertos con costillas parcialmente rotas, lo que lleva a apoyar la teoría de que las salientes del cráneo eran utilizadas en peleas entre los machos dominantes. Las fracturas sugieren que el animal recibió un duro golpe en un costado por un rival.

Tamaño: 2,5 m de alzada.
Orden: *Perissodactyla*.
Familia: *Brontotheriidae*.
Cobertura: Norteamérica.

Dinosaurios y otros animales prehistóricos

Embolotherium

La cabeza del *Embolotherium* presenta las extrañas formas desarrolladas en los brontoterios tardíos. La cabeza tenía una profunda depresión y un único y enorme cuerno en la nariz. Los ojos estaban situados muy adelante, justo tras las fosas nasales en la base del cuerno. El aplanado cráneo dejaba poco espacio para el cerebro como en otros grandes brontoterios.

Tamaño: 2,5 m de alzada.
Orden: *Perissodactyla*.
Familia: *Brontotheriidae*.
Cobertura: Asia: Mongolia.

Tamaño: 1,2 m de alzada.
Orden: *Perissodactyla*.
Familia: *Brontotheriidae*.
Cobertura: Norteamérica.

Dolichorhinus

El *Dolichorhinus* se parecía a un pequeño rinoceronte sin cuernos con una particular cabeza alargada, y dientes que solo le servían para masticar hojas suaves; probablemente vivía como el rinoceronte moderno. Conservaba los cuatro dedos de las patas anteriores y los tres dedos de las traseras, de sus ancestros. Este tipo de patas evolucionó en menos dedos, como se ve en los caballos y antílopes.

Tapires y brontoterios

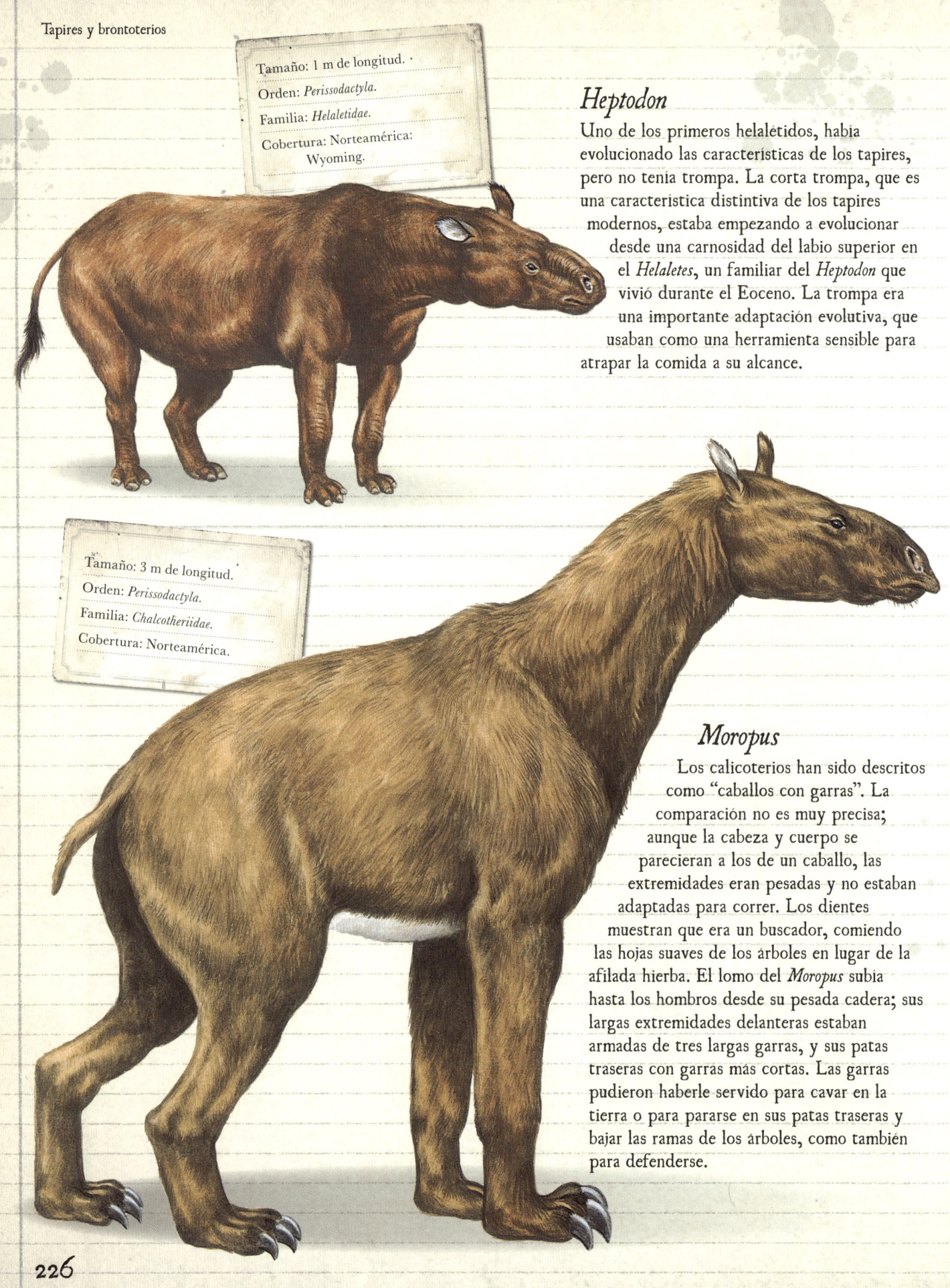

Tamaño: 1 m de longitud.
Orden: *Perissodactyla*.
Familia: *Helaletidae*.
Cobertura: Norteamérica: Wyoming.

Heptodon

Uno de los primeros helalétidos, había evolucionado las características de los tapires, pero no tenía trompa. La corta trompa, que es una característica distintiva de los tapires modernos, estaba empezando a evolucionar desde una carnosidad del labio superior en el *Helaletes*, un familiar del *Heptodon* que vivió durante el Eoceno. La trompa era una importante adaptación evolutiva, que usaban como una herramienta sensible para atrapar la comida a su alcance.

Tamaño: 3 m de longitud.
Orden: *Perissodactyla*.
Familia: *Chalcotheriidae*.
Cobertura: Norteamérica.

Moropus

Los calicoterios han sido descritos como "caballos con garras". La comparación no es muy precisa; aunque la cabeza y cuerpo se parecieran a los de un caballo, las extremidades eran pesadas y no estaban adaptadas para correr. Los dientes muestran que era un buscador, comiendo las hojas suaves de los árboles en lugar de la afilada hierba. El lomo del *Moropus* subía hasta los hombros desde su pesada cadera; sus largas extremidades delanteras estaban armadas de tres largas garras, y sus patas traseras con garras más cortas. Las garras pudieron haberle servido para cavar en la tierra o para pararse en sus patas traseras y bajar las ramas de los árboles, como también para defenderse.

Dinosaurios y otros animales prehistóricos

Brontotherium

Los huesos de este mamífero gigante son bastante comunes en las tierras baldías de Dakota del Sur y Nebraska. Los indios sioux los asociaban con criaturas mitológicas –los grandes caballos que galopaban a través del cielo produciendo tormentas– y así nació el término brontoterio, "bestia de trueno".
El *Brontotherium* fue uno de los animales prehistóricos de mayor tamaño. Su cuerno nasal tenía forma de Y y sobresalía a su cuerpo. Poderosos músculos en el cuello eran necesarios para soportar su cabeza y llamativas ornamentaciones.

Tamaño: 2,5 m de alzada.
Orden: *Perissodactyla*.
Familia: *Brontotheriidae*.
Cobertura: Norteamérica.

Tamaño: 2 m de longitud.
Orden: *Perissodactyla*.
Familia: *Tapiridae*.
Cobertura: Norteamérica.

Miotapirus

Las distintivas características del tapir: un pesado cuerpo, cola y patas cortas, una gran cabeza con un corto y flexible hocico, y un cuello corto, aparecieron prontamente en la evolución de los perisodáctilos y han permanecido sin cambios desde entonces. El *Miotapirus* probablemente fue nocturno y pudo haber sido igual de versátil, adaptándose a diferentes ambientes: Sus fósiles han sido descubiertos en un amplio rango de lugares desde el nivel del mar hasta alturas de 4500 m.

RINOCERONTES

Los rinocerontes y sus parientes más cercanos son ungulados de dedos impares, miembros de los perisodáctilos. A diferencia de los caballos, que han eliminado todos sus dígitos laterales y ahora solo tienen un dedo, la mayoría de los rinocerontes tienen tres dedos, el centro de la carga del peso pasa a través del dedo del medio, o del tercero.

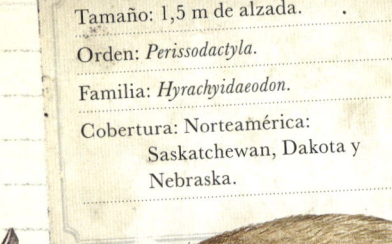

Tamaño: 1,5 m de alzada.
Orden: *Perissodactyla*.
Familia: *Hyrachyidaeodon*.
Cobertura: Norteamérica: Saskatchewan, Dakota y Nebraska.

Tamaño: 1,5 m de longitud.
Orden: *Perissodactyla*.
Familia: *Hyrachyidaeodon*.
Cobertura: Norteamérica: Wyoming; Asia: China y Europa: Francia.

Hyrachyus

Estos perisodáctilos marcaron la transición entre los tapires y los rinocerontes. El *Hyrachyus* fue muy similar al *Heptodon*, pero era un poco más grande y más pesado. Muchas especies han sido descubiertas, variando en tamaños desde un tapir a un zorro modernos.

Hyracodon

El *Hyracodon* fue un rápido animal similar a un poni y, como los caballos, el número de sus dedos era reducido, haciendo sus patas más ligeras. Todos los músculos de sus extremidades estaban concentrados en su parte superior. Su grande y pesada cabeza, parecía no estar proporcionada con el tamaño del cuerpo.

Tamaño: 8 m de longitud.
Orden: *Perissodactyla*.
Familia: *Hyracodontidae*.
Cobertura: Asia: Pakistán y China.

Indricotherium

Parece imposible que un animal tan pequeño, ligero y de pies planos como el *Hyracodon* pudiera haber evolucionado en el mamífero terrestre más grande que haya vivido; pero toda la evidencia apunta en esa dirección. El *Indricotherium* fue un animal inmenso. Pesaba el doble que el mamut más grande conocido y era cuatro veces más pesado que el elefante moderno.

Dinosaurios y otros animales prehistóricos

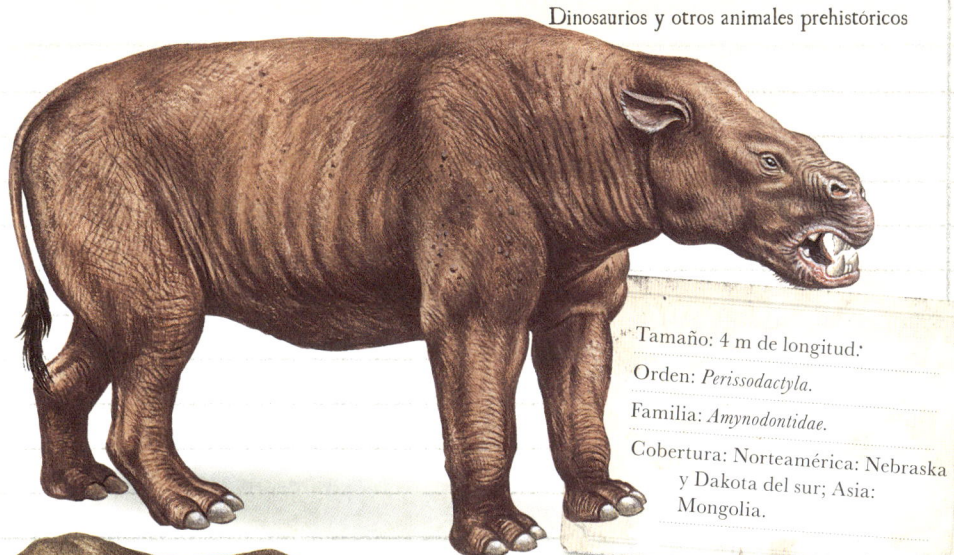

Metamynodon

Restos del *Metamynodon* fueron encontrados en rocas formadas de las arenas de los ríos y grava, indicando que estas bestias eran mayormente acuáticas. Fue similar a un hipopótamo en su apariencia. Tenía una ancha y aplanada cabeza, un cuello corto y un cuerpo con forma de barril. Los patas anteiores eran únicas entre los rinocerontes por tener cuatro dedos.

Tamaño: 4 m de longitud.
Orden: *Perissodactyla*.
Familia: *Amynodontidae*.
Cobertura: Norteamérica: Nebraska y Dakota del sur; Asia: Mongolia.

Trigonias

El más reciente ejemplar, bien preservado, de un rinocerótido es el *Trigonias*. Fue similar al rinoceronte moderno en su apariencia general, pero no tenía un cuerno en el hocico. Tenía más dientes que un rinoceronte moderno, aunque el número de piezas dentales parece haber cambiado entre especies de rinocerontes.

Tamaño: 2,5 m de longitud.
Orden: *Perissodactyla*.
Familia: *Rinoceratidae*.
Cobertura: Norteamérica: Montana y Europa: Francia.

Teleoceras

Como los aminodóntidos, los rinocerótidos desarrollaron forma de hipopótamos. El *Teleoceras* fue un ejemplo típico. Tenía un largo y corpulento cuerpo pero cortas y torpes patas; tanto así, que a veces el cuerpo de la criatura rozaba el suelo.

Tamaño: 4 m de longitud.
Orden: *Perissodactyla*.
Familia: *Rhinoceratidae*.
Cobertura: Norteamérica: Nebraska.

Elasmotherium

Estaba bien adaptado a las praderas del Terciario tardío. Sus dientes eran como los de un enorme caballo, aptos para comer fuertes y ásperas hierbas; es conocido como el rinoceronte más grande —era casi tan grande como un elefante moderno. Su cuerno era una estructura asombrosa, de 2 m de longitud y salía desde su frente en lugar de su hocico.

Tamaño: 5 m de longitud.
Orden: *Perissodactyla*.
Familia: *Rhinoceratidae*.
Cobertura: Europa: Rusia del Sur; Asia: Siberia.

CERDOS E HIPOPÓTAMOS

Los artiodáctilos son ungulados de dedos pares, y son de los animales de pastoreo más diversos y abundantes hoy en día. Usualmente tienen cuatro o dos dedos en cada pie, formando un casco semicircular, conocida como "pezuña hendida", típica en los venados y las reses. Con la excepción de los suinos (cerdos, pecaríes e hipopótamos), todos los artiodáctilos son rumiadores: regurgitan para mejorar la digestión. La importancia de los ungulados –particularmente los artiodáctilos– en la evolución de los humanos, no puede ser ignorada. Fueron cazados, y luego muchas especies fueron domesticadas, sumándose a los recursos disponibles para los seres humanos.

Tamaño: 50 cm de longitud, incluyendo la cola.
Orden: *Artiodactyla*.
Familia: *Dichobunidae*.
Cobertura: Europa: Francia; Norteamérica: Wyoming; Asia: Pakistán.

Tamaño: 3 m de longitud.
Orden: *Artiodactyla*.
Familia: *Entelodontidae*.
Cobertura: Norteamérica: Nebraska y Dakota del sur.

Diacodexis
El primer artiodáctilo conocido, el *Diacodexis* tenía dientes simples y sus cinco dedos estaban presentes (aunque en casi todos, el tercer y cuarto dedo eran los más largos); pudo tener pequeñas pezuñas. El *Diacodexis* debió vivir en los bosques de hierba baja, alimentándose de hojas y arbustos.

Dinohyus
Los entelodontes alcanzaron su máximo tamaño en el omnívoro *Dinohyus*. Este animal fue muy parecido al *Archaeotherium*, pero del tamaño de un toro. Aunque las proporciones corporales del *Dinohyus* eran como las de un cerdo, la evidencia de su largo y pesado cráneo sugiere que su cara debió ser diferente.

Tamaño: 1,2 m de longitud.
Orden: *Artiodactyla*.
Familia: *Entelodontidae*.
Cobertura: Norteamérica: Colorado; Asia: China y Mongolia.

Archaeotherium
El *Archaeotherium* pudo haberse visto algo parecido a un jabalí moderno. Su cráneo era notablemente alargado, con protuberancias óseas bajo sus ojos y en la mandíbula inferior. Como un cerdo, pudo haber comido cualquier cosa.

Dinosaurios y otros animales prehistóricos

Tamaño: 1,5 m de longitud.
Orden: *Artiodactyla*.
Familia: *Anthracotheriidae*.
Cobertura: Europa: Francia; Norteamérica: Dakota.

Elomeryx

El *Elomeryx*, parecido a un hipopótamo, tenía un largo cuerpo y patas cortas, con una larga cabeza que era ligeramente similar a la del caballo. Sus dientes eran diferentes, con caninos alargados bien adaptados para agarrar las raíces de las plantas acuáticas, y sus incisivos con forma de cuchara podían cavar en el lodo. Los anchos pies del *Elomeryx* pudieron ser útiles para caminar sobre el suave lodo.

Platygonus

Tamaño: 1 m de longitud.
Orden: *Artiodactyla*.
Familia: *Tayassuidae*.
Cobertura: Norteamérica: grandes llanuras; Sudamérica.

El *Platygonus* fue más grande que los pecaríes modernos, y tenía patas más largas. Como sus parientes actuales, era un animal de bosque. También habitó la región de las grandes llanuras, un hecho que puede explicar sus largas patas adaptadas para correr.

Tamaño: 1,5 m de longitud.
Orden: *Artiodactyla*.
Familia: *Suidae*.
Cobertura: África: Tanzania.

Metridiochoerus

Un contemporáneo de los primeros humanos, el *Metridiocherus* fue un jabalí enorme que habitó África del este. Su cabeza era larga y pesada, y sus caninos se curvaban hacia fuera y hacia arriba para formar grandes colmillos curvos.

Tamaño: 4,3 m de longitud.
Orden: *Artiodactyla*.
Familia: *Hippopotamidae*.
Cobertura: Asia, África y Europa.

Hippopotamus

Las únicas diferencias obvias entre un *Hippopotamus gorgops* del África del este durante el Pleistoceno y las especies vivientes, era el gran tamaño y sus ojos particularmente prominentes. Estos probablemente sobresalían del cráneo como periscopios.

OREODONTES BUSCADORES CON CUERNOS

Tamaño: 30 cm de longitud.
Orden: *Artiodactyla*.
Familia: *Cainotheriidae*.
Cobertura: Europa: España.

Los tilópodos ("pies acolchados") son un amplio grupo de artiodáctilos (ungulados de dedos pares). El suborden de los tilópodos incluye a los cainóteros (similares a los conejos), los merycoidodon (parecidos a los cerdos) y los camélidos. En muchos aspectos importantes, están en la mitad entre los porcinos (cerdos, pecaríes e hipopótamos) y los pecoros (jirafas, venados y reses). Solo los camélidos –los camellos, llamas y sus familiares más cercanos– sobreviven.

Cainotherium

Fue un pequeño animal similar a un conejo, con extremidades traseras más largas que las delanteras. Las partes de su cerebro asociadas con el oído y el olfato, estaban bien desarrolladas. Esta característica implica que el *Cainotherium* estaba probablemente equipado con unas orejas largas y una nariz muy sensible. Se alimentaría de una gran variedad de vegetación.

Tamaño: 1,4 m de longitud.
Orden: *Artiodactyla*.
Familia: *Merycoidodontidae*.
Cobertura: Norteamérica: Dakota del sur.

Merycoidodon

Fue un miembro típico de esta familia; probablemente se veía muy similar a un cerdo o un pecarí, pero con un cuerpo más largo y piernas más cortas. Los paleontólogos piensan que el *Merycoidodon* era incapaz de correr particularmente bien, porque los huesos de sus extremidades no estaban fusionados.

Brachycrus

Era un *merycoidodont* que apareció tarde en Norteamérica. Aunque era similar a un *Merycoidodon* fue un poco más pequeño y considerablemente más especializado. Su cráneo y mandíbulas eran cortos –de hecho, casi como las de un simio– y las cavidades oculares apuntaban hacia adelante.

Tamaño: 1 m de longitud.
Orden: *Artiodactyla*.
Familia: *Merycoidodontidae*.
Cobertura: Norteamérica: grandes llanuras.

Dinosaurios y otros animales prehistóricos

Promerycochoerus

Existen indicios de que algunos de los merycoidodont eran anfibios, siguiendo la existencia de un hipopótamo en los pantanos y ríos de sus tiempos. Los *Promerycochoerus* pudieron ser una forma semiacuática ya que su cuerpo era particularmente largo y las extremidades eran cortas y gruesas.

Tamaño: 1 m de longitud.
Orden: *Artiodactyla*.
Familia: *Protoceratidae*.
Cobertura: Norteamérica: Oregón.

Tamaño: 1,5 m de longitud.
Orden: *Artiodactyla*.
Familia: *Protoceratidae*.
Cobertura: Norteamérica: Nebraska.

Synthetoceras

Fue el más grande y el último de la familia. Su largo y plano cráneo soportaba un par de cuernos curvos, similares a los del *Syndyoceras*. El cuerno en el hocico del animal era largo y con forma de Y. Este llamativo ornamento solo estaba presente en los machos, y lo más probable es que fuera usado para proteger a sus parejas y su territorio; además de exhibirse. Los *Synthetoceras* pastaban en manadas.

Tamaño: 2 m de longitud.
Orden: *Artiodactyla*.
Familia: *Protoceratidae*.
Cobertura: Norteamérica: Texas.

Syndyoceras

Los protocerátidos se parecían al venado moderno pero eran más cercanos a los camellos. El *Syndyoceras* era particularmente parecido a los venados en la forma elegante de sus piernas, aptas para correr, y sus dos dedos, cada uno con una pezuña puntuda. La forma de los huesos nasales sugiere que el animal pudo tener un hocico similar al de un antílope. Su par de caninos pudieron ser usados para excavar en el suelo en busca de alimento.

CAMELLOS

Los camélidos modernos solo se encuentran donde hay condiciones difíciles. Los camellos son reconocidos como la "ovejas del desierto" capaces de caminar inmensas distancias a través de terrenos áridos en los climas más inhóspitos. Gracias a su extraordinaria fisiología, pueden vivir por más de dos meses solo pastoreando, sin agua adicional. Los camellos modernos son remanentes de un grupo muy diverso, el cual evolucionó hace unos 40 millones de años en Norteamérica, extinguiéndose hace unos 12 000 años. Los camélidos sudamericanos –las llamas y sus parientes– también se encuentran en terrenos desafiantes, incluyendo la cordillera de Los Andes.

Tamaño: 90 cm de longitud.
Orden: *Artiodactyla*.
Familia: *Camelidae*.
Cobertura: Norteamérica: Dakota del sur.

Poebrotherium

Hace unos 35 millones de años, los densos bosques que cubrieron Dakota han dado paso a bosques más abiertos. Los camélidos proliferaron y empezaron a parecerse a los camellos modernos. Del tamaño de una oveja, el *Poebrotherium* era más grande que el *Protylopus*. Su cabeza, con un distintivo hocico angosto, era la versión más pequeña de una llama, y pudo tener sus prominentes orejas también.

Tamaño: 80 cm de longitud.
Orden: *Artiodactyla*.
Familia: *Oromerycidae*.
Cobertura: Norteamérica: Utah y Colorado.

Tamaño: 3 m de alzada.
Orden: *Artiodactyla*.
Familia: *Camelidae*.
Cobertura: Norteamérica: Colorado.

Protylopus

Como en la mayoría de los grupos de ungulados, los primeros camélidos eran pequeños, del tamaño de conejos. Los simples dientes coronarios estaban organizados a lo largo de la mandíbula sin cortes, una característica primitiva, que indica que la dieta del animal era de hojas suaves de la vegetación del bosque. Las extremidades delanteras, que eran más cortas que las traseras, tenían cuatro dedos.

Aepycamelus

Este camello similar a una jirafa era formalmente conocido como *Alticamelus* por su extraordinaria altura. Las piernas eran largas y los dos dedos tenían pequeñas pezuñas. El *Aepycamelus*, perdería luego sus pezuñas, y en su lugar adaptó las modernas almohadillas de los camellos. Con sus patas extremadamente largas, debía moverse con pasos similares a los de las jirafas y camellos actuales.

Dinosaurios y otros animales prehistóricos

Tamaño: 3,5 m de alzada.
Orden: *Artiodactyla*.
Familia: *Camelidae*.
Cobertura: Norteamérica: Nebraska.

Tamaño: 2 m de alzada.
Orden: *Artiodactyla*.
Familia: *Camelidae*.
Cobertura: Norteamérica: California y Utah.

Titanotylopus

Fue uno de los más grandes camellos que han evolucionado en Norteamérica entre 5 y 2 millones de años atrás. Debió ser más alto que los elefantes de la época, aunque con su largo cuello y sus extendidos pies de dos dedos, era muy similar a los camellos modernos.

Camelops

El *Camelops*, otro gigante en la tardía era cenozoica, y un contemporáneo de los primeros humanos, parece haber sido el último camello en sobrevivir en Norteamérica. Probablemente se vería como el camello asiático moderno, pero cierta parte de su anatomía indica que era más cercano a la llama sudamericana.

Stenomylus

Varias ramas de la familia de los camélidos evolucionaron en el Mioceno, pero se extinguieron poco después. El *Stenomylus* y sus parientes eran pequeños animales parecidos a las gacelas. Sus hábitos debieron ser muy similares a los de las gacelas africanas modernas. Su cuello era largo y las piernas delgadas. Tenían pequeñas pezuñas como las de los ciervos.

Tamaño: 1,5 m de longitud.
Orden: *Artiodactyla*.
Familia: *Camelidae*.
Cobertura: Norteamérica: Colorado.

Tamaño: 90 cm.
Orden: *Artiodactyla*.
Familia: *Camelidae*.
Cobertura: Norteamérica: Nebraska.

Procamelus

Estuvo en la línea ancestral de los camellos modernos, o muy cercano a esta. Era mucho más grande que los primeros camellos, aproximándose del tamaño de una llama moderna. Su cabeza era muy larga pero la cavidad del cerebro muy pequeña. El *Procamelus* todavía tenía incisivos en la mandíbula superior, pero solo un par y más reducidos.

JIRAFAS, CIERVOS Y RESES

Dos miembros supervivientes de la familia de las jirafas son las altas jirafas de la sabana africana, de cuello largo, y la oscura okapi del bosque tropical africano. Los cérvidos, o ciervos reales, se demoraron en evolucionar y han sido los principales herbívoros en el hemisferio norte y Sudamérica. Los bóvidos, los antílopes reales y las reses, siguen ocupando gran parte de los hábitats desde los bosques a las praderas y de los pantanos hasta los desiertos. En Norteamérica todavía sobreviven algunos, como los bisontes, ovejas y cabras de montaña.

Tamaño: 2,2 m de alzada.
Orden: *Artiodactyla*.
Familia: *Giraffidae*.
Cobertura: India y África del norte: Libia.

Sivatherium

Llamado en honor a Siva, el señor de las bestias, y uno de los principales dioses de la India, este corpulento animal debió parecerse más a un alce que a una jirafa. El macho, estaba ornamentado con un par de enormes cuernos en la parte superior de su cráneo, y un par más pequeño cerca de los ojos.

Tamaño: 2,5 m de longitud.
Orden: *Artiodactyla*.
Familia: *Cervidae*.
Cobertura: Europa y Asia.

Megaloceros

Comúnmente llamado el gigante alce irlandés, el *Megaloceros* no es un alce: está más relacionado con un ciervo. Aunque muchas especies han sido desterradas de Irlanda, el *Megaloceros* vivía desde las islas Británicas hasta Siberia y China.

Tamaño: 1,8 m de longitud.
Orden: *Artiodactyla*.
Familia: *Giraffidae*.
Cobertura: África del norte: Libia.

Prolibytherium

En contraste con los pequeños "cuernos" de la jirafa viviente y las especies okapi, el *Prolibytherium* tenía cuernos anchos, con forma de hojas, que alcanzaban un diámetro de 35 cm. Probablemente se parecía al okapi moderno.

Eucladoceros

Algunos ciervos evolucionaron enormes e imponentes cuernos. Uno de los más espectaculares ejemplos era el *Eucladoceros*, cuyos cuernos tenían, cada uno, una docena de puntas, llegando a medir hasta 1,7 m.

Tamaño: 2,5 m de longitud.
Orden: *Artiodactyla*.
Familia: *Cervidae*.
Cobertura: Europa: Italia.

Tamaño: 1,8 m de longitud.
Orden: *Artiodactyla*.
Familia: *Antilocapridae*.
Cobertura: Norteamérica: Nevada.

Ilingoceros

Los antilocápridos difieren unos de otros en la forma y organización de sus cuernos.
El *Ilingoceros*, que fue ligeramente más grande que el antílope americano, tenía un par cuernos en forma de espiral que crecían hacia arriba y terminaban en una especie de tenedor.

Bos

Este es el género al cual las reses modernas domesticadas pertenecen. El ancestro de la mayoría de reses fue el *Bos primigenius*. Era más grande que la mayoría de razas de hoy en día y fue domesticado hace unos 6000 años. El *Bos* desapareció, aunque hay especies supervivientes, como el yak del Tibet y China.

Tamaño: 3 m de longitud.
Orden: *Artiodactyla*.
Familia: *Bovidae*.
Cobertura: África del este.

Tamaño: 3 m de longitud.
Orden: *Artiodactyla*.
Familia: *Bovidae*.
Cobertura: Europa: Reino Unido y Polonia; Asia: India; África del norte.

Pelorovis

Este gran animal fue un familiar cercano del búfalo africano moderno. La mayor diferencia entre el *Pelorovis* y su contraparte moderna, además de ser del tamaño de una oveja, fue el enorme par de cuernos que cargaba en su cabeza. El *Pelorovis* vivió en África del este hasta hace unos 12 000 años.

ROEDORES, CONEJOS Y LIEBRES

Los roedores son un grupo relativamente primitivo en la evolución de los mamíferos. Ellos se han diversificado en un gran número de tipos, incluyendo ardillas, castores, ratas, ratones, tuzas, chinchillas, conejillos de Indias y puercoespines. Son el orden más grande de mamíferos hoy en día, conformando el 40 % de todos los mamíferos hoy conocidos. Los lagomorfos —las pikas, conejos y liebres— se parecen a los roedores aunque tienen dos pares de dientes al frente de la mandíbula superior, a diferencia del único par que tienen los roedores. Se extendieron muy rápidamente, devorando planicies de hierba y arbustos.

Tamaño: 30 cm de longitud.
Orden: *Rodentia*.
Familia: *Castoridae*.
Cobertura: Europa: Francia, Alemania.

Steneofiber

Los castores son bien representados en los registros fósiles desde el temprano Oligoceno, hace unos 35 millones de años. El castor *Steneofiber* del Mioceno temprano, era pequeño y vivió cerca de lagos de agua dulce, de manera similar a como viven los castores hoy en día. Es poco probable, sin embargo, que pudiera talar árboles grandes, como lo hace su contraparte moderna. Muchas de las especies tempranas tenían hábitos terrestres, sin embargo, algunas cavaban.

Tamaño: 30 cm de longitud.
Orden: *Rodentia*.
Familia: *Mylagaulidae*.
Cobertura: Norteamérica: gran cuenca.

Epigaulus

El *Epigaulus* es uno de los roedores más raros conocidos. Debió parecerse a la marmota moderna, excepto en que tenía un par de cuernos en su hocico, ojos pequeños y patas con garras largas y con forma de remos. Ningún otro roedor tenía cuernos, cuya utilidad es un misterio.

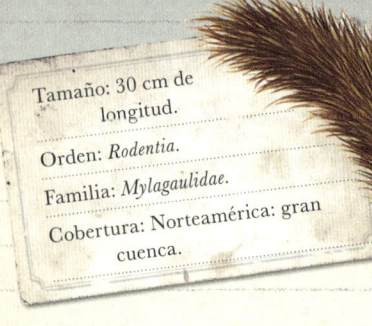

Tamaño: 60 cm de longitud.
Orden: *Rodentia*.
Familia: *Ischyromyidae*.
Cobertura: Norteamérica.

Ischyromys

El *Ischyromys* está dentro de los primeros roedores conocidos. Con la apariencia de un ratón, esta criatura tenía muchas de las características de los roedores, incluyendo los incisivos superiores. Su cuerpo era el de un típico roedor, con hábiles patas delanteras, y extremidades traseras fuertes, con cinco dedos armados de garras en cada uno de sus pies.

Palaeolagus

Para el Oligoceno temprano, ya existían varias diferencias entre los pikas, los conejos y las liebres. Los pikas se volvieron animales compactos con patas y orejas pequeñas, mientras los conejos y las liebres desarrollaron piernas largas, y una locomoción rápida y finalmente, la habilidad de saltar.

Tamaño: 25 cm de longitud.
Orden: *Lagomorfos*.
Familia: *Leporidae*.
Cobertura: Norteamérica.

Tamaño: 30 cm de longitud.
Orden: *Rodentia*.
Familia: *Eocardiidae*.
Cobertura: Sudamérica.

Eocardia

Los cavioides eran los roedores típicos de Sudamérica y están cercanamente relacionados con los conejillos de indias y los chigüiros (roedores grandes con apariencia de castores). Algunos cavioides se volvieron grandes, sin embargo el *Eocardia* era más modesto en tamaño, alcanzando solo 30 cm de alzada y pareciéndose a los conejillos de indias.

Telicomys

Estaba cercanamente relacionado con el cerdito de Guinea y los capibaras. Fue, probablemente, el roedor más grande que haya existido; alcanzó el tamaño de un pequeño rinoceronte y podría verse como un hipopótamo peludo o un capibara gigante.

Tamaño: 2,1 m de longitud.
Orden: *Rodentia*.
Familia: *Dinomyidae*.
Cobertura: Sudamérica.

Tamaño: 30 cm de longitud.
Orden: *Rodentia*.
Familia: *Chapattimyidae*.
Cobertura: Asia: Pakistán.

Birbalomys

Se piensa que es el roedor más primitivo, y probablemente fue muy cercano al ancestro de todo el grupo. Pudo ser muy parecido a la gundis africana, que hoy habita los desiertos.

LÉMURES Y MONOS

Durante más de 150 años, los científicos han reconocido que los humanos estamos emparentados con los simios. Recientemente, se hizo evidente que esta relación se extendió a los monos, lémures y tarseros, los cuales son los sobrevivientes de un grupo mucho más diverso de primates fósiles. Los primates contienen unas 200 especies vivientes; dentro del orden están los lémures voladores, los lemúridos, los tarseros, así como los platirrinos (narices planas) o monos del Nuevo Mundo, simios y homínidos. Ellos evolucionaron en Norteamérica o Eurasia hace 40 millones de años. Muy pronto divergieron las dos líneas, cuando el puente de tierra que unía a Norte y Sudamérica desapareció una vez más.

Tamaño: 80 cm de longitud.
Orden: *Dermoptera*.
Familia: *Plesiadapidae*.
Cobertura: Norteamérica: Montañas Rocallosas; Europa: Francia.

Plesiadapis
Era parecido a las ardillas y tenía el tamaño de un castor moderno. Puede haber pasado mucho tiempo en tierra, sin embargo, también estaba bien adaptado para moverse y luchar entre los árboles, gracias a las garras en sus largos dedos.

Megaladapis
Fue el lémur más grande conocido, con un cuerpo robusto y piernas cortas; debe haber pesado alrededor de 50 k. A diferencia de sus parientes más pequeños, pudo ser un trepador lento, encaramándose en el bosque tropical, en busca de hojas para comer. Pudo haber sido aniquilado por los humanos.

Tamaño: 40 cm de longitud.
Orden: *Primates*.
Familia: *Notharctidae*.
Cobertura: Norteamérica: Wyoming.

Notharctus
Probablemente era muy parecido a un lémur moderno, y estaba bien adaptado a vivir en los árboles. El *Notharctus* tenía ojos dirigidos hacia adelante, dándole visión estereoscópica; sus patas traseras eran largas y podía saltar de rama en rama. Su larga cola le ayudaba a balancearse en sus acrobacias.

Tamaño: 1,5 m de longitud.
Orden: *Primates*.
Familia: *Megaladapidae*.
Cobertura: Madagascar.

Dinosaurios y otros animales prehistóricos

Tamaño: 40 cm de longitud.
Orden: *Primates*.
Familia: *Incertae sedis*.
Cobertura: Sudamérica: Bolivia.

Mesopithecus

También conocido como "simio medio", era similar al macaco moderno. Tenía largos brazos y piernas musculosos, y largos dedos ágiles en manos y pies. Sus piernas podían ser usadas tanto para caminar en el suelo como para trepar a los árboles.

Branisella

Este es el primer mono conocido que vivió en el continente sudamericano, pero poco puede decirse sobre su estilo de vida y sus relaciones, porque la única evidencia fósil de su existencia son algunos fragmentos de su hueso mandibular. Los dientes del *Branisella* eran muy primitivos, con muchas características similares a las de los tarseros.

Tamaño: 40 cm de longitud.
Orden: *Primates*.
Familia: *Cercopithecidae*.
Cobertura: Europa: Grecia; Asia: Asia Menor.

Tamaño: 1 m de longitud.
Orden: *Primates*.
Familia: *Atelidae*.
Cobertura: Sudamérica: Argentina.

Tremacebus

Para el final del Oligoceno, los monos del Nuevo Mundo habían tomado muy distintas formas. El *Tremacebus*, que con frecuencia es conocido como *Homunculos* a causa de su forma humanoide en miniatura, debe asemejarse al verdadero mono búho nocturno de hoy, el *Douroucouli*. Del *Tremacebus* solo se conocen unos pocos restos, incluyendo un cráneo de la Patagonia.

Theropithecus

Los babuinos son monos habitantes del suelo, que viajan en grupos familiares. Tienen caras parecidas a las de los perros y consumen una amplia variedad de alimentos. Aunque tienden a caminar sobre sus cuatro patas, también son muy buenos trepadores. El *Theropithecus* fue un gran babuino, de cara chata, y una gran cresta ósea a lo largo de su bóveda craneana.

Tamaño: 1,2 m de longitud
Orden: *Primates*.
Familia: *Cercopithecidae*.
Cobertura: Sur y este de África.

SIMIOS

Los únicos hominoides (parecidos a los humanos) vivientes son los simios (póngidos) y nuestra propia especie, el *Homo sapiens*. Los simios de hoy en día difieren de los monos primitivos en que no tienen colas y en que sus brazos y hombros están diseñados para agarrarse y mecerse por las ramas. Entre 16 y 10 millones de años atrás, la Tierra era literalmente, el "planeta de los simios" con muchas más especies distribuidas a través del mundo. La mayoría de estas especies están ahora extintas.

Tamaño: 1,2 m de altura.
Orden: *Primates*.
Familia: *Oreopithecidae*.
Cobertura: Europa: Italia.

Oreopithecus

El "simio de la montaña" ha sido llamado jocosamente "minero abominable" porque sus restos fueron encontrados en depósitos de carbón en el norte de Italia, hace 14 millones de años, y porque la mayoría de sus características eran casi humanas. El *Oreopithecus* tenía el hocico y los huesos del tobillo de un mono y la frente fruncida de un simio.

Tamaño: 1,2 m de altura.
Orden: *Primates*.
Familia: *Pliopithecidae*.
Cobertura: Europa: Francia y República Checa.

Tamaño: 60 cm de altura.
Orden: *Primates*.
Familia: *Pliopithecidae*.
Cobertura: África: Kenia.

Pliopithecus

Ahora parece poco probable que el *Pliopithecus* fuera antepasado de los gibones, como una vez se pensó. Sin embargo, hay varias similitudes entre las dos criaturas y ellas probablemente comparten un ancestro común del mioceno temprano.
El *Pliopithecus* vivió entre 16 y 10 millones de años atrás, con unas 30 especies contemporáneas, pero que ahora están extintas.

Dendropithecus

Es ampliamente sabido que el ancestro del *Pliopithecus* fue el *Micropithecus* o *Dendropithecus*, un ancestro de los gibones. Restos del *Dendropithecus* ("simio de los árboles") datan de 15 a 20 millones de años atrás. Aunque tenía brazos más cortos y cola más larga que el *Pliopithecus*, el *Dendropithecus* se parecía más a un gibón en otros aspectos, incluyendo su dieta.

Sivapithecus

Con su cara parecida a un orangután, pies como los de un chimpancé y muñecas rotatorias, el *Sivapithecus* parece ser un simio del periodo de transición entre la vida en los árboles y la vida en tierra. Esta reconstrucción que muestra una cola es especulativa y la imagen que representa al pequeño *Ramapithecus* (ver abajo) puede ser más precisa.

Tamaño: 1,5 m de altura.
Orden: *Primates*.
Familia: *Hominidae*.
Cobertura: Sureste de Europa; Asia y África: Kenia.

Dryopithecus

Las líneas evolutivas que desarrollaron al moderno simio y *Homo sapiens* pudieron haber empezado con el *Dryopithecus* ("simio del bosque") que vivió entre 12 y 9 millones de años atrás. El *Dryopithecus* evolucionó en el Este de África y migró a Europa y Asia.

Tamaño: 60 cm de altura.
Orden: *Primates*.
Familia: *Hominidae*.
Cobertura: Europa: Francia y Grecia; Asia: Cáucaso y África: Kenia.

Tamaño: 3 m de altura.
Orden: *Primates*.
Familia: *Hominidae*.
Cobertura: Asia: China, Pakistán, India.

Ramapithecus

A pesar de que el *Ramapithecus* tenía los codos similares a los de los simios modernos, los huesos del brazo eran más primitivos. La cara y el cráneo compartían muchas características con el orangután, lo que implica una relación entre los dos.

Tamaño: 1,2 m de altura.
Orden: *Primates*.
Familia: *Hominidae*.
Cobertura: Asia: Pakistán; África: Kenia.

Gigantopithecus

Esta enorme criatura fue el verdadero King Kong de los fósiles de simios. El *Gigantopithecus* debió haber pesado 300 kilos. Un pariente cercano del *Sivapithecus*, es conocido más que todo por restos fragmentados de su mandíbula y sus dientes, que eran dos veces más anchos que los dientes del gorila moderno. Era un morador de la tierra y probablemente se parecía mucho al gorila.

HUMANOS

Las características claves de la evoluciona humana u "hominización" han incluido cambios como una posición erguida, locomoción bípeda, piernas más largas que los brazos y los primeros dedos de los pies disminuidos. El crecimiento de la pelvis y del canal de nacimiento para acomodar bebés con cerebros más grandes; el aumento de la destreza manual, gracias a los pulgares oponibles y la precisión del agarre –habilidad para sostener objetos pequeños delicadamente entre el pulgar y el índice; además de modificaciones de la cabeza. Comparado con los primates menos evolucionados, los homínidos tienen mandíbula y dientes más pequeños, caras más planas y dientes con esmalte más grueso. Se perdió la prominencia del hueso situado encima de los ojos, los cerebros son más grandes en relación con el resto del cuerpo, y son más complejos. El desarrollo cultural incluyó la formación de grupos, fabricación de herramientas, el uso del fuego y los rituales funerarios.

Tamaño: 1,2 - 1,5 m de altura.
Orden: *Primates*.
Familia: *Hominidae*.
Cobertura: África: Etiopia, Kenia, Tanzania, Sudáfrica; probablemente el sudeste de Asia.

Australopithecus afarensis

Uno de los homininos de 3,5 millones de años atrás, era el *Australopithecus afarensis*. Los adultos eran pequeños –no mas altos o pesados que un niño de 6 años hoy en día. El cráneo y la cara no eran diferentes a los de un chimpancé, con cejas prominentes y rugosas, pero el cerebro era un poco más grande. Las caderas eran angostas e indicaban que las crías tenían cabezas pequeñas en comparación con los bebés modernos, pero de alguna manera parecían humanos. Caminaban erguidos, con una pequeña joroba.

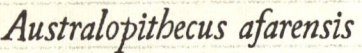

Tamaño: 1,2 m de altura.
Orden: *Primates*.
Familia: *Hominidae*.
Cobertura: África: Etiopia y Tanzania.

Homo habilis

Cerca de 2 a 1,5 millones de años atrás, muchos homininos coexistieron en el este de África. Algunos de ellos estaban muy cerca a los humanos como para ser situados en el género Homo. El *Homo habilis* era todavía pequeño y ligero, con cejas menos prominentes que sus antecesores. Su cabeza era más grande, y también lo fue su cerebro. Incluso existe evidencia que el *Homo habilis* era capaz de hablar. Sin embargo la característica distintiva de este "humano habilidoso", es que usó herramientas de piedra.

Dinosaurios y otros animales prehistóricos

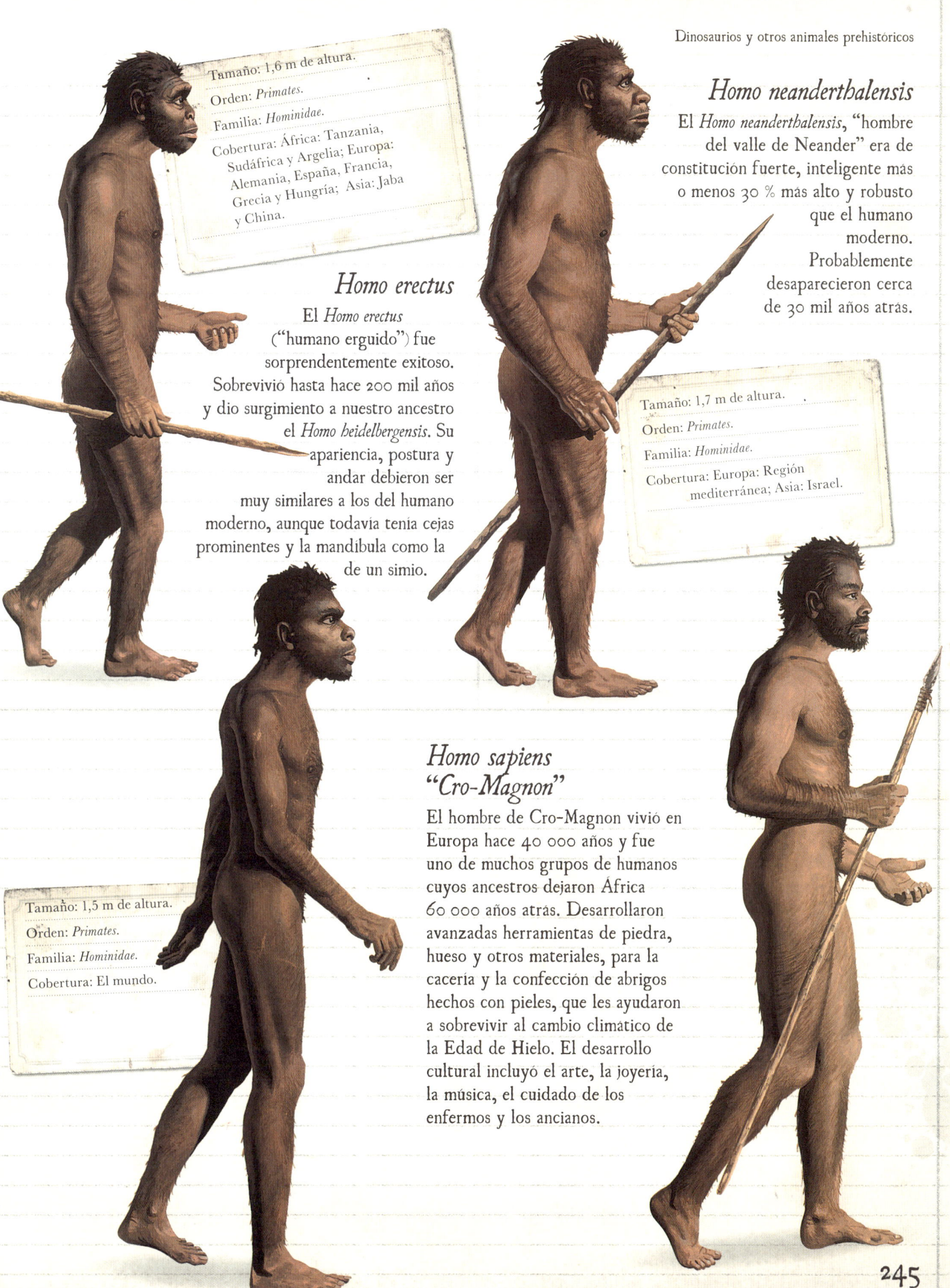

Tamaño: 1,6 m de altura.
Orden: *Primates*.
Familia: *Hominidae*.
Cobertura: África: Tanzania, Sudáfrica y Argelia; Europa: Alemania, España, Francia, Grecia y Hungría; Asia: Java y China.

Homo erectus

El *Homo erectus* ("humano erguido") fue sorprendentemente exitoso. Sobrevivió hasta hace 200 mil años y dio surgimiento a nuestro ancestro el *Homo heidelbergensis*. Su apariencia, postura y andar debieron ser muy similares a los del humano moderno, aunque todavía tenía cejas prominentes y la mandíbula como la de un simio.

Homo neanderthalensis

El *Homo neanderthalensis*, "hombre del valle de Neander" era de constitución fuerte, inteligente más o menos 30 % más alto y robusto que el humano moderno. Probablemente desaparecieron cerca de 30 mil años atrás.

Tamaño: 1,7 m de altura.
Orden: *Primates*.
Familia: *Hominidae*.
Cobertura: Europa: Región mediterránea; Asia: Israel.

Homo sapiens "Cro-Magnon"

El hombre de Cro-Magnon vivió en Europa hace 40 000 años y fue uno de muchos grupos de humanos cuyos ancestros dejaron África 60 000 años atrás. Desarrollaron avanzadas herramientas de piedra, hueso y otros materiales, para la cacería y la confección de abrigos hechos con pieles, que les ayudaron a sobrevivir al cambio climático de la Edad de Hielo. El desarrollo cultural incluyó el arte, la joyería, la música, el cuidado de los enfermos y los ancianos.

Tamaño: 1,5 m de altura.
Orden: *Primates*.
Familia: *Hominidae*.
Cobertura: El mundo.

GLOSARIO

AGNATOS: Grupo de vertebrados pisciformes desprovistos de mandíbulas y dientes.

ANFIBIO: Animal vertebrado cuadrúpedo que puede vivir en tierra y en el agua pero que generalmente pone sus huevos en el agua. Los anfibios modernos incluyen las ranas, los sapos y las salamandras.

ANAPSIDA: Miembro de un grupo de reptiles caracterizados por no tener aberturas en el cráneo tras los ojos, incluyendo las tortugas y algunos otros grupos primitivos.

ARCOSAURIO: Grupo de reptiles al cual pertenecieron los dinosaurios y los pterosaurios. Los cocodrilos son los únicos arcosaurios sobrevivientes.

ARTRÓPODOS: El grupo más grande de animales que incluye muchos grupos extintos y grupos vivientes, como los insectos y las arañas.

BÍPEDOS: Capaces de pararse, caminar o correr sobre dos patas.

CARNÍVORO: Animal que come la carne de otros animales con el fin de sobrevivir.

CARTÍLAGO: Material correoso, flexible, que constituye el esqueleto de muchos animales.

CORDADO: Animales con notocordia o columna vertebral.

MUSGO: Tipo de planta que vivió antes de las plantas con flores. Común en el período carbonífero, ahora está casi extinto.

DIÁPSIDA: Miembro de un gran grupo de animales que incluye los dinosaurios, los reptiles marinos extintos, lagartos, serpientes y aves, caracterizados por un par de aberturas en el cráneo inmediatamente detrás de las cuencas de los ojos.

DORSAL: Relacionado o cercano a la espalda o parte superior del cuerpo.

EVOLUCIÓN: Desarrollo gradual de toda vida de un ancestro común a lo largo del tiempo, a través de un cambio genético y adaptación al ambiente.

EXTINCIÓN: Desaparición total de un tipo de animal o planta.

FAMILIA: Grupo de especies relacionadas. Por ejemplo, todas las especies de dinosaurios "pico de pato", como el *Maiasaura*, perteneciente a la familia *Hadrosauridae*.

FÓSIL: Restos de un animal preservados en la roca. Es más probable que los huesos y los dientes formen fósiles que las partes blandas del cuerpo. Las impresiones en barro, como las huellas, también pueden fosilizarse.

GONDWANA: Supercontinente formado cuando Pangea se separó, hace alrededor de 180 millones de años. Gondwana formó las masas de tierra de Sudamérica, África, India, Australia y Antártida.

HERBÍVORO: Animal que se alimenta solamente de plantas.

HOMÍNIDOS: Familia de primates que incluye a los humanos y a sus ancestros fósiles, como el australopiteco.

INSECTÍVOROS: Grupo de mamíferos pequeños y principalmente nocturnos que se alimentan de insectos.

INVERTEBRADOS: Animales sin columna vertebral.

LAURASIA: Supercontinente formado cuando Pangea se separó, hace alrededor de 180 millones de años. Laurasia luego formó las masas de tierra nórdicas de Norteamérica y Eurasia.

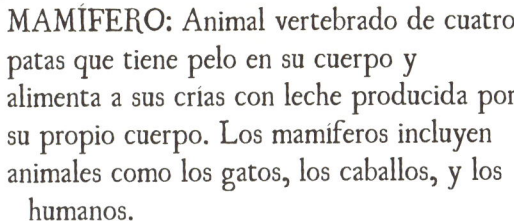

MAMÍFERO: Animal vertebrado de cuatro patas que tiene pelo en su cuerpo y alimenta a sus crías con leche producida por su propio cuerpo. Los mamíferos incluyen animales como los gatos, los caballos, y los humanos.

MARSUPIAL: Mamífero que da a luz una cría pequeña, subdesarrollada que se nutre en una bolsa de piel, en el estómago de su mamá.

EXTINCIÓN EN MASA: Desaparición de un gran número de especies diferentes en un corto período de tiempo.

METEORITO: Masa de roca del espacio exterior que entra en la atmósfera de la Tierra y cae en ella.

NOTOCORDIA: Vara flexible que corre de la cabeza a la cola. Forma la base de la columna vertebral en los animales vertebrados.

OMNÍVORO: Animal que es capaz de comer material de origen vegetal o animal.

ORDEN: Un orden es un grupo de familias relacionadas. Por ejemplo, hay dos órdenes de dinosaurios: El *Ornithischia* y el *Surischia*. Algunos grandes órdenes están divididos en subórdenes más pequeños.

ORNITHISCHIA: Uno de los dos órdenes de dinosaurios. Los órdenes difieren en la estructura de los huesos de sus caderas (ver páginas 40 – 41).

PALEONTÓLOGO: Científico que se especializa en el estudio de los fósiles y la vida antigua.

PANGEA: Supercontinente global que se formó hace alrededor de 240 millones de años y que incluyó toda la tierra del mundo. Más tarde se dividió en dos partes: Gondwana y Laurasia.

PREDADOR: Animal que caza y mata a otros animales para alimentarse.

PRIMATES: Grupo de mamíferos que incluye a los monos vivientes, a los simios y a los humanos.

REPTIL: Animal vertebrado de cuatro patas que pone huevos con cáscaras resistentes, correosas. Todos los dinosaurios, pterosaurios e ictiosaurios, fueron reptiles. Los reptiles modernos incluyen a las tortugas, serpientes, lagartos y cocodrilos.

SAURISCHIA: Uno de los dos órdenes de dinosaurios. Los órdenes difieren en la estructura de los huesos de sus caderas (ver páginas 40 – 41). Los *Saurischia* incluyeron a los dinosaurios herbívoros y carnívoros.

ESPECIES: Término para un tipo de planta o de animal. Miembros de la misma especie pueden aparearse y producir crías que a su vez pueden reproducirse.

TETRÁPODOS: Gran grupo de vertebrados que incluyen a todos los vertebrados de cuatro extremidades. Entre sus descendientes están los anfibios, reptiles, mamíferos y aves.

TERÁPSIDOS: Grupo de sinápsidos tetrápodos similares a los reptiles, que incluyen a los ancestros de los mamíferos.

TERÓPODOS: Diversos subgrupos de los dinosaurios saurisquios, algunos de los cuales eran muy grandes.

VERTEBRADO: Animal con columna vertebral. Son vertebrados todos los mamíferos, aves, reptiles, anfibios y peces.

ÍNDICE

A
Acanthostega 24, 65
Acorazados, dinosaurios 9, 158, peces 50,
Acrophoca 206
Adinotherium 221
Aepycamelus 234
Aepyornis titan 171
aetosaurio 98
agnatos 20, 21, 42-5, 40, 42, 246
Agriotherium 200
Albertosaurus 112, 127, 138, 156
Alemania triásica 82
Alioramus 126
alosaurio 118, 129
Allosaurus 118
Alphadon 191
Alxasaurus 125
Amargasaurus 136
ammonites 32, 33, 93, 95, 97, 167
Amniota 27, 76, 80
anfibios 8, 26, 28, 64, 66, 68, 74, 75, 167, 178, 233
Amphicyon 201
anficiónidos 200
Anagale 196
anápsidos 75, 76, 78
Anatosaurus 150
Anchiceratops 161
Anchiornis 122
Anchisaurus 131
Anchitherium 222
Andrewsarchus 210
Angustinaripterus 121
Anhanguera 105
anquilosaurios 9, 114, 158
antílopes 225, 236
antilocápridos 237
Anurognathus 109
Apatosaurus 136
arácnidos 27
Arandaspis 44
Archaeocyathans 17
Archaeopteryx 106, 122, 123, 170
Archaeotherium 230
Archaeothyris 80, 178
Archelon 75, 84
Archosauromorpha 77
arcosaurio 31, 74, 78, 82, 98-102, 246

Ardeosaurus 75, 86
ardillas 238, 240
Argentavis magnifcens 173
Argyrolagus 193
armadillo 66, 194
Arsinoitherium 211
artrópodos 17, 18, 21, 22, 25, 64, 246
artiodactilos (Artiodactyla) 222, 230, 232
Askeptosaurus 79
Aspidorhynchus 55
Asteleaspis 22
Asteroide, impacto de 9
Astrapotherium 218, 219
Ateleaspis 22
Atlántico, océano 10, 19, 157,
atmósfera 7, 10, 14, 30
aurochs 237
Australopithecus africanus 37
Afarensis 241
Avalonia 19, 22, 25
Aves 33, 34, 76, 77, 104, 109, 113, 114, 115, 118, 120, 122, 146, 156, 169, 170-172
avestruz, dinosaurio 34, 124

B
bacteria 10, 12, 13
Bactrosaurus 148
Bagaceratops 160
Balanerpeton woodi 26
Baltica 16, 19, 21, 22, 25, 27, 29
ballenas 96, 179, 189, 208-9
Barapasaurus 135
Baryonyx 138
Basilosaurus 209
belemnoideo 96, 97
Bernissartia 103
Berycopsis 57
Birbalomys 239
Big Bang, Teoria del 10
Birkenia 23
bisonte 236
Bos 237
Bos primigenius 237
Bothriolepis 25, 51
bóvidos 236
Braquiópodos 8, 16, 20
braquiosaurios 134
Brachiosaurus 134
Brachycrus 232
Branisella 241

Brontops 224
brontoterios 224-226
Brontotherium 227
búfalo 237

C
caballos 37, 210, 222-228, 247
cabezazos 140
cabras 140, 147, 222, 236
cacería 128, 129
Cacops 64
Cadera de ave, dinosaurios ver ornitisquios 113
Cearadactylus 108
cainóteros 232
Cainotherium 232
calamar 47, 90, 93, 95, 96, 172
calentamiento global 16
calicoterios 224, 226
Camarasaurus 113, 135
Cambio climático 164-5, 245
camélidos 232, 234
Camelops 235
camellos 222, 232, 233, 234-5
Canadia 19
canguros 142, 192, 193
cánidos 189, 202, 203
Canis dirus 203
Canobius 52, 53
capibaras 239
caracoles 21, 22, 48, 66, 68, 71, 78, 86
Carcharodontosaurus 119
carnívoros 28, 31, 66, 100, 112, 120, 126
Carnotaurus 116, 117
Cartilaginoso, pez 41, 46
Casea 180
castores 238-39
Caudipteryx 124
Cearadactylus 104
cefalópodos 33
Cenozoica, era 9
Centrosaurus 112, 156, 162
ceratopsianos 34, 114, 160-3
ceratosaurios 116
Cerdocyon 203
cerdos 211, 230-1, 232
Cerebro de mamíferos 188
Ceresiosaurus 88
cérvidos 236
Cetáceos 189

Cetotherium 209
chacales 202, 203
Chapalmalania 198
Charnia 14
Chasmosaurus 162
Cheirolepis 52
chinchillas 238
Chriacus 210
cicadas 82, 121, 129, 156
ciervo 37, 210, 236-7
cinodontos 182, 183
Cistecephalus 182
civetas 200, 204
Cladoselache 46
Cladosictis 193
Claudiosaurus 89
Cobelodus 47
celacantos 33, 58, 60
Coelodonta antiquitatus 36
Coelophysis 30, 117
Compsognathus 116
coníferas 29, 82, 120, 129, 137, 178
continentes
Cooksonia 23
coprolitos 129
corales 21, 23, 55
cornamentas ver cuernos y cornamentas
Coryphodon 210
Corythosaurus 147, 152, 157
coyotes 202, 203
cráneos
cráneos
  simio 188
  dinosaurios 129
  primeros reptiles
  tipos de 75
Crassigyrinus 64
Cráter de meteorito 166
creodontos 196-8
Cretácico, Período 9, 34, 59, 72, 105, 110, 156 157
crías 90
  alimentación 188
  cuidado de 146-7
  vida 188, 189
crinoideo 96
cocodrilos 74, 75, 82, 98, 102-3
  huevos 74
  ¿qué eran los primeros reptiles? 74-5
  supervivencia de 167
comadrejas 189, 200, 202
conejos 196, 232, 234, 238-9
conchas 17, 93, 103, 108

continentes 15
Corteza terrestre 11
Crocodilios 77, 102
crurotarsos 77
Crusafontia 190
Cryolophosuarus 119
Cryptoclidus 92
Ctenurella 51
cuernos y cornamentas
  primeros buscadores con cuernos 232-3
  jirafas, ciervos y reses 236-7
  dinosaurios con cuernos 160-3
Cyclomedusa 15
Cyclonema 21
Cymbospondylus 94
Cynaphagus 31
Cynodesmus 202

D

Dapedium 55
Dartmuthia 45
Decán, Traps del 164
Deinonychus 122
Deinosuchus 102
Deinotherium 212
delfines 90, 96, 189, 208-9
Deltoptychius 49
Dendropithecus 242
Deodicurus 194
Desdentados 194
Desmatophoca 206
Desmatosuchus 31, 98
desmostilios 206
Desmostylus 207
Diacodexis 230
Diadiaphorus 216
diápsidos 75, 76
Diatryma gigantea 175
Dickinsonia 14
Dicraeosaurus 135
Dicroidium 29
dicinodontos 180, 182
Dicynodon 29, 75, 182
Didiaphorus 189
Didolodus 216
dientes
  fósiles 132, 133
Dilophosaurus 117
Dimetrodon 28, 179
Dimorphodon 96, 106
Dinofelis 189, 205
Dinohyus 230

Dinomischus 19
Dinornis maximus 170
Dinosauria 77, 114-15
Dinosaurios avestruz 124-5
dinosaurios 30, 31, 112-131
dinosaurios 9, 30, 31, 32, 34, 110-67
  alimentación 128-9
  armadura 18, 28, 31, 43, 44, 51, 158-9
  avestruz 124-5
  ceratosaurus 116-17
  con casco y otros hebívoros 140-1, 147
  cornudo 156, 160-3
  desaparición de 9, 164-7
  descubrimiento 138-9
  dominación de 72
  estegosáuridos 154-5
  estegosaurio 120, 155
  fósiles 132-3
  huellas 132
  hipsilofodóntidos 142-3
  iguanodóntidos 144-5
  movimiento 112-13
  parientes de las aves 122-3
  período cretácico 156-7
  período jurásico 120-1
  período triásico 82
  pico de pato 148-53, 156, 246
  prosaurópodos 130-1
  saurópodo 120, 128, 130, 134-7
  qué era un dinosaurio? 112-13
  tetanurane 118-19
  Tiranosáuridos 126
  tiranosaurio 34, 91, 112, 119, 126-7, 128, 129, 150
  vida familiar 146-7
Dinosaurios parientes de
  las aves 122-3
  aviares 169
  evolución 7, 9
Diplodocus 137
Dipnorhynchus 61
Dipterus 24, 60
Dolichorhinus 225
Doryaspis 42
Douroucouli 241
Drepanaspis 43
Dromaeosaurus 122, 123
Dryopithecus 243
Dryosaurus 142
Dsungaripterus 108
dugongo 206, 207
Dunkleosteus 51

E

Edaphosaurus 180
Ediacárico, periodo 14, 15
Edmontonia 165
Edmontosaurus 149,
Elaphrosaurus 116
Elasmotherium 229
elefantes 212-15
Elephas antiquus 214
Elephas falconeri 214
Elomeryx 231
Embolotherium 225
embriones 74
Emeus crassus 170
Enaliarctos 206
Enchodus 57
Endoceras 21
Eobasileus 211
Eobothus 56
Eocardia 239
Eoceno, época del 36, 209, 224, 226
Eogyrinus 67
Eomanis 195
Eón Fanerozóico 8
Eoraptor 116
Eotitanops 224
Epigaulus 238
equidnas 188
Ericiolacerta 184
Ernietta 14
Erythrosuchus 99
Escorpiones marinos 23, 27
esfenodontos 75
especies
　dinosaurios 114
　reptiles 77
espinas 158-9
esqueletos
　artrópodos 26
　dinosaurios 112-13
　primeros reptiles 74
　fosilizados 132
　ictiosuaurios y plesiosaurios 97
　pterosaurios 104
　reconstrucción 138
estegosaurios 114, 155
estepa de los mamuts 37
estromatolitos 12, 13
Eucladoceros 237
Eudimorphodon 30, 106, 133
Euhelopus 135
Euoplocephalus 158

Euparkeria 98
Eurasia 28, 33, 205, 240, 246
Eurhinodelphis 209
Eurhinosaurus 94, 96
Eurotamandua 195
Eusthenopteron 60
exoesqueleto 17, 23
extinción en gran escala 18, 19, 20, 22, 164-7

F

familias
　dinosaurios 114-115
　reptiles 76-77
félidos 204-5
fenestra 75
focas 88, 202, 206-8
fósiles 12, 14, 15, 34, 37, 42, 132-3
　coprolitos 129, 132
　formación de 133
　paleontología 138-9
　rastro 17

G

Galechirus 182
Gallimimus 34, 35, 113, 124
Gasosaurus 120, 121
gatos 202, 204-5
Gemuendina 50
Gerrothorax 67
gibones 242
Giganotosaurio 118
Gigantopithecus 243
gimnospermas 26, 31
ginetas 200, 203, 204, 205
ginkgos 120,
glándulas mamarias 188
Glossopteris 28
Glossotherium 195
gola ósea, cuello de 160-3
Gomphotherium 213
Gondwana 15, 16, 19, 21, 22, 25, 27, 28, 33, 121
gorgonopsias 80
Gorgosaurus 127
gorguera 160-63
gorilas 243
Greererpeton 65
Griphognathus 61
Groenlandaspis 50

gundis 239
Gyroptychius 59

H

hadrosáuridos 34, 128, 147, 148-52
Hadrosaurio 149
Hallucigenia 18
Hapalops 194
Haramiya 190
Harpagornis moorei 170
helechos 8, 26, 99, 120, 121, 135, 178
Hemicyclaspis 43
Hemicyon 200
Henodus 89
Heptodon 226
herbívoros
　cráneos 129
　dinosaurios 32, 37, 80, 82, 98, 118, 126, 128-31, 134, 140-5, 147, 148-56, 158-63
　mamíferos 189, 210-43
　sinápsidos 177
Herrerasaurus 116
Hesperocyon 202
Hesperornis regalis 172
heterodontosaurus 140
Heterodontosaurus 140
hienas y perros 202-3
Hipparion 223
Hippidion 223
Hipopótamo 182, 207, 210, 211, 212, 222, 229, 230-33
hiracoideos 211
Holoptychius 25, 58
Homalocephale 141
Homalodotherium 221
homínidos 244-5
hominoides 242-3
Homo erectus 9, 37, 245
Homo habilis 244
Homo sapiens 37, 242, 243, 245
Homo sapiens "Cro-Magnon" 245
Homo neanderthalensis 37, 245
Homunculus 241
Hovasaurus 87
Huayangosaurus 120, 121
huellas de dinosaurio 132
huellas fósiles 17
huesos pélvicos 113
huevos
　anfibios 74
　dinosaurios 146, 147

fosilizados 132, 146
mamíferos 188
reptiles 74
sin cáscara 74, 146, 147
humanos 9, 37, 189, 230, 244-5
Huxley, Thomas 220
Hybodus 48
Hylaeosaurus 159
Hylonomus 74, 75, 79
Hypacrosaurus 147
Hyperodapedon 99
Hyposognathus 80
Hypsidoris 56
Hipsilofodonte 142-3
Hypsocormus 57
Hyrachyus 228
Hyracodon 228
Hyracotherium 222

I

Icaronycteris 189, 197
Ichthyornis dispar 172
ictiosaurios 75, 90-6, 103
Ichthyostega 24, 65
Ictitherium 203
Idricotherium 228
Iguanodon 113, 138, 144
iguanodontes 144-5
Ilingoceros 237
Imagotaria 207
insectívoros 196-7
insectos
  evolución 27
  polinización 156
  supervivencia de 167
invertebrados 17, 22, 68, 69, 70, 246
Ischyodus 49
Ischyromys 238

J

Jamoytius 22, 44
jirafas 134, 222, 232, 234, 236
jurásico, periodo 9, 32-3, 72, 110, 120-1, 169

K

Kamptobaatar 34, 35
Kannemeyeria 184
Kanuites 205
Karaurus 71

Karoo, estratos 28
Kennalestes 35
Kentrosaurus 154
Keraterpeton 68
Kirkaton del este, 26
koalas 192
Kritosaurus 148
Kronosaurus 91
Kvabebihyrax 211

L

Labidosaurus 78
laberintodontos 64
lagartos 34, 86-7, 103, 112, 126, 156, 157, 167
Laggania 18
Lambeosaurus 147, 153
láminas óseas 154-5, 158
Lariosaurus 89
Laurasia 33, 121, 246
Laurentia 15, 16, 22, 25, 27, 28
Leaellynasaura 143
Línea de tiempo 8, 9
leche 188, 189, 196
lémures 189, 240
lemúridos 240
León de estepa 37
Leones marinos 189, 202, 206-7
leopardos 204
Lepidosauromorfos 76
Lepidotes 54, 96, 97
lepospóndilos 64, 68-70
Leptictidium 197
Leptoceratops 160
Lesothosaurus 140
Lexovisaurus 154
liebres 238-9
Liliensternus 82
Limnofregata azygosternum 174
Liopleurodon 92
lisanfibios 64, 76
llamas 222, 232, 234
Llamados de dinosaurio 147
lobos 202, 203
Loganellia 23
Longisquama 100
Lufengosaurus 131
Lycaenops 29, 181
Lystrosaurus 8, 24, 81, 182

M

Macrauchenia 217
Macroplata 93
Macropoma 60
Maiasaura 146, 150
Mamenchisaurus 137
mamíferos 9, 35, 36, 76, 156, 186-245
  Ballenas, delfines y marsopas 208-9
  caballos 210, 222-3
  cerebros 188
  cerdos e hipopótamos 230-1
  cría 189
  elefantes y mastodontes 212-15
  evolución de 28, 29
  focas, leones marinos y morsas 206-7
  gliptodóntidos, osos hormigueros, armadillos and perezosos 194-5
  hábitats 188
  humanos 244-5
  Jirafas, venados y reses 236-7
  lémures y monos 240-1
  marsupiales 192-3
  mustélidos y osos 200-1
  oreodontes y primeros buscadores con cuernos 232-3
  parientes de los mamíferos 31, 33
  pelo 188
  periodo cretácico 156
  periodo triásico 83
  primeros excavadores y buscadores 210-11
  primitivo 190-1
  ¿qué es un mamífero? 188-9
  rinocerontes 228-9
  roedores, conejos y liebres 238-9
  simios 242-3
  tapires y brontotéridos 224-7
  ungulados sudamericanos 216-21
mamíferos placentarios 193
mamuts 37, 212, 214-15
Mammuthus columbi 215
Mammuthus meridionalis 215
Mammuthus primigenius 215
Mammuthus trogontherii 214
manadas 132, 140, 142, 147, 148
manatíes 206
Manirraptora 122
mangostas 189, 194, 200, 202, 204-5
Mantell, Gideon 159
Marasuchus 99
marmotas 238
Marrella 18

marsupiales 189, 192-3
Masas continentales 11
Massetognathus 185
Massospondylus 130
mastodontes 212-15
marsopas 189, 208-9
medusas 15
Megaladapis 240
Megalania 87
Megaloceros 236
Megaloceros giganteus 37
Megalosaurus 119
Megatherium 195
Megazostrodon 186
Meiolania 85
Merychippus 223
Merycoidodon 232
merycoidodons 232, 233
Mesohippus 222
Mesopithecus 9, 241
Metacheiromys 194
Metamynodon 229
Meteorito, impacto 9, 164, 166-7
Metridiochoerus 231
Metriorhynchus 102
miácidos 200
Miacis 198
Microbrachis 69
Microceratops 160
Microdictyon 8, 17
microsaurios 68, 69, 70
Milleretta 28, 78
milpiés 27
Miotapirus 227
Miragaia 155
Mixosaurus 95
Moeritherium 212
monos 189, 240-1
Mononykus 34, 35
monotremas 190, 192
Montanoceratops 161
Moropus 226
Moschops 181
monte, cabra de 147, 236
morsas 202, 206-7
Moythomasia 53
Muraenosaurus 93
murciélagos 189
musarañas 83
Mussaurus 130
musgo 21, 83, 156, 246
mustélidos 200-1
Muttaburrasaurus 144

N

nacimiento 96, 188, 244
 vida 188, 189
 huevos sin cáscara 80
nautiloidea 21
Neanderthalensis 37, 245
Necrolestes 193
nectrídeos 68
Neocathartes grallator 174
Neógeno, Período 9
nidos 146, 147
nimrávidos 204
nodosaurios 158-9
Norteamérica, en el Cretácico 156
Notharctus 240
notosauroideos 82, 88-9
Nothosaurus 88
Notostylops 219
nutrias 200, 202

O

Océano Iapetus 19, 21, 22
Océano Rheic 21
okapi 236
Olenoides 18, 19
Oligokyphus 185
Ophiacodon 178
Ophiderpeton 68
Ophthalmosaurus 90
orangutanes 243
oreodontes 232-3
Oreopithecus 242
ornistiquios 34, 77, 112, 113, 114
Ornitisquios 114
Ornithodira 77
Ornitholestes 113
ornitomímidos 124
Ornitópodos 114
Ornithosuchus 98
ornitorrincos 188, 190
Orthograptus 20
osos 200-1
oso hormiguero 194-5
Osteoborus 203
Osteodontornis orri 171
Osteolepis 59
ostreros 157
Othnielia 142
Ottoia 18
Ouranosaurus 145
oveja 216, 220, 221, 222, 234, 236, 237

Ovirraptor 34, 35, 125, 146
Owen, Richard 114, 115
oxígeno 10, 12, 30, 52, 53

P

Pachycephalosauria 114
Pachycephalosaurus 141, 165
Pachyrhachis 87
Pachyrukhos 218
Pakicetus 208
Palaelodus ambiguus 175
Palaeobatrachus 71
Palaeolagus 239
Palaeoniscum 53
Palaeospondylus 50
Paleoceno, era del 36, 216
Palaeotrionyx 85
paleontólogos 138-9
Paleozoica, Era 8, 16
Palorchestes 192
Pangea 27, 28, 29, 30, 34, 82, 83, 121
pangolines 195
Pannotia 15, 19
Panoplosaurus 159
Panthera 37, 204
Pantylus 70
Paracyclotosaurus 66
Parahippus 223
Parasaurolophus 147, 152
Parksosaurus 143
Psitacosáuridos, dinosaurios 160, 163
Parvancorina 15
pecaries 222, 230, 232
peces 38-69
 Aletas de lóbulo 58-61
 Aleta de rayo moderno 56-7
 Aleta de rayo primitivo 52-5
 cartilaginosos 46-9
 Devonian 24
 Jurásico 32, 33
 Primeros vertebrados 40-1
 Tiburones espinosos y con armadura 50-1
Peces pulmonados 26
pecoros 232
pelaje 188
peleas, dinosaurios 140, 141, 147
pelo 188
Peloneustes 93
Pelorovis 237
Peltobatrachus 28, 66
pelicosaurios 80, 178-80

Pentaceratops 162
perezos 194-5
perisodáctilos (Perissodactyla) 222, 224, 228
Perleidus 54
Período
  cámbrico 8, 14, 16-19, 38
  cámbrico tardío 18-19
  carbonífero 8, 26-7, 28, 62, 72, 177
  cuaternario 9, 36
  ediacaran 14-15
  devonian 8, 24-5, 38
  ordovícico 8, 20-23
  paleógeno 9
  pérmico 8, 28, 29, 62, 177
  silúrico 8, 22-3
  triásico 33, 54, 82, 86,
perros 189, 200, 202-3
Peteinosaurus 83
Petrolacosaurus 79
pez aleta de lóbulo 58-61
pez rayo fino
  moderno 56-7
  primitivo 52-5
Pez sin mandíbula 20, 21, 42-5
Pharyngolepis 45
Phiomia 213
Phlaocyon 202
Phlegethontia 69
Phorusrhacos inflatus 174
Phthinosuchus 81, 181
Pikaia 19, 42
Pinguinus impennis 173
Pirania 18
Pisanosaurus 140
Pistosaurus 88
Placas continentales 15 *ver también* continentes
Placerias 30
placodontos 88-9
Placodus 89
Planetetherium 196
Planocephalosaurus 86
Plateosaurus 9, 83, 131
platirrinos 240
Platybeodon 213
Platygonus 231
Platyhystrix 66
Platysomus 53
Plesiadapis 240
Plesictis 199
plesiosaurios 34, 74, 77, 88, 90-3, 97, 103, 167

Plioceno, 200, 212, 216
Pliopithecus 242
Plotosaurus 86
Poebrotherium 234
Polacanthus 158
puercoespines 238
Postosuchus 31
Potamotherium 199
Precámbrica, era 14, 19
Prenocephale 141
Presbyornis pervetus 172
presa
  alimentación 128-9
  captura 105
primates 189, 240-5
primeros tetrápodos 64-7
  huevos 74
  fósiles 26
Probactrosaurus 145
proboscídeos 212
Procamelus 235
Procoptodon 189, 193
Procynosuchus 29, 185
Proganochelys 84
Prolacertiformes 77
Prolibytherium 236
Promerycochoerus 233
Promissum 21, 42
Prorastomus 207
Prosaurolophus 150
prosaurópodos 83, 115, 130-1
Prosqualodon 209
proterosuchus 98
Protobrama 57
protoceratópcidos 160-1
Protoceratops 35, 128, 160-1
Protocetus 208
Protohadros 152
Protorosaurus 101
Protosuchus 103
Protypotherium 219
Psittacosaurus 163
Pteranodon 75, 109
Pteridinium 15
pterodactyloidea 106
Pterodactylus 104
Pterodactylus kochi 77
Pterodaustro 107
pterosaurios 33, 72, 75, 77, 82, 104-9, 120, 167
Pterygotus 23
Ptilodus 186, 191

Pulmonoscorpius 27
Purgatorius 191
Pycnodus 55
Pyrotherium 218

Q

quelonios 75, 76
Quetzalcoatlus 165

R

Ramapithecus 243
Ramphorhynchus 107
ranas 31, 70, 82, 120
Raphus cucullatus 171
rayas 32
reptiles dominantes 98-100
Reptilia 76
Rhabdodon 145
Rinocerontes 217, 219, 222, 224, 228-9
Rhomaleosaurus 32
Rhynchippus 220
Rincosaurios 77
Robertia 29, 183
roedores 189, 238-9
Rusia, mamut de la estepa 37
Rutiodon 30, 31
Rytiodus 207

S

Sable, dientes de 204, 205
Sacabambaspis 20
Saichania 158
salamandras 68, 71, 121
Saltafangos 8, 24
Santanadactylus 104
Sarkastodon 198
Saurichthys 54
saurisquios 34, 76, 77, 112-115
Saurolophus 151
Sauropelta 159
Sauropodomorfos 115
saurópodos (Sauropoda) 115, 120, 128, 130, 134-7
Scapanorhynchus 47
Scaphognathus 107
Scarrittia 220
Sclerorhynchus 48
Scutellosaurus 154
sedimento, lecho marino 12, 13, 17
segnosauros 124

Seismosaurus 134
Serpientes y lagartos 86-7
Seymouria 67
Shantungosaurus 151
simios 188, 189, 240-1, 242-3
sinápsidos 177
Shonisaurus 91
Shunosaurus 120
Siamotyrannus 126
Siberia 21
Sirenios 206, 207
Sivapithecus 243
Sivatherium 236
 serpientes 68, 69, 76, 86-7, 167
sistema solar 10
Smilodon 205
Sordes 109
Spathobathis 48
Sphenocephalus 56
Spriggina 14
Squaloraja 32
Stagonolepis 100
Stegoceras 141
Steneofiber 238
Stenomylus 235
Stenopterygius 75, 94
Stethacanthus 46
Strictoporella 20
Strophomena 21
Strunius 58
Stupendemys 85
Stylinodon 211
Saurisquios 115
subórdenes 77
Suchomimus 119
sinápsides 177
sinápsides 28, 29, 33, 75, 76, 176-85
  pelicosaurios 80, 178-80
  terápsidos 75, 181-5
Syndyoceras 233
Synthetoceras 233

T

Talarurus 159
Tanystropheus 101
Tapejara 104
tapires y brontoterios 224-7
Tarbosaurus 35
Tarbosaurus baatar 34
tarseros 240
tejones 200
Teleoceras 229

Teleosaurus 75, 103
teleósteos 32, 34
Telicomys 239
Temnodontosaurus 95
temperatura corporal 188
terópodo 34, 114, 115, 169, 170
Terrestrisuchus 103, 247
Terciario, período 36, 200, 216, 222
Testudo atlas 85
tetanurae 118-19
tetrápodos 24, 26, 27, 29, 58, 60, 61, 62, 64, 65, 66, 68, 72, 76, 170, 177
Thaumaptilon 19
Thecodontosaurus 83, 130
Thelodus 45
terápsidos 75, 181-5
terios 190
theriziosaurus 124
Theropithecus 241
terópodos 34, 114, 115, 169, 170, 247
Thescelosaurus 143
Thesodon 217
Thoatherium 217
Thomashuxleya 220
Thylacoleo 192
tiburones 32, 41, 46, 47, 48, 50-2
tiburones espinosos 50-1
Ticinosuchus 101
Tierra, vida en 21, 25, 28, 31
Tierra
  formación de 7, 10-11
  edad geológica 8-9
  Ver también continentes
tigres 204
tireóforos 114
Titanotylopus 235
Torosaurus 163
tortugas 75, 76, 84-5
Tortuga acuática 84-5
Toxodon 221
Tremacebus 241
Tremataspis 43
Triadobatrachus 70
Triarthrus 20
Triásico, período 9, 30-1, 72, 82-3, 110, 186, 188
Tribrachidium 15
Triceratops 163, 165
Trigonias 229
Trigonostylups 218
Trilobites 8, 18, 21, 22
Trogosus 210
Troodon 122, 146, 156

Tropeognathus 105
Tsintaosaurus 153
tuatara 75
Tupandactylus 105
tortugas 31, 75, 76, 82, 84-5
tilópodos 232
tiranosaurios 91, 126-7, 128, 129
Tiranosaurio 127
Tiranosaurio rex 34

U

ungulados 210, 220, 221, 222, 224, 228, 230, 232, 234
Universo, orígenes de 10
Ursus spelaeus 201
Utah, fósiles en 132

V

Varanosaurus 179
Vectisaurus 144
Velas 179, 180
Velociraptor 35, 123
vertebrados 18, 20, 21, 24, 25, 31, 74
Vida en la Tierra 7, 10, 11, 12-13
vida familiar, dinosaurios 146-7
Vida marina
  ballenas, delfines y marsopas 208-9
  ver también peces
  criaturas marinas 96-7
  Evolución de 16-17, 38
  focas, leones marinos y morsas 206-7
  Período Jurásico 32, 33
  placodontos y notosaurios 88-9
  plesiosauros e ictiosauros 90-5
vida microscópica 7, 38
Vida vegetal
  período carbonífera 26
  período cretácico 34, 156
  período cuaternario 36
  período devoniano 24
  período jurásico 32, 33, 120
  período pérmico 29
  período silúrico 22
  período triásico 22
  plantas con flores 32, 33, 34, 156
Vieraella 70
vivérridos 204-5
erupciones volcánicas 10, 13, 164-5

W
Westlothiana lizziae 27
Wiwaxia 19

X
Xenacanthus 47

Y
yaks 237
Tangchuanosaurus 118
Tochelcionella 16

Z
Zalambdalestes 34, 35, 190
zorros 202
Zygorhiza 189, 208

RECONOCIMIENTOS

Créditos de imágenes

5 Tim Bewer/Getty, 6-7 Henning Dalhoff/Science Photo Library, 8tl Louise K. Broman/Science Photo Library, br Dirk Wiersma/Science Photo Library, 9ct Detlev Van Ravenswaay/Science Photo Library, 10c Noaa Pmel Vents Program/Science Photo Library, bc Mike Hollingshead/Science Photo Library , 11 main Babak Tafreshi, Twan/Science Photo Library, Richard Bizley/Science Photo Library, Bildagentur-Online/Mcphoto-Schulz/Science Photo Library, Mark Garlick/Science Photo Library, Paul Wootton/Science Photo Library, 12cl Bernhard Richter/Shutterstock, 13tr nobeastsofierce/Shutterstock, 14cr Ken Lucas/Visuals Unlimited/Corbis, 17cl Marques/Shutterstock, tr Alan Sirlnikoff/Science Photo Library, 18tc Frans Lanting, Mint Images/Science Photo Library, 20cl, 23cr, tl Sinclair Stammers/Science Photo Library, 24cr David Fleetham, Visuals Unlimited/Science Photo Library, 26cr Ken Lucas, Visuals Unlimited/Science Photo Library, cl Herve Conge, ISM/Science Photo Library, 28cl Stepehen J. Krasemann/Science Photo Library, 31tl Natural History Museum, London/Science Photo Library, tr Thomas Wiewandt, Visual Unlimited/Science Photo Library, 32cl Linda Bucklin/Shutterstock, 35cr Natural History Museum, London/Science Photo Library, 37tr Pascal Goetgheluck/Science Photo Library, 38-39 Jaime Chirinos/Science Photo Library, Background Sukharevskyy Dmytro (nevodka) /Shutterstock, 62-63 John Sibbick, 72-73 John Sibbick, background Photobank gallery/Shutterstock, 122tr Julius Csotonyi/Science Photo Library, bl Michael Rosskothen/Shutterstock, 123cl Natural History Museum/Science Photo Library, 124cl Dorling Kindersley, br Friedrich Saurer/Science Photo Library, 125t Dorling Kindersley, b Julius Csontonyi/Science Photo Library, 126cr Andreas Meyer/Shutterstock, 126t Andreas Meyer/Shutterstock, 127t Jaime Chirinos/Science Photo Library, 136c Linda Bucklin/Shutterstock, 137t Linda Bucklin/Shutterstock, b Michael Rosskothen/Shutterstock, 154bl Sofia Santos/Shutterstock, 155t Linda Bucklin/Shutterstock, b Leonello Calvetti/Shutterstock, 162b Michael Rosskothen/Shutterstock, 163 Linda Bucklin/Shutterstock, c Leonello Calvetti/Shutterstock, b Linda Bucklin/Shutterstock, 166-167 Mark Stevenson/Stocktrek Images/Corbis, 168-169 Jaime Chirinos/Science Photo Library, 186-187 Christian Jegou Publiphoto Diffusion/Science Photo Library, 189bl Bildagentur-online/McPhoto-Schulz/Science Photo Library, 205tr Laurie O'Keefe/Science Photo Library